[巴西]玛丽·克里斯蒂娜·斯克玛佐恩　[巴西]杰夫·佛朗哥◎著
蔚　玲◎译

穿越

巴西首次环球航海暨对中国的凿空之旅

（1879）

朝華出版社
BLOSSOM PRESS

著作权合同登记号：01-2024-3966
2020 © Marli Cristina Scomazzon
ISBN: 978-85-69609-43-8

图书在版编目（CIP）数据

穿越：巴西首次环球航海暨对中国的凿空之旅：1879 /（巴西）玛丽·克里斯蒂娜·斯克玛佐恩,（巴西）杰夫·佛朗哥著；蔚玲译. -- 北京：朝华出版社，2025. 1. -- ISBN 978-7-5054-5493-4

Ⅰ. D829.777

中国国家版本馆CIP数据核字第2024VR6308号

穿越——巴西首次环球航海暨对中国的凿空之旅（1879）

作　　者　〔巴西〕玛丽·克里斯蒂娜·斯克玛佐恩　〔巴西〕杰夫·佛朗哥
译　　者　蔚　玲
责任编辑　韩丽群
责任印制　陆竞赢　訾　坤
装帧设计　杜　帅
出版发行　朝华出版社
社　　址　北京市西城区百万庄大街24号　　**邮政编码**　100037
订购电话　（010）68996522
传　　真　（010）88415258
联系版权　zhbq@cipg.org.cn
网　　址　http://zhcb.cipg.org.cn
印　　刷　河北尚唐印刷包装有限公司
经　　销　全国新华书店
开　　本　710mm × 1000mm　1/16　　**字　　数**　326千字
印　　张　17.5
版　　次　2025年1月第1版　　2025年1月第1次印刷
装　　别　平
书　　号　ISBN 978-7-5054-5493-4
定　　价　88.00 元

译者序

2021 年年底，我收到巴西驻广州总领事馆发来的邮件，希望我能将《穿越——巴西首次环球航海暨对中国的凿空之旅（1879）》一书翻译为中文并内部出版。我在匆匆浏览了随邮件发来的电子版之后，考虑再三，还是婉拒了。这是因为这本书翻译难度大。一是它涉及当时的航海技术、舰船知识；二是涉及许多历史事件、人物、地点，甚至信函、报刊、协议文本；三是涉及的地理、自然和人文环境广阔。所有这些，对译者而言，意味着要花费时间去浩如烟海的技术和历史资料中查证。然而，半年之后，我再次收到总领事馆的邮件，称未找到译者，希望我能接受这项工作。此时的我陷入了矛盾中。一方面，我正在参与一项重要翻译项目，分身无术。另一方面，这本书的内容的确是我感兴趣的。这是因为我正在翻译的另一本书是关于中国文化艺术对巴西的影响。该书称“自 16 世纪中叶开始至少到 19 世纪中叶的四百年间，中国的巨大影响以其特别的方式和独树一帜的内涵开始影响巴西”并列举了很多社会现象、文化遗存说明中国的影响是如何反映到巴西社会生活和行为方式的方方面面。由此可见，中国和巴西之间的交流源远流长。我当时经常在想，这本书反映的只是中国文化影响巴西的一个方面，反向是什么情况？如果有一本关于同一时期巴西对华关系的书岂不是正好一来一往的一对书，对比阅读一定很有意思。如我所愿,《穿越——巴西首次环球航海暨对中国的凿空之旅（1879）》谈的正是当时巴西第一个外交使团来华并签署了中巴历史上第一份友好通商协定的过程。经过反复考虑，我决定随心而为，同意接受这份翻译工作。当我参与的项目基本告一段落并真正动手翻译这本书的时候，已经是 2023 年，此时距离最后交稿的时间只有四个月的时间。2023 年 10 月，巴西驻广州总领馆内部刊印此书。

作为历史事件，巴西首次环球航海暨对中国进行外交访问至今已有百余年。今天的读者可以通过这本书了解甚至体会三个层次的“穿越”，这也是我后来将书名定为《穿越》的原因之一。首先是地理的穿越。1879 年 11 月 19 日至 1881 年 1 月 21 日，巴西海军“维塔尔·德·奥利维拉”号护卫舰在 430 天内航行 35,044 海里，穿越重洋完成了巴西海军木制帆船第一次环球航行。其次是穿越争议。自 19 世纪 50 年代至 80 年代，从“欧塞比奥·德·凯罗斯法”的颁布至《新生儿自由法》至最终废除奴隶制，巴西越来越需要输入大量劳动力以替代因废除黑奴贸易而中断的劳动力输入，弥补奴隶劳动力减少留下的缺口。是否引入华工这个问题在巴西国内引起热烈讨论，甚至引发意见相左的辩论。正是在这样的背景下，巴西锡宁布内阁力排众议，派出第一个赴华外交使团前往中国，试图与清朝政府达成一项移民条约。再其次是读者的穿越。这本书从巴西学者的角度对巴西军舰第一次环球航行和第一个外交使团访华的过程和前因后果做了全景式的展示，使读者可以穿越时空感受那个时代的脉动，感受“维塔尔·德·奥利维拉”号护卫舰的官兵们在面对一个又一个未知海洋、未知国度、未知的人文和自然环境时表现出的对新奇世界的向往、探索和战胜重重困难的勇气，以及中国和巴西两国在谈判中的针锋相对与进退维谷的时刻和抉择。

翻译相关历史的书必然要查阅大量史料。在这本书的翻译过程中，我查阅了《清实录》《清会典》《申报》《澳门编年史》《袁祖志瀛海采问纪实》、巴西1879至1880年的《伯南布哥日报》、里约热内卢《商报》《巴西海军杂志》《巴西历史地理学会学报》，以及李诗圃所著《中国和中国人》，等等。翻译工作中，译者很多时候倒像一名侦探，做着抽丝剥茧层层侦破案件的工作。所幸在工作中，我得到了许多朋友的帮助。在此感谢我的大学同学孙燕新先生、北京大学社会学系佟新教授、北京鑫裕盛船舶管理公司周仕锋船长、外文出版社葡文部曾韵女士、墨责（北京）科技传播有限公司林凡林先生、中国社会科学院拉美所杜鹃女士、中国图书进出口（集团）总公司戴林先生。正是有了这些朋友的帮助，我才得以在难度大、时间紧的情况下完成了翻译。

本书此次正式出版为我们提供了一个重新审视那段历史的契机。我希望通过我的翻译，能够让更多读者了解早期中巴关系史上这一重要事件。为方便读者查寻，所有地名、人名、出版物、军舰名称等信息都在首次出现中文翻译时括注了外文原文。为最大限度还原作品原貌，本书按照原书“我国”指称巴西，凡未提及国家的均为巴西。翻译中的不足之处，恳请读者给予指正。

值此纪念中华人民共和国和巴西联邦共和国建交五十周年之际，谨将此书奉献给喜欢历史、关心和致力于中巴友好的读者们，希望它能在增进人民相互了解的过程中起到微薄的作用。是为序。

译者

2024年4月

作者序

在写这本书之前，我们从来没有想过，这本书有一天会在中国翻译出版，并能被大量中国读者看到。这既让人兴奋，又令人难以置信。

借此机会，我们特别要感谢巴西驻广州总领事杜飞先生的坚持不懈，巴西外交部和刘名中先生在翻译、出版、印刷上给予的支持。他们的努力进一步增加了中国人民对巴西的了解。

这本书的中文书名《穿越》非常准确地反映了巴西与中国在第一次接触中经历的重重困难，以及两种不同的文化在经过近三年的交流与沟通之后，最终取得理解与共识的过程。关于巴西海军护卫舰历时一年多的环球航行，这本书所采集的信息来自当事人的描述和巴西的相关档案记录，因此，是真实可靠的第一手资料。

玛丽·克里斯蒂娜·斯克玛佐恩

杰夫·佛朗哥

2023 年 6 月

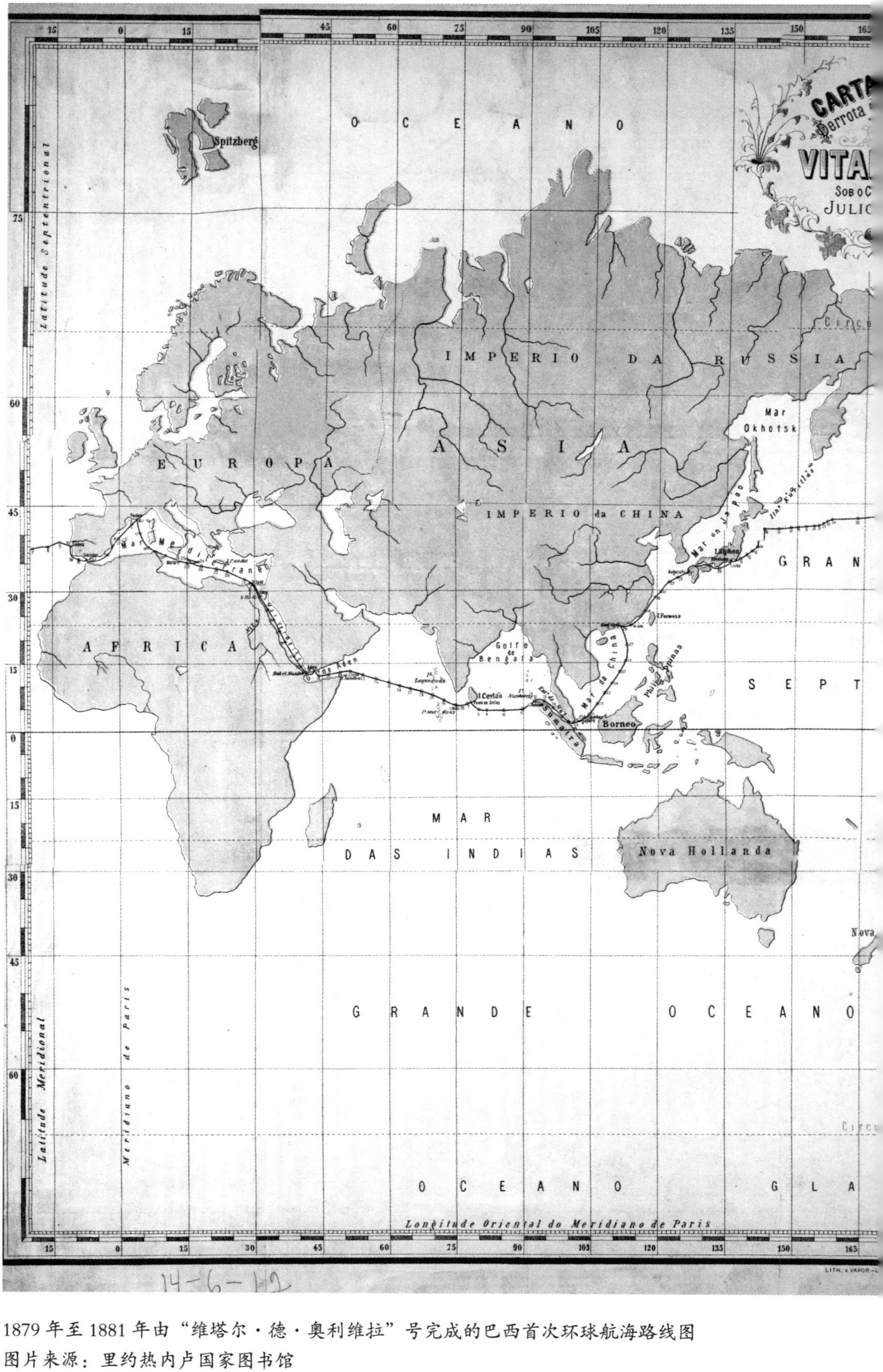

1879 年至 1881 年由“维塔尔·德·奥利维拉”号完成的巴西首次环球航海路线图

图片来源：里约热内卢国家图书馆

OURIVES, Nº 7 - RIO.

14-6-12

谨以此书献给

为了我国美好未来

在“维塔尔·德·奥利维拉”号护卫舰

首次环球航行中殉职的

英勇水兵和文职人员

巴西海军

海军司令

海军上将伊尔克斯 · 巴尔博扎 · 儒尼奥尔

海军总参谋长

海军上将克劳迪奥 · 波尔图加 · 德 · 维韦罗斯

海军秘书长

海军上将马科斯 · 席尔瓦 · 罗德里格斯

海军历史遗产和文献部

海军中将若泽 · 卡洛斯 · 马蒂亚斯

巴西“维塔尔·德·奥利维拉”号护卫舰
图片来源：海军博物馆

目录

001 - 简 介
003 - 引 言
010 - 概 述
045 - 葡萄牙 里斯本
058 - 英国 直布罗陀
063 - 法国 土伦
070 - 马耳他 瓦莱塔
074 - 埃及 苏伊士运河 塞得港
083 - 也门 亚丁湾
088 - 斯里兰卡 锡兰 加勒
093 - 新加坡
096 - 中国 香港
114 - 日本 长崎
119 - 日本 横滨
125 - 美国 旧金山
136 - 墨西哥 阿卡普尔科
140 - 智利 瓦尔帕莱索
152 - 关布林岛 奥特韦港 巴塔哥尼亚航道
158 - 智利 蓬塔阿雷纳斯
161 - 乌拉圭 蒙得维的亚
174 - 巴西第一个外交使团前往中国
243 - 登舰人员名单
259 - 鸣 谢

简　介

1519年，当葡萄牙航海家麦哲伦（Fernão de Magalhães）率领一支由5艘帆船和大约250名船员组成的船队从西班牙出发的时候，他很难想到此次海上远征将会开辟的历史航程。为了寻找通往太平洋的海上通道，即新的“香料之路”（rota das especiarias），这次从西方到东方、穿越南美洲的航行作为首次环球航行成为海洋史上一个不可磨灭的里程碑。

然而，麦哲伦没有见到他此番壮举的结束：1521年，他在东方土地上在与当地居民（现在的菲律宾人）的冲突中失去了生命。船队中只有“维多利亚”号（Vitória）和18位船员于1522年在西班牙航海家胡安·塞巴斯蒂安·德·埃尔加诺（Juan Sebastián de Elcano）的率领下完成了史诗般的海上航行。

2019年12月，海军历史遗产和文献部（Diretoria do Patrimônio Histórico e Documentação da Marinha）与国家历史博物馆、葡萄牙和西班牙驻巴西大使馆及其驻里约热内卢领事馆，以及卡蒙斯学院、塞万提斯学院，联合举办了“首次环球航海500年：船队抵达里约热内卢”国际研讨会，纪念1519年12月13日[①]那支勇敢的远征船队抵达瓜纳巴拉湾（Guanabara），即到访第一个美洲港口500周年。

即使从我们今天的技术角度看，麦哲伦和埃尔加诺开拓性的海上远征也是一次令人叹为观止的壮举，其重要性堪比或超过征服太空。1082天的航程缩短了距离，拉近了人民、文化和市场，展现出我们今天称之为全球化的景象。几百年过去了，技术的发展日新月异。今天，与首次环球航海相同的旅行，包括

---

① 为纪念其资助者塔曼达雷侯爵（marquês de Tamandaré）、海军上将若阿金·马克斯·利斯博阿（Joaquim Marques Lisboa）的诞辰，巴西海军将12月13日定为“水兵日”。

其间的短期或中期停留，也许只需要大约 120 天至 180 天。

人类对知识的好奇和渴望让我们走出洞穴，是它们让我们走向海洋，同样是它们推动着发展、发现和进步。放下敬畏之心并以批判的态度和相对的观点回望身后远去的地平线，可以让我们解读历史曾经走过的道路和遭遇的迷失。这就是记者玛丽·克里斯蒂娜·斯克玛佐恩和学者杰夫·佛朗哥在这本新书中所做的：他们像细心的航海者，穿越故事的海洋，抵达历史的港口。在《穿越——巴西首次环球航海暨对中国的凿空之旅（1879）》这本书中，作者以其孜孜不倦的工作态度对各种统计资料进行分析和研究，从而保证了这部作品不同凡响的品质，展现了 1879 年 11 月至 1881 年 1 月帝国海军“维塔尔·德·奥利维拉”号（Vital de Oliveira）护卫舰首次环球航行、巴西首个外交使团的中国之行，以及 19 世纪下半叶的巴西社会。这是一部真正的政治、经济和社会研究力作。

通过各种来源的史料，包括游记、官方信函、报纸等，玛丽·克里斯蒂娜·斯克玛佐恩和杰夫·佛朗哥构建了那个时期色彩纷呈的场景，同时，根据《值班日志》[Livro de Quartos，写作《舰员登记册》（Livro de Bordo）] 和《舰上人员登记册》（Livro de Socorros），详尽记叙并分析了舰上的生活和困难，其原始记录提供了舰艇内部的观察视角。

使用“维塔尔·德·奥利维拉”号护卫舰的首次环球航行运送并支持第一次前往中国的外交使团很好地表明，作为巴西领土不可分割的部分，我国海军舰只在开展外交活动方面所具有的重要性和灵活性。

总之，这本书表明，征服地平线取决于人的行动。

若泽·卡洛斯·马蒂亚斯

海军中将

巴西海军历史遗产和文献部部长

引 言

我与记者玛丽·克里斯蒂娜·斯克玛佐恩和学者杰夫·佛朗哥相识于 2017 年，那是在他们后来获奖的新作《黄金之路：圣卡塔琳娜岛上的美国人》（*A caminho do ouro: norte-americanos na Ilha de Santa Catarina*）出版之后。许多历史事件或过程的细节正逐渐被人们遗忘且鲜有研究。正是为了介绍这些领域新的研究成果，他们找到海军历史遗产和文献部历史处，希望在研究方面得到指导并获得可能的信息来源，以便以帝国海军首次环球航行和巴西首次对中国的外交之旅为题写一部书。

在最初的接触中，我们在讨论此项研究时，绝没有预料到它现在所呈现的首创性及其达到的深度。这样，就在今年（2020），即我加入巴西海军满 30 年暨随同“巴西”号训练舰（navio–escola Brasil）参加海军第七次环球航行（1997—1998）满 23 年的时候，有机会在作者精心构建的记述中重温那些过往的岁月。

自 1879 年 11 月 19 日至 1881 年 1 月 21 日，“维塔尔·德·奥利维拉”号（Vital de Oliveira）护卫舰完成了 430 天航行 35,044 海里的壮举。这是巴西海军在迄今为止的 140 年内完成的八次环球航行中的一次。在这些航行中，舰上全体人员完全体验了地圆说，经过了地球上的主要大洋、航道和海上航线。似乎不足为道，实则不然。如果说，当今全球化经济的作用是最大限度地减少甚至屏蔽如此规模的环球航行必需的后勤保障工作的话，那么，有必要强调的是，大约 140 年前，他们在海军上校儒利奥·塞萨尔·德·诺罗尼亚（Júlio César de Noronha）的率领下谱写的是一部真正的史诗，并且赢得了所到城市人民的钦佩。

关于舰上人员的数量，各种记录莫衷一是，这是当时那个时代常见的缺憾，需要参考舰长在其报告中记录的内容：有 22 名军官和另外 162 人，其中包括帝国海军水兵、轮机兵和海军陆战队士兵。除了舰队人员，舰上还有 12

名未成年人，他们是见习生、文盲，在舰上接受初等教育和技术培训，这种情况使得海军事务部长和国务秘书若泽·罗德里格斯·德·利马·杜瓦尔特（José Rodrigues de Lima Duarte）认为，此次航行也是一次训练航行。在航行中，有14人死亡，以及一系列开小差和因病离舰的情况发生，护卫舰在航行结束到达里约热内卢时，舰上人员减员49人。实际上，全部197人（司令、军官、列兵）中，只有148人完成了巴西海军的首次环球航行。

在19世纪下半叶以咖啡经济为生存基础的奴隶制社会，支撑帝国经济的主要生产体系由奴隶主和奴隶组成，大部分自由的贫困人口被排除在外。在这种情况下，在那个历史时期，国民教育从来都不是一项国家政策，因此，对自由的贫困人口的教育问题所采取的不多的零散举措不足以降低高企的文盲率。帝国海军所属部队人员正是从堂·佩德罗二世（d. Pedro II）皇帝这部分数量可观的臣民中招募的，这直接反映在舰上工作的开展，同时，也反映在难得一见的舰上人员个人所做的记录中，而这些记录或许可以作为研究帝国海军参与过的主要历史事件的原始资料的来源。

从这个意义上说，应当着重强调，完美呈现历史变迁并不等于严格复制进入档案馆馆藏的各种报告。作者在这个课题的研究中采用了独特的方法。本书完全没有采用传统的章节，而是设置了一系列主题，以主题为中心展开论述，避免过于依赖时间顺序推进，这使得整部作品的叙述非常流畅。作者将若干航行报告的节选精心地组合在一起，这些节选来自舰长和医生撰写的报告，包括当时与行政当局之间的官方信件，以及军舰所到城市的报纸刊登的新闻和后来出版的杂志上的相关文章。为了再现舰员们在航行中遭遇的坎坷艰辛，作者查阅了历史学家们鲜有问津的两个系列的文献，以展现舰上生活:《舰员登记册》（Livros de Bordo）和《舰上人员登记册》（Livros de Socorros）。

在国家档案中被错误命名为《舰员登记册》的文件实际上是帝国海军的《值班日志》（Livros de Quartos）。这些文件的主要作用是记录标准化信息，例如所处自然环境对舰艇影响的量化记录，特别是有关海洋和潮汐的记录，以及舰艇在停泊、抛锚或航行中对各种情况的应对准备、日常工作的总体管理和值班期间工作范围内的各项事务。每位当值军官负责对其值班工作进行记录，因此，轮班工作造成某些记录的不规范。然而，关于某些主要事件，当值军官们按照时间顺序、从不同的角度、每天多次对其各种细微变化和相关事务所作的记录对于研究人员研究舰上发生的各种事件和日常工作仍然不失为珍贵的资料。

另一个系列名为《舰上人员登记册》的文件记录了舰上军人的生活，是负责财务的军官按照其顶头上级的指示记录在案的内容，主要包括账目支出记录，但是，也包括下列内容：各项任命及主管部门的相关说明；在海上或陆上到港、离港、调任其他舰艇或工作的调令；住院和出院人数；资金、制服、奖励发放等；每日的奖惩命令；军事首长或舰长所做的关于死亡、开小差、拘禁、惩罚、口头批评、表扬及具体事件说明；最后，舰艇名称、容积、等级、武器装备和任务概述。由于当时没有身份鉴别机构，所以，在这个系列的文件中有专门用于登记舰上人员的一般（出生地、年龄、肤色、眼睛、身高、身体状况、头发、胡须）和特殊信息的区域。

《舰上人员登记册》不是各项记录一目了然、排列有序的信息来源。此类文件约有二三百页之多，并按照人员登舰的顺序记录、分册，因此，每艘舰的《舰上人员登记册》会根据人员流动出现多册对应一年、两年或若干年的情况，这使得我们有可能在时期不同但是相近的某一册中看到对应某年的记录。

军队负责登记的文书们经常做完一项记录后，跳过若干页登记下一位登舰人员。这就不难发现，在来到最后几页和记录了若干人员的离舰情况之后，登记册上出现了许多空白页，文书们又要把它们用于新的登记。除此之外，如果需要记录某人的诸多信息，只需注明“见本册第 X 页”或“见第 X 册第 X 页”，同时，在指定的页内注明“转自第 X 页”或“转自第 X 册第 X 页”。

这种登记方法使得各种与实际登舰相关的时间信息排列顺序混乱，令最有耐心的研究人员也为之愕然，然而，本书的作者却似乎不以为然。舰艇是一支舰队最基本的空间。要研究某一特定时期内舰上全体人员的生活状态，不但将这些人员分门别类进行梳理以便为研究之用绝非易事，而且，由于选定的研究方向不尽相同，上述研究可能会产生各种各样不同的结果和观点。

回望历史时空，1850年，“欧塞比奥·德·凯罗斯法”（Lei Eusébio de Queiroz）最终废除了大西洋奴隶贸易，结束了巴西对非洲移民潮的参与，并标志着奴隶制的必然废除。在“欧塞比奥·德·凯罗斯法”出台的同一个月，第一部对土地所有权做出规范的法律《土地法》（Lei de Terras）获得批准。该法规定，国家闲置土地的所有权只能通过公开拍卖的方式向国家购买。实际上，这是大种植园主和大地产主为了防止黑人成为地产主而采取的先发制人之举。

因此，从禁止大西洋奴隶贸易至1888年这个时期，国内的奴隶贸易扩大了，价格飞涨，这造成黑人奴隶被迫迁徙，从而满足里约热内卢和圣保罗的咖啡种植园的用工需求。

正是在这种政治和社会背景下，出现了19世纪公权利益和私人利益的结合，以便采取政治行动，使得自由劳动取代奴隶劳动，刺激外国尤其是欧洲移民的增加。

这些举措与鼓励成千上万人离开欧洲的各种因素不无关系。这些因素既包括经济领域的，也包括政治－社会领域的，例如：在经济领域，工业化以后民众中相当一部分人口的无产阶级化、土地危机和农村家庭生存困难；在政治－社会领域，自由主义革命和若干战争带来的后果。另一方面，对欧洲移民的青睐符合巴西的国家“白化”政治、满足对帝国南方疆域广大空间的殖民需求，有助于形成以小型家庭农场为基础的乡村中产阶级。

自相矛盾的是，这种政治利益和私人利益的结合——为了支撑咖啡经济生产进程，在臆想的必要时期内继续维持奴隶制，以便在不影响掌握着帝国生产和政治的奴隶主阶层利益的情况下，创造以自由劳动取代奴隶劳动的条件——在没有曾经导致君主制垮台那样的政治压力的情况下，并不足以废除奴隶制。

在东方，直到19世纪初，天朝帝国对世界其他地区几乎是关闭的，只有澳门和广州的港口对国际贸易开放。由于这个原因，在很长时期内，英国人试图出售自己的工业产品，但是，却没有引起将西方人视为“蛮夷”的中国人的兴趣，因此，不列颠帝国无法保持与中国的贸易顺差。

然而，英国人在印度种植一种叫罂粟的植物，从中可以提取一种深受中国人喜爱的麻醉品——鸦片。17 世纪，鸦片被荷兰人作为药品引入中国，很快就因其致幻作用而被人吸食，并使吸食者变得萎靡不振，丧失劳动意愿。因此，中国政府禁止鸦片贸易，于是，在英国政府支持下，英国商人开始大规模走私鸦片。

1840 年，在英国商人运输的毒品被销毁后，英国向中国宣战，鸦片战争（1840—1842）由此开始。天朝帝国战败，只好对英国产品贸易再开放 5 个口岸，租借香港岛，并接受了被认为是与西方大国签订的若干“不平等条约”中的第一个条约，即《南京条约》。

这一新情况并未像预期的那样促进贸易。当中国官员检查并处置了一艘悬挂英国国旗的船之后，英国以违反已签署条约的规定为由，联合其盟友法国发动了第二次鸦片战争（1856—1860）。再次战败的中国与英国、法国、美国和俄国签订了《天津条约》，并根据该条约，再开放 11 个口岸通商，允许欧洲商人和基督教传教士在内地游历，放弃使用用于西方人的“夷人”一词，并同意外国使团驻京。1860 年，该条约获得批准，最终导致鸦片贸易及其消费合法化。

中国在与帝国主义的战争中战败及随之而来的巨额赔款、贸易平衡失控和吸食鸦片泛滥造成了社会动荡，结果是中华文明的衰败和积贫积弱。从 1860 年直到 1949 年新中国建立后将其彻底禁止前，吸食鸦片在中国是合法的。

鉴于巴西和国际形势，1856 年，巴西帝国当局开始讨论引入中国移民的可能性，以替代因废除黑奴贸易而中断的劳动力输入，并弥补 19 世纪 50 年代中期巴西霍乱大流行期间（1846—1860）8 万名奴隶死亡造成的奴隶劳动力减少留下的缺口。然而，认为华人不如迫于贫穷而选择移居巴西的欧洲移民更具有移民资格的意见占据了上风。《新生儿自由法》（Lei do Ventre Livre）签署后，1871 年，出现了有利于引入中国移民的意见。1878 年，部长会议主席、农业贸易和工务部长、国务秘书锡宁布（João Lins Vieira Cansanção de Sinimbu）内阁开始制订计划并采取实际行动。

1879年年初，这个问题被提交议会，引起了反对派和废奴派人士的强烈抵制，他们指责锡宁布内阁隐瞒其不可告人的真实意图，即对那些没有受过洗礼而被认为低劣的中国移民进行商业盘剥。另一方面，持支持意见的政界人士则主张，引入中国移民应当是一项为期50年的临时性举措，不具永久性，不允许华人移民在巴西领土定居，并须定期更换人员。许多政界人士意识到引入中国移民计划的脆弱性和付诸实施的难度，纷纷站到公开反对此项计划的佩德罗二世皇帝一边。然而，在大种植园主和大地产主的支持下，内阁首长获准派遣一个特别使团前往天朝帝国，以期达成一项华工移民条约，并选中了海军少将穆达（Artur Silveira da Motta）为团长，陪同前往的是全权公使喀拉多（Eduardo Aleixo Callado）。帝国海军负责将外交使团送往中国。当时，海军还在对舰船进行改装，目的是改变其大部分舰船的主要性能只可满足内河水上任务的状况。三国同盟战争①之后出现的形势令帝国海军原有的宗旨已经过时，海军需要寻求具有海洋特点的舰船，这使得开展远离海岸的行动成为可能。

本书分三部分。第一部分介绍了参与“维塔尔·德·奥利维拉”号护卫舰首次环球航行的人们的生活经历和遭遇的困难，重温鲜有问津或完全被遗忘的关于那次航行的各种记述。需要强调的是，第一部分关于脚气病令舰上官兵倍感痛苦的内容，其原始报告可见加尔迪诺·西塞罗·德·马加良斯（Galdino Cícero de Magalhães）医生的《环球航行期间“维塔尔·德·奥利维拉”号护卫舰上脚气病病程》（História do desenvolvimento do beribéri a bordo da corveta Vital de Oliveira em sua recente viagem de circum-navegação）一文。

通过几百年来海上生活中积累的经验，航海者已经不再怀疑地球是圆的，他们看到随着被观察点的渐行渐远，船只、城市和山脉一一下降并最终消失在海平线后面。然而，这些经验却不足以使航海的人们，即使是有文化的人，意识到脚气病的成因与食物短缺有关，这一点直到1897年才被荷兰医生、病理学家克里斯蒂安·艾克曼（Christiaan Eijkman）指出。

---

① 即巴拉圭战争（1865—1870）。“三国”指巴西、阿根廷、玻利维亚。——译者注

本书第二部分的重点是，为达成移民条约而进行谈判期间，巴西第一个赴华使团的工作情况。在巴西方面，一方面，持反对态度的政客对天朝帝国驻欧洲代表开展工作，表达他们对这样一份条约的反对意见，以便影响中国政府；另一方面，外交使团的成员希望达成的不是一份理想的而是一份可行的条约，并为此展现其外交技巧。与此同时，在中国方面，由于两次鸦片战争之后，中方被迫批准被强加的条约并遭受屈辱，对外国人提出的条约持明显的不信任态度。因此，千年帝国仍在学习如何与外国代表团打交道和如何与西方人达成协议；同时，与中国刚刚签订了移民条约的秘鲁和古巴虐待华人的消息也频频传来。

在第三部分，根据“维塔尔·德·奥利维拉”号护卫舰的若干《舰上人员登记册》的内容，作者开列了参加帝国海军第一次环球航行的全体人员名单。在巴西海军历史中，只出现在这些登记册上的许多人，现在，被公正地记录在本书中，从而不再被遗忘，他们参与了这一海上壮举并得到了应有的认可。

能为这样一本书作序是我的荣幸。本书所拯救的是一段不可忘却的记忆：个体作为其自身经历的主体所完成的参与行为，同时，除了微不足道的个体经历之外，更为有意义的是个体对整个项目及其过程的参与行为。我可以向读者保证，本书带来的体验将超越单纯历史范畴，它还提供知识，以及持久的思考和研究性参照。

皮埃尔·保罗·达·库尼亚·卡斯特罗

海军大校

巴西海军历史遗产和文献部历史处处长

概　述

1879 年至 1881 年期间，一艘巴西军舰完成了其第一次（绕地球一圈的）环球航行。这是一次漫长且常常充满艰辛的旅程，也是一次史诗般的航行。其意义在于它将巴西的国旗带到了我们从未到访过的土地上。完成这一壮举的是二级护卫舰“维塔尔·德·奥利维拉”号（Vital de Oliveira）。这艘巴西海军的军舰是一艘三桅帆船，具有稳定性高和操作方便的特点①。舰长，当时的海军上校儒利奥·塞萨尔·德·诺罗尼亚②（Júlio César de Noronha）曾自豪地说：“作为帆船，它非常稳定。我们没有遇到过任何一艘船可以在速度上与它媲美。”

然而，它的木质舰体并不坚固，经不起在波浪滔天的大海上频繁航行③，在环球航行期间不得不多次进行维修。舰艇的甲板纵桁、栏杆、舷顶列板经常开裂，“更严重的是，一些横梁、外艉柱和前桅帆索具绞盘出现垮塌的情况。……除了这种结构上的弱点之外，这是它在短期内进行的第三次远航”，诺罗尼亚

---

① 《巴西海军杂志》（Revista Marítima Brazileira），第 1 年，第 1 期，第 1 册，1881 年 7 月，里约热内卢，Lamberts & C. editores 出版，第 407 页。

② 诺罗尼亚·桑托斯（Noronha Santos）：《海军上将儒利奥·塞萨尔·德·诺罗尼亚诞辰一百周年（1845—1945）》（Centenário do Nascimento do Almirante Júlio César de Noronha—Esboço Biográfico 1845—1945），Livraria Editora Zélio Valverde 出版，里约热内卢，1945 年。儒利奥·塞萨尔·德·诺罗尼亚生于 1845 年 1 月 26 日，卒于 1923 年 9 月 11 日，曾担任海军委员会成员，1902 年至 1906 年担任海军部长和最高军事法院院长［见《周刊》（Revista da Semana），第 46 年，1945 年 1 月 27 日出版，第 4 期，第 22 页］。曾参加东部战役，表现突出，并参加对巴拉圭的战争，在这次战争中表现英勇，脱颖而出。曾重组巴西海军并创建海军职业学校。

③ 海军部部长若泽·罗德里格斯·德·利马·杜瓦尔特（José Rodrigues de Lima Duarte）向第十八届立法会第一次会议提交的 1880 年和 1881 年报告（1882 年出版），国家印务所（Typographia Nacional），里约热内卢，1882 年，第三部分。

舰长在 1882 年提交给参议员和众议员们的报告中这样解释。

该舰采用了混合结构（木材和铁）和混合动力（帆和发动机）①。它原属位于圣卡塔琳娜（Santa Catarina）② 的海军第一军区，“平时可载 273 人，战时可载 300 人” ③。

这艘护卫舰的设计者是巴西人、海军工程师纳波莱昂·若昂·巴蒂斯塔·莱韦尔（Napoleão João Batista Level）④，由里约热内卢海军造船厂建造，并于 1867 年 3 月 21 日下水。看到它的人们都说它很漂亮。当它经过旧金山（São Francisco）的时候，曾给舰员看病的美国医生——美国海军总医院外科医生欧内斯特·赫伯史密斯（E. Hebersmith）——在记录中这样写道：“这艘军舰是海军建造技术·的优秀典范。” ⑤ 此前在日本，它也曾因其优雅而引起人们的关注：“这是一艘美丽的舰艇。” ⑥

“维塔尔·德·奥利维拉”号护卫舰服役 12 年，它装配有一个由 10 门后

---

① 海军上将卢卡斯·亚历山大·布瓦特（Lucas Alexandre Boiteaux）和迪迪奥·伊拉蒂姆·达·科斯塔（Dídio Iratim da Costa）：《从昨天的大船到今天的潜艇》（Das nossas naus de ontem aos submarinos de hoje），海军出版社（Imprensa Naval），里约热内卢，1944 年。

② 库斯托迪奥·德·梅洛（Custódio de Mello）：《环球二十一个月》（Vinte e um mezes ao redor do planeta），Cunha e Irmão Editores 出版，里约热内卢，1896 年，引言，第 2 页。

③ 迪迪奥·A. 达·科斯塔（Dídio A. da Costa）：《海军上将儒利奥·塞萨尔·德·诺罗尼亚》（Almirante Júlio César de Noronha），海军出版社，里约热内卢，1944 年，第 169 页。

④ 纳波莱昂·若昂·巴蒂斯塔·莱韦尔（Napoleão João Batista Level）曾被帝国派往欧洲留学。见“需要造船，不需要坚持。工业革命影响下 1850—1910 期间巴西军舰制造”（“Construir navios é preciso, persistir não é preciso. A construção naval militar no Brasil entre 1850 e 1910, na esteira da Revolução Industrial”），费尔南多·里巴斯·德·马丁尼（Fernando Ribas de Martini），社会史研究生论文，圣保罗大学哲学文学人文科学学院历史系，圣保罗，2014 年，第 77 页。参看 https://www.teses.usp.br/teses/disponiveis/8/8138/tde-23012015-103524/publico/2014_FernandoRibasDeMartini_VCorr.pdf。2019 年 2 月登录。

⑤ 1880 财政年度美国海军总医院主管外科医生年度报告（Annual Report of the Supervising Surgeon General of the Marine Hospital Service of the United States），华盛顿，Government Printing Office 出版，1880 年，参看 https://babel.hathitrust.org/cgi/pt?id=hvd.hx3u6z;view=plaintext;page=root;size=100;seq=7;num=226;orient=0。2019 年 4 月 21 日登录。

⑥ 《日本公报》（The Japan Gazette），1880 年 7 月 8 日，“The brazilian corvette Vital de Oliveira is a handsome vessel”。

膛炮组成的露天炮组，9个露天或不露天的舱口，上层甲板有2个舱口①。“全舰有12门火炮：3门线膛炮，其中一个带转轮，口径全部为70毫米；有9门滑膛炮，口径全部为60毫米。……后来，它有了巴蒂斯塔装备体系（“Sistema Batista”）惠特沃斯C 32的8至9和2.5磅线膛炮。”②

舰体长66.66米，宽11.22米，平均吃水深度4.15米③，重达1400吨。它有由海军工程师安东尼奥·戈麦斯·德·马托斯（Antônio Gomes de Mattos）和卡洛斯·布拉康诺特（Carlos Braconnot）设计的四台转速为每分钟86转④的双缸燃煤蒸汽机，以及可存放150吨⑤煤的两个煤舱，装机功率为200马力⑥。这也是巴西海军第一艘安装了水蒸馏器的舰艇⑦。它的航速为每小时12海里⑧。这艘舰艇最初的名字是“瓜纳巴拉”号（Guanabara），后更名以纪念巴拉圭战争期间于1867年2月在库鲁帕提（Curupaiti）战斗中阵亡的“席尔瓦多”号（Silvado）装甲舰的舰长、海军中校马诺埃尔·安东尼奥·维塔尔·德·奥利

---

① 舰队首席外科医生加尔迪诺·西塞罗·德·马加良斯（Galdino Cícero de Magalhães）提交的《环球航行期间“维塔尔·德·奥利维拉”号护卫舰医学报告》（Relatório Médico da Corveta Vital de Oliveira na sua viagem de circum-navegação），国家印务所，里约热内卢，1881年，第1页。

② 迪迪奥·A. 达·科斯塔:《海军上将儒利奥·塞萨尔·德·诺罗尼亚》，海军出版社，里约热内卢，1944年，第169页。

③ 迪迪奥·A. 达·科斯塔:《海军上将儒利奥·塞萨尔·德·诺罗尼亚》，海军出版社，里约热内卢，1944年，第169页。

④ 迪迪奥·A. 达·科斯塔:《海军上将儒利奥·塞萨尔·德·诺罗尼亚》，海军出版社，里约热内卢，1944年，第169页。

⑤ 海军上将卢卡斯·亚历山大·布瓦特和迪迪奥·伊拉蒂姆·达·科斯塔:《从昨天的大船到今天的潜艇》，海军出版社，里约热内卢，1944年，第169页。

⑥《巴西海军杂志》，第00158期，1952年，第425页。

⑦ “三国同盟战争期间帝国海军的海上后勤工作”（“A Logística Naval na Marinha Imperial durante a Guerra da Tríplice Aliança Contra o Governo do Paraguai”），里约热内卢州联邦大学历史学研究生课程研究生论文，里约热内卢，UNIRIO，2010年。参看 http://livros01.livrosgratis.com.br/cp155235.pdf#page=8&zoom=auto,-107,842。2019年2月登录，第104页。

⑧ N. 14. Neueste Mittheilungen. Verantwortlicher Herausgeber: dr. H. Klee. Berlin, den 15. Juni 1882。参看 http://zefys.staatsbibliothek-lin.de/amtspresse/ansicht/issue/11614109/14/?no_cache=1&type=102&tx_zefysdigibibo_pi1%5Bdruck%5D=1。2019年8月登录。

维拉（Manoel Antônio Vital de Oliveira）[①]。它的龙骨于1863年3月14日[②]铺设，建造耗时48个月零7天[③]。

环球航行于1879年11月开始，至1881年1月结束，历时438天（海上268天，泊港170天）[④]，行程35044海里——23375海里在北半球，11669海里在南半球——每小时航速6.4节[⑤]。舰上载有“162人（126名水兵、15名司炉和21名海军陆战队士兵）”[⑥]，其中包括护卫舰乐队成员（1名中士、2名上等兵、1名笛手和10名列兵）。将在法国土伦登舰的外交使团的武官亚历山德里诺·法里亚·德·阿伦卡尔（Alexandrino Faria de Alencar）上尉刚刚从里约热内卢出发[⑦]。护卫舰还载有12名未成年人[⑧]。

莫衷一是的数字

诺罗尼亚·桑托斯（Noronha Santos）在他关于儒利奥·塞萨尔·德·诺罗尼亚舰长诞辰一百周年的文章中说，有17名军官、2名医生、1名药剂师、

---

① 航海家、海军上校维塔尔·德·奥利维拉（1829—1867）还是地理学家和历史上最杰出的水文学家之一，曾经负责圣弗朗西斯科河（São Francisco）和莫索罗河（Mossoró）之间的巴西海岸的勘测工作，并据此制作了一系列海图。参看 https://www.marinha.mil.br/gnho/npqhvo。

② 马里奥·F.门东萨（Mário F. Mendonça）；阿尔贝托·瓦斯康塞洛斯（Alberto Vasconcelos）:《巴西海军舰艇名录》（Repositório de Nomes dos Navios da Esquadra Brasileira），第3版，里约热内卢，SDGN，1959年，第268页。

③ 《巴西海洋史参考资料》（Subsídios para a História Marítima do Brasil），第6册，海军出版社，里约热内卢，1948年，第215页。

④ 诺罗尼亚·桑托斯:《海军上将儒利奥·塞萨尔·德·诺罗尼亚诞辰一百周年（1845—1945）》，Livraria Editora Zélio Valverde 出版，里约热内卢，1945年，第50页。

⑤ 《巴西海军杂志》，第2年，1882年7月1日，第16页。

⑥ 诺罗尼亚·桑托斯:《海军上将儒利奥·塞萨尔·德·诺罗尼亚诞辰一百周年（1845—1945）》，Livraria Editora Zélio Valverde 出版，里约热内卢，1945年，第61–62页。

⑦ 《新闻报》，里约热内卢，1881年11月11日。

⑧ 《舰上人员登记册》,《值班日志》和《舰上人员登记册》手稿档案2012（IVM 2012）。

1名财政部官员、1名机械师登上了护卫舰，一共有22名军官[①]。在这些军官中，有前面提到的后来成为海军上将、4次担任海军部部长的亚历山德里诺·法里亚·德·阿伦卡尔上尉；杜阿尔特·于埃·德·巴塞拉尔·平托·格德斯（Duarte Huet de Bacellar Pinto Guedes）海军上尉，他后来作为海军少将带领海军委员会在英国接收1906年海军计划中涉及的舰艇，并在环球航行中负责导航[②]；有担任副舰长或大副的弗朗西斯科·费利克斯·达·丰塞卡·佩雷拉·平托（Francisco Félix da Fonseca Pereira Pinto）海军少校[③]；还有在土伦上舰的路易斯·费利佩·德·萨尔达尼亚·达·伽马（Luís Felipe de Saldanha da Gama）海军少校，他后来成为著名的海军上将[④]。

航行结束抵达里约热内卢时，只剩下“73名水兵和司炉，以及10名海军陆战队士兵”[⑤]。舰长儒利奥·塞萨尔·德·诺罗尼亚在提交给立法会的航行报告中说：“在整个航行期间，减员达到49人，其中开小差15人，死亡14人，生病20人。”但是，他补充说，由于“住进旧金山医院的16名患者中，只有1人死亡，我们实际损失人数为34人，死者中有两人是勤杂兵”。[⑥]

由此可以看出，关于登舰的人数存在争议。例如，在舰艇返回时，曾有报纸报道说：“护卫舰在离开里约热内卢时舰上人员为200人，由于出现死亡和开小差的情况，现在减至179人。”[⑦] 另据消息人士称，在返航途中，在死亡和开小差的人员中，“有10名海军陆战队士兵和30名帝国水兵”[⑧]。据一份美国报纸

① 诺罗尼亚·桑托斯：《海军上将儒利奥·塞萨尔·德·诺罗尼亚诞辰一百周年（1845—1945）》，Livraria Editora Zélio Valverde出版，里约热内卢，1945年，第53页。

② 《巴西海军杂志》，1952年，第427页。

③ 《新闻报》，里约热内卢，1879年11月17日。

④ 库斯托迪奥·德·梅洛：《环球二十一个月》，Cunha e Irmão Editores出版，里约热内卢，1896年，引言，第4页。

⑤ 诺罗尼亚·桑托斯：《海军上将儒利奥·塞萨尔·德·诺罗尼亚诞辰一百周年（1845—1945）》，Livraria Editora Zélio Valverde出版，里约热内卢，1945年，第62页。

⑥ 海军部部长若泽·罗德里格斯·德·利马·杜瓦尔特向第十八届立法会第一次会议提交的1880年和1881年报告（1882年出版），国家印务所，里约热内卢，1882年，第95页。

⑦ 《午报》（Jornal da Tarde），圣保罗，1881年1月18日。

⑧ 《闹钟》（O Despertador），圣卡塔琳娜省，1881年1月19日。

的数字,“当护卫舰离开巴西时,舰上人员为240人”[1]。甚至《舰员登记册》也没有关于舰上人员的准确数字。我们根据一些可用的《舰员登记册》制作了名单作为本书的附录,但是《舰员登记册》中的数字并不一致。这些数字都不是最终数字,因为一些《舰员登记册》已经不知所终。

扬帆起航

11月19日上午,天空晴朗,微风吹过里约热内卢港的码头。中午,一切准备就绪,巴西海军实现梦想的时刻到了:“维塔尔·德·奥利维拉”号护卫舰离港环球航行,这是此前南美洲的舰船从未完成过的壮举。

午后不久,军号声响起,舰上一片寂静,离开祖国的时候到了。这将是一次漫长的旅行,即将踏上险象环生之旅的水兵们最后一次向陆地望去,寻找码头上他们的亲人。大家陷入沉思,试图“洞悉未来深不可测的黑暗。然而,一切都淹没在军号声中。最先发出的命令将人们拉回到现实中,他们纷纷与岸上的人们互道珍重。……不久,舰艇向港口的出口驶去,身后留下的团团黑色烟雾在微风中渐渐散开,消失在热带美好日子碧空如洗的天空里”[2]。

每个人都意识到,这是一个非常重要的时刻。一艘军舰访问外国港口意味着“亮旗”。作为海军彰显其政治影响力的方式之一,舰艇的到访可以赢得受访者的尊重或钦佩,有助于提高海军及其所属国家的国际声誉。因此,“维塔尔·德·奥利维拉”号的全体人员共同肩负着一个重大的责任。

重任在肩

此次航行兼具两个目的。第一个目的是使舰上官兵“在长途航行中获得

---

① 《晨报》(The Morning Call),加利福尼亚,1880年8月29日。
② 《伯南布哥日报》(Diário de Pernambuco),伯南布哥省,1880年2月8日。

专业培训"[①]。第二个目的是送巴西外交使团前往中国，寻求以华工替代巴西奴隶。外交使团在法国土伦登舰，并在香港离舰。

巴西海军经常定期进行教学航行，对在海军学院学习的海军少尉进行舰上培训。"根据可能的条件，舰上官兵长时间在海上训练，对新任命的海军准尉、少尉和中尉亦是如此"[②]。

在这次具有特定目的的航行中，"为了推动对学员的培训，使这些对航海几乎一无所知的学员能够在海军军官行列中获得一席之地，我们在舰上开办了一所学校，对他们进行初等教育和专业技术培训"[③]。航行归来以后，参加环球航行的 12 名学员已经"可以成为所有军舰上称职的水兵了"[④]。

舰队出发前不久，佩德罗二世（Pedro Ⅱ）皇帝参观了军舰。那是 10 月 3 日上午。皇帝"在管家伊瓜苏伯爵（conde Iguassu）的陪同下，登上御用帆船，前往军舰码头，在那里参观了'维塔尔·德·奥利维拉'号护卫舰，并旁听了平托·布拉沃上尉给即将随护卫舰启程开始教学之旅的少尉班上的海军战术课。陛下在舰上逗留了 1 小时左右"[⑤]。

人言籍籍

在准备过程中，曾有人提出由"维塔尔·德·奥利维拉"号护卫舰、"瓜纳巴拉"号（Guanabara）护卫舰和"帕纳海巴"号（Parnahyba）炮艇组成复

① 《巴西历史地理学会学报》（Revista do Instituto Histórico e Geográfico Brasileiro），第 174 册，1939 年，里约热内卢，国家出版局（Imprensa Nacional），第 351 页。

② 库斯托迪奥·德·梅洛：《环球二十一个月》，Cunha e Irmão Editores 出版，里约热内卢，1896 年，引言，第 1 页。

③ 海军部部长若泽·罗德里格斯·德·利马·杜瓦尔特向第十八届立法会第一次会议提交的 1880 年和 1881 年报告（1882 年出版），国家印务所，里约热内卢，1882 年，附录 2，第 95 页。

④ 《午报》（Jornal da Tarde），里约热内卢，1881 年 3 月 18 日。

⑤ 《伯南布哥日报》，伯南布哥省，1879 年 10 月 11 日。

合型海军舰队完成此次航行任务的可能性[1]，但是，由于招致不少批评之声，最后，只有“维塔尔·德·奥利维拉”号奉命远航。批评之声几乎都是针对赴华外交使团的，但是，军舰所需费用也是政界人士和媒体诟病的原因。

参议员里贝罗·达·卢斯（Ribeiro da Luz）是质疑此次航行的时机和适宜性的人之一。他指出：“值此财政状况堪忧之际……政府欲派遣舰队耗费巨资赴中国和日本海。自我国独立以来，在太平情况下，当巴西海军物资丰裕之时，海军部长们的勃勃雄心不过是派遣一些舰队在帝国沿岸或普拉塔河（rio da Prata）上巡逻。除了唯一一次前往那不勒斯（Nápoles）迎接皇后，我们的海军舰队还没有过离开南美洲的先例。”[2]

为了强调他的观点，贝罗·达·卢斯还算了一笔账，并得出结论认为，此行的费用可能超过“3000康托，仅煤炭一项就需要1200康托”。他还强调，“瓜纳巴拉”号和“帕纳海巴”号非常新，因此，它们的缺陷尚属未知。“此外，舰上既无分层亦无舱房可供舰上人员居住。以此炫耀我国能力、财富令人难以置信，并且，这样的军舰必然会使我们陷入尴尬境地，绝无益于此番远航欲达成之目的。”这位参议员还认为，乘坐军舰前往中国可能会造成中国人的误解。

参议院在同一次会议上对里贝罗·达·卢斯的质疑做出了回应。参议员、部长会议主席、农业部长，同时也是赴华外交使团的组建者和支持者锡宁布说，这是一次正常的教学航行，“只不过要去的是此前未曾访问过的港口。至于哪艘军舰和多少军舰参加这次任务，这个问题尚未决定。但是，如果有必要，政府将会要求特别拨款”[3]。

环球航行的费用计算到分，指挥官不得有任何额外支出，并被要求尽可能使用风帆航行，以便节约煤炭[4]。当然，这个事情变成了笑柄。当军舰出发时，

---

① 《坎皮斯塔观察》（Monitor Campista），里约热内卢，1879年3月16日，第3页；《盎格鲁－巴西时报》（The Anglo-Brazilian Times），里约热内卢，1879年8月15日。

② 《商报》（Jornal do Commercio），里约热内卢，1879年3月18日，前一天参议院会议记录。

③ 《商报》，里约热内卢，1879年3月18日。

④ 《商报》，里约热内卢，1880年2月20日。

里约热内卢《画刊》（Revista Illustrada）的编辑们这样嘲笑舰上人员的薪金："舰上一切皆可怜。此次环球航行，军官们得到的差旅津贴为2康托，绞尽脑汁加减乘除计算之后，每日的平均数仅为仨瓜俩枣。多么可怜的津贴！如果想在东京（Tonkin）吃两次燕窝，那是绝对不够的，只会让他们显得寒酸。……然而，我们的政府，只要与他们自己无关，便总是穷得叮当响。……除了给这些去见辫子朝廷的使者仨瓜俩枣的津贴之外，还下达了这样的命令：花费多者将受到应有的惩罚！"①

远涉重洋

根据政府的计划和指示，环球航行的时间不应超过400天（即一年一个月十天）②。最终，航行用时438天，就是14个月零4天。航行路线也发生了变化。最终的路线如下："（1880年1月19日抵达）里斯本（Lisboa）、（2月1日）直布罗陀（Gibraltar）、（2月9日）土伦（Toulon）、（3月20日）马耳他瓦莱塔岛（La Valleta，ilha de Malta）、（4月14日）也门亚丁（Áden，Iêmen）、（5月2日）锡兰，即现在的斯里兰卡的加勒角（ponta de Galle，Ceilão，即现在的Sri

① 《画刊》（Revista Illustrada），里约热内卢，第4年，第185期，1879年。

② 海军部向第十八届立法会第一次会议提交的1880年和1881年报告（1882年出版），国家印务所，里约热内卢，1882年，附录2，第70页。

Lanka)、(5月17日)新加坡(Singapura)、(5月28日)香港(Hong Kong)、(6月24日)长崎(Nagasaki)、(7月1日)横滨(Yokohama)、(8月20日)加利福尼亚州旧金山(S. Francisco，Califórnia)、(9月19日)阿卡普尔科(Acapulco)、(11月16日)瓦尔帕莱索(Valparaíso)、(12月2日)洛塔(Lota)、(12月7日)关布林岛(Huamblin)、(12月9日)奥特韦港(port Otway)，即

环球之旅开启的时候，"维塔尔·德·奥利维拉"号已经服役12年。它的设计者是巴西海军工程师纳波莱昂·若昂·巴蒂斯塔·莱韦尔，由里约热内卢海军造船厂建造，于1867年3月21日下水。军舰采用(木、铁)混合材料建造，长66.66米，宽11.22米，平均吃水深度为4.15米，重1400吨；其动力系统也为(帆、发动机)混合型，配有4台燃煤锅炉，功率为200马力。
图片来源：海军档案馆

现在的海军上将巴罗佐港（porto Almirante Barroso）、（12 月 19 日）蓬塔阿雷纳斯（punta Arenas）、（1881 年 1 月 4 日）蒙得维的亚（Montevidéu），（1 月 24 日）里约热内卢（Rio de Janeiro）。根据帝国的命令，上海港和天津港被从行程中删除，并“根据需要”，增加了直布罗陀、土伦、阿卡普尔科和洛塔。

最长的航程是从里约热内卢到里斯本，用时 52 天，以及从阿卡普尔科到瓦尔帕莱索，由于连续遭遇恶劣天气，用时 54 天。最痛苦的航程也许当数从横滨到旧金山的航程，除了 50 天的恶劣天气之外，有许多人患病，甚至死亡。

军舰总是遭遇暴风雨和寒冷天气，除此之外，于 11 月 30 日自瓦尔帕莱索开始的航行中，又面临着另一项挑战。12 月 2 日，军舰停泊在洛塔，以便补充煤炭，并从那里穿过巴塔哥尼亚航道（canais laterais da Patagônia），于 12 月 19 日抵达了智利的蓬塔阿雷纳斯。

根据海军事务部在启航前的估计，“如果至少 1500 海里的航行靠机械完成，那么，整个航行时间可以缩短一个月，因为这艘舰艇的燃料足以完成这样距离的航行，其平均时速可达每小时 7 海里”。这样，“全程最多消耗 1680 吨煤，若按每吨煤 2 英镑计算，所需煤的费用为 3360 英镑”。[①]

按部就班

舰上的生活每 4 个小时为一个班次，均详细记录在《值班日志》中。午夜至凌晨4点为一个班次，当值负责人员需要记录若干内容（天气、海况、温度、风、蒸汽机的状态、船帆的情况、舰上储备物资的消耗、离舰登记、各类测量工作、遇到的船只、地理位置，等等）。在第一个班次中，舰上处于熄灯状态，只有主要的几盏灯亮着，哨兵到岗。在第一班次结束前半小时，接班的第二班次人员集合。当值班时间结束时，值班人员下岗休息。

① 海军部向第十八届立法会第一次会议提交的 1880 年和 1881 年报告（1882 年出版），里约热内卢，国家印务所，1882 年，附录 2。

在接下来的班次，即 4 点至 8 点，舰上重新开始一天的生活。4 点半，清洁工作完成，帆布床收起，随着起床号响起，舰上全体人员起床，然后吃早餐。如果是停泊在港口，司务长便会划着小舟去采买当天的给养（面包、肉、蔬菜、甜点）。8 点升旗。（根据安排或用沙石）泼水刷洗甲板、擦炮。

中午，同样吹号通知午餐时间已到。下午，可能举行操炮训练，或者检查船帆，需要时，加固或修补船帆。下午 4 点至 8 点是晚餐时间，用苫布盖上大炮，关闭炮塔。下午，舰上人员还可能做其他事情，例如修补衣服或对舰上的一些部位进行粉刷，用生石灰刷白舱门（平均每次用 24 公斤石灰[①]）。还有一个很有葡萄牙特点的习惯，即每天晚上"敲钟诵经"，即在就寝前敲一次钟，提醒信徒念圣母经。敲钟之前降旗。

晚上 9 点，就寝；9 点半，熄灯，届时，所有灯熄灭。11 点半，夜班上岗；12 点，换岗人员回舱休息。

横生枝节

从土伦到香港，赴华外交使团的成员搭乘了军舰，"他们都是从法国军港登舰的"[②]。按照最初的行程安排，护卫舰应在香港等待外交使团工作结束，但是，1880 年 6 月 18 日抵达香港时，负责此行的海军少将穆达（Arthur Silveira da Motta）[③]，即后来的雅塞圭男爵（barão de Jaceguay），报告了舰上的问题，并得到帝国政府的命令，要求护卫舰以最短航线返回巴西[④]。

---

① 《值班日志》,《值班日志》和《舰上人员登记册》手稿档案 2.277（IVM 2.277）。

② 诺罗尼亚・桑托斯:《海军上将儒利奥・塞萨尔・德・诺罗尼亚诞辰一百周年（1845—1945）》, Livraria Editora Zélio Valverde 出版，里约热内卢，1945 年，第 50 页。

③ 1843 年 5 月 26 日，雅塞圭男爵生于圣保罗，于 1914 年 6 月 6 日在里约热内卢去世。他是巴西海军将军、贵族、作家、巴西文学院终身院士，曾参加巴拉圭战争。除在海军担任过多种职务之外，多次随外交使团出访。1882 年，获封雅塞圭男爵并晋升舰队司令，相当于海军中将。

④ 诺罗尼亚・桑托斯:《海军上将儒利奥・塞萨尔・德・诺罗尼亚诞辰一百周年（1845—1945）》, Livraria Editora Zélio Valverde 出版，里约热内卢，1945 年，第 51 页。

《新闻报》（Gazeta de Notícias）①业主、记者埃利西奥·门德斯（Elysio Mendes）在香港与赴华使团的巴西人会合，并且在中国的旅行中，全程与他们在一起。据他所言，“护卫舰未能继续行程是多种原因所致，其中之一是舰上人员体弱，不足以完成这样的航行，有 17 名水兵因病被留在途经的港口。另一个原因是，台风季节临近，此处海域海难多发，因此，最好能避开。还有第三个原因，完全是政治原因。由于停泊在这里的欧洲军舰之间采取了协调一致的行动，以便向面临与俄国开战的中国施压，从而各国获得有利于各自诉求的解决办法，一艘巴西军舰出现在该水域会被认为有相同意图”。

问题，很多问题

由于缺乏物质条件，航行面临巨大的挑战和许多困难，从舰体结构到舰员的伙食都很差。“我们在炎热的季节离开里约热内卢，严冬时抵达里斯本。舰上一切正常，但缺少冬衣。”诺罗尼亚舰长在 1882 年提交给政府的报告中如是说。

他还很谨慎地表示，“基于多变气候条件下远航的实践经验，依我拙见，食品和被服物资乏善可陈。……明显缺乏保鲜蔬菜或事先适当备好的绿叶菜，我们的水兵很排斥咸肉，宁愿吃罐头肉”②。

舰长可用经费不多，无法解决航行途中不断出现的问题。一份公文中有这样的记载：“关于旅行费用问题，您可根据 1870 年 6 月 30 日 4342A 号法令所附规定第 13 条提取，为此，所需指示将于今日发至驻伦敦财务部门，请您抵达里斯本后务必与之接洽。您只可提取现行科目内舰上为公务和驻军所支付的费用，以及舰艇维修、养护的费用。关于最后这一项，您可通过司令部，告知发生类似费用的缘由。无论何种情况，不得批准任何其他额外支出或招待费。

① 《新闻报》，里约热内卢，1880 年 8 月 21 日。

② 海军部向第十八届立法会第一次会议提交的 1880 年和 1881 年报告（1882 年出版），里约热内卢，国家印务所，1882 年，第 92 页。

如有未严格遵守此规定的情况发生，请遵照上述规定或暂行条例处理。”①

无衣无褐

海军人员航海时只有一套换洗衣服。面对如此严格的经费管理要求，怎么办？“我们舰上人员的服装不适合赤道辐合带气候，在长途航行期间，各地区温度之间的变化快且巨大，这样的服装很不如人意。仅有一件换洗衣服、一条裤子和一件外套的水兵难以抵御风雨、潮湿且保证自身周全无恙。如果我们不想其健康受损，就要配齐服装，包括厚夹克外套、靴子、毛线袜、围巾、雨衣，即根据航行性质给他们配备服装。里约热内卢市场上防护服装缺乏，这使得军需部门无法满足我们的要求，而我们只得在隆冬时节在毫无适当服装的情况下前往里斯本。在加利福尼亚州旧金山，我们购置了96件防水服装，以防主要因为潮湿引起的脚气病的蔓延，这一行为后来带来无法估量的好处，证明了这笔小小开支是合理的。”② 诺罗尼亚舰长在给帝国政府的报告中这样说。

随舰医生加尔迪诺·西塞罗·德·马加良斯③ 在他的报告中赞同诺罗尼亚的说法：“似乎令人难以置信，护卫舰的全体人员从里约热内卢出发，他们将在冰天雪地的季节到达欧洲，然而，却没有一件毛衣或其他御寒的衣服。正是在里斯本，舰长下令购置毛衣，分发给部队。……在寒冷纬度地区，围巾是必需的。……最好也能分发毛线袜子，以免发生冻伤。……我们的部队没有配备雨衣。……在加利福尼亚，购置了雨衣，别提多有用了。在厄瓜多尔，大雨如注，

---

① 《巴西历史地理学会学报》，第174册，1939年，里约热内卢，国家出版局，第352页。

② 海军部向第十八届立法会第一次会议提交的1880年和1881年报告（1882年出版），里约热内卢，国家印务所，1882年，第92页。

③ 加尔迪诺·西塞罗·德·马加良斯，海军大校，生于1849年。1871年毕业于巴伊亚医学院，医学博士。1872年1月29日进入海军，成为上尉外科医生。1878年晋升为少校，1890年升为中校，1892年升为上校，1899年9月17日因功晋升为大校。曾担任海军总医院院长。因出色表现获得（金质）军功章。服役39年后于1911年2月11日在巴伊亚州逝世。

从瓦尔帕莱索到蒙得维的亚，风雨、寒冷、冰雹、潮湿一路伴随，若不是有这些雨衣的支持，我们很难坚持下去。”①

死亡

环球航行返程死亡名单如下：

1. 路易斯・弗兰萨・佩雷拉 ——帝国水兵一等兵（直布罗陀—土伦）
2. 弗朗西斯科・德・热苏斯－席尔瓦——海军陆战队士兵（苏伊士港）
3. 格雷戈——军官餐厅厨师（香港—长崎）
4. 让・雅斯——二等兵、勤务兵（横滨—旧金山）
5. 拉斐尔・塞韦里诺・戈麦斯——帝国水兵一等兵（横滨—旧金山）
6. 马诺埃尔・多・卡尔莫－阿松桑——帝国水兵一等兵（横滨—旧金山）
7. 若昂・科尔代罗 ——帝国水兵一等兵（横滨—旧金山）。
8. 若泽・马塞利诺・德・索萨——海军陆战队士兵（横滨—旧金山）
9. 佩德罗・皮雷斯——帝国水兵一等兵（旧金山）
10. 费利佩・费雷拉・马丁斯——帝国水兵二等兵（旧金山）
11. 若泽・戈维亚・德・比斯波——帝国水兵（旧金山）
12. 费利佩・安东尼奥・德・阿劳若——帝国水兵（旧金山）
13. 维尔吉利奥・博诺里诺——见习生、勤务兵（阿卡普尔科—瓦尔帕莱索）
14. 曼努埃尔・贝内迪克托——海军陆战队士兵（智利，巴塔哥尼亚）
15. 奥古斯托・阿韦利诺・塞尔帕——文书［瓦尔帕莱索—里约热内卢 / 英国邮轮“巴塔哥尼亚 –4”号（Patagônia–4）］。

---

① 舰队首席外科医生加尔迪诺・西塞罗・德・马加良斯提交的《环球航行期间“维塔尔・德・奥利维拉”号护卫舰医学报告》，国家印务所，里约热内卢，1881 年，第 14 页。

恶劣环境

然而，“维塔尔·德·奥利维拉”号环球之旅之所以具有史诗般的意义还另有原因。除了缺衣少食之外，舰上的设备也是诸多问题的来源。从加尔迪诺医生对舰上卫生状况的描述可略知一二。“医务室设在首尖舱，宽 4 米，长 2 米，高 2 米。……有固定的病床，可以接待 8 位病人……厨房炉灶排放的烟雾常常侵入医务室，令这里的病人感到呼吸困难，无法在这里待下去……这里无论何时都需要点着蜡烛查看卧病在床的患者。16 立方米的空间里安置了 8 张病床，没有灯，空气流通不畅，与厨房同处一层甲板，实在配不上医务室之名。……需要经常用苯甲酸和漂白粉进行消毒，消除因为密闭空间和不通风造成的异味”①。

此外，舰上工作十分辛苦，任何疏忽都会招致严厉的惩处。当时，处罚分为单独禁闭、戴铐囚禁、戴铁镣示众、鞭挞。加尔迪诺解释说“我们没有自己的处罚规定”，这些惩处办法来自一个世纪以前为葡萄牙海军临时制定甚至在葡萄牙已经废除的旧制度。

加尔迪诺为诺罗尼亚舰长辩解说：“舰长先生极少下令进行体罚，而且很注意体罚的分寸。不过，舰上驻军表现良好，没有发生过严重的不服从命令的情况，也没有（出现过因体罚）受伤的情况！”② 他强调说：“值得庆幸的是，严格守法的原则、在所有行为中保持节制、舰长与生俱来的善良之心保护了舰上的军人们。”然而，他特别指出：“没有听说过他曾有过僭越行为，也没有发现他同意这样的行为。对于我们的抱怨，他心知肚明，却总是保持沉默，根本无法采取更多卫生措施，因为他曾下达严令禁止非常规费用的支出。”③

---

① 舰队首席外科医生加尔迪诺·西塞罗·德·马加良斯提交的《环球航行期间“维塔尔·德·奥利维拉”号护卫舰医学报告》，第 5 页。

② 舰队首席外科医生加尔迪诺·西塞罗·德·马加良斯提交的《环球航行期间“维塔尔·德·奥利维拉”号护卫舰医学报告》，第 26 页。

③ 舰队首席外科医生加尔迪诺·西塞罗·德·马加良斯提交的《环球航行期间“维塔尔·德·奥利维拉”号护卫舰医学报告》，第 25 页。

诺罗尼亚回忆说：“我们从来不担心会出现严重犯罪行为，因为问题总是被迅速而有效地从源头上解决掉。这样，我们总能做到让整个舰队人员服从命令，各司其职，而无须剥夺他们应得到的人道和公正的待遇。当帝国水兵这个职业成为巴西公民的一项荣誉，而不是强加给被除名的陆军士兵、连警察也不能令其改邪归正之人的一项处罚的时候，违纪问题便不再是问题。”

因此，“在我们看来，对于那些不配捍卫祖国荣誉和领土完整的军人而言，与其给予他们颜面扫地的处罚，倒不如将他们驱除出军队更为妥当”①。

加尔迪诺在 1882 年的一份专著中这样写道，舰上官兵只睡“4 小时，这样的休息时间对于成年人来说是不够的”②。

环球航行期间，只有 15 名水兵开小差，其中 6 人在土伦，3 人在横滨，2 人在旧金山，4 人在瓦尔帕莱索。③

苛刻

医生指出，在航行中，有一些规定缺乏人性。“我们不止一次吃惊地发现，在恶劣天气下，即使没有训练要求，仍然禁止官兵避雨，理由竟然是防止损害漆皮！根本不考虑那个地方可以成为在岗人员躲避的场所，当舰队无须在恶劣天气航行时，那里就成了海军陆战队士兵的寝室”④。这表明舰艇超员。

“如果说这样的理解不正确，那么，事实胜于雄辩。我们当时面临欧洲的严寒冬天，寒风吹过甲板，气温大幅下降，给住宿条件很差的士兵们带来恶劣

---

① 海军部向第十八届立法会第一次会议提交的 1880 年和 1881 年报告（1882 年出版），里约热内卢，国家印务所，1882 年，第 93 页。

② 里约热内卢帝国医学院通讯员、舰队首席外科医生加尔迪诺·西塞罗·德·马加良斯提交的《环球航行期间“维塔尔·德·奥利维拉”号护卫舰上脚气病病程》，里约热内卢，国家印务所，1882 年，第 59 页。

③ 舰队首席外科医生加尔迪诺·西塞罗·德·马加良斯提交的《环球航行期间“维塔尔·德·奥利维拉”号护卫舰医学报告》，第 104 页。

④ 舰队首席外科医生加尔迪诺·西塞罗·德·马加良斯提交的《环球航行期间“维塔尔·德·奥利维拉”号护卫舰医学报告》，国家印务所，里约热内卢，1881 年，第 154 页。

的影响。很多人患病，只有当意识到实际情况严重的情况下，才允许士兵进入遮蔽甲板休息。在艏楼甲板下方，士兵弗朗西斯科·德·热苏斯 – 席尔瓦得了典型的肺炎，导致肺部干酪性病变（坏死），死在苏伊士的医院。”①

在谈到舰艇时，加尔迪诺大夫还指出，“在艏楼甲板下方的高处，建有固定的小仓，那是医务室和军官们的鸡舍……由于缺少阳光和空间狭小，比起在活动鸡舍里，鸡在更短时间内便死亡了。除此之外，如此大量的家禽挤在有限的空间内，造成空气污浊和严重疾病。每当我们走过艏楼甲板时，总能闻到从鸡舍散发出的臭气。自然，在这里就寝的士兵的健康一定深受其害。这或许正是我们曾提到过的典型肺炎和类似症状的其他疾病的病因”②。

人满为患

诺罗尼亚舰长曾批评舰上的勤务兵数量过多：“每位军官都有一名勤务兵，这似乎太过分，尤其是在远程航行的大型舰艇上，领导机构越庞大，情况越糟糕。因此，要根据舰艇的级别减少勤务兵的数量，同时，提高他们的薪水。这项措施可以避免局促空间中人员过多。”③

穆达在谈到从土伦至香港随舰航行的感受时，也曾有过毫无正面意义的描述：“对于‘维塔尔·德·奥利维拉’号混合型军舰上的那些风帆战列舰培养的水兵来说，与其说让他们倍感辛苦的是无风情况下纯粹靠风帆航行，倒不如说是风帆全部收起、单凭蒸汽机航行。就小型战舰来说，特别是长时间

① 舰队首席外科医生加尔迪诺·西塞罗·德·马加良斯提交的《环球航行期间“维塔尔·德·奥利维拉”号护卫舰医学报告》，国家印务所，里约热内卢，1881 年，第 2 页。

② 舰队首席外科医生加尔迪诺·西塞罗·德·马加良斯提交的《环球航行期间“维塔尔·德·奥利维拉”号护卫舰医学报告》，国家印务所，里约热内卢，1881 年，第 2 页。

③ 海军部部长若泽·罗德里格斯·德·利马·杜瓦尔特向第十八届立法会第一次会议提交的 1880 年和 1881 年报告（1882 年出版），巴西，海军部，第 93 页。

使用蒸汽机，的确会让人感到抑郁烦闷，造成各种感官不适；烟囱冒出的烟刺激视觉和肌肤；机器的噪声令人备受折磨；煤烟和润滑油散发的刺鼻气味影响嗅觉和味觉，甚至令最抗造的人晕船。除了所有这些折磨人的感觉之外，赤道地区航行时的极端高温，使人理解了此次航行中老水兵们对风帆舰的怀念。在红海、阿拉伯海、孟加拉湾和中国海的航行日志仅仅是日常平静生活的记录。”①

穆达指出：“我们住在一个挤满了军官的舱房里”，“我（穆达）把房间让给了喀拉多一家和返回岗位的西班牙驻华公使先生。由于他个人的原因，我是后来才知道，他在巴黎匆忙接受了喀拉多的邀请与我们同行。我和舰长只好挤进军官餐厅和机房之间的两个窄小舱房。可以想见，军舰的这部分是多么拥挤，机器的温度有时会达到 40℃”。②

穆达强调，“舰上恶劣的居住条件”使得航行十分辛苦。“团队 20 名军官超过舰上接纳能力两倍之多，连军官餐厅里也住进去使团的两名秘书，分别是文职秘书和军事秘书，即在巴黎聘请的中文翻译和我的传令兵。”③

此后，穆达于香港离舰之际再次提到，这次航行是“一次艰巨的使命，‘维塔尔·德·奥利维拉’号上卫生条件极差，海上航行体验乏善可陈，以及木质舰体日渐衰败的糟糕状况。在抵达里约热内卢之后不久进行的检查中这种情况得到证实”④。

---

① 《巴西杂志》（Revista Brasileira），第 3 年，第 12 卷，里约热内卢，Travessa do Ouvidor 出版，31–1897，第 84 页。

② 《巴西杂志》，第 2 年，第 12 卷，1897 年 10 月至 12 月刊，阿图尔·雅塞圭，第 84 页。

③ 阿图尔·雅塞圭：《从海军少尉到将军——我的职业信仰（1870—1900）》，第 2 版，海军总文献部：里约热内卢，1985 年，第 385 页。

④ 《巴西杂志》，第 3 年，第 12 卷，里约热内卢，Travessa do Ouvidor 出版，31–1897。

脚气病[①]

如果说外交使团自法国登舰后只是令舰艇超载[②]，舰上官兵的健康出现状况则始于苏伊士运河。据加尔迪诺大夫所说：“炎热、港口卫生状况不佳、水质等问题使得我们的情况雪上加霜。患病人数上升。但是，由于此段航行时间不长，问题在港口得到了有效控制。最后，（前往旧金山）的长途航行开始了，除了天气状况恶劣之外，抵御恶劣天气所需的物资匮乏。脚气病[③]爆发，疫情来势凶猛，并且无任何药物可用。”[④]

回到巴西后，诺罗尼亚向巴西参众两院提交了航行报告，并附上了大夫的报告，指出：“脚气病是在进入印度洋的时候出现的。在用奎宁、砷酸铁、苏打和钾碱、士的宁配药，并采用盐浴、强刺激电疗、利尿剂等治疗措施后，病情得到了明显控制。短途航行和蒸汽机驱动令舰员得以休息；在港口短暂停留时接收新鲜菜蔬；通常干燥季节天气规律性变化；每日就餐时喝一点酒，以及盐浴，都是病情缓解的原因。此后，在香港遇到连续大雨天气，空气湿度处于饱和状态；前往日本的航行也是在这样气候条件下进行的；前往旧金山的航程中，大部分时间军舰同样是在浓雾、潮湿、降雨中航行，这加重了脚

① 脚气病是由于机体缺乏维生素 B1（硫胺素）引起的营养性疾病，导致肌力下降、胃肠道问题和呼吸困难。这种维生素通常可以从粮食、谷类、蔬菜和肉类中获得。在当初航海时代，人们并不了解病因和治疗（良好的营养）方法。脚气病的症状主要为腿部无力支撑身体。患者可能并无不良感觉，但是，当他们行走时，需要帮助，或容易摔倒。行走移动时，通常需匍匐而行，最终，患者会因肌肉改变而出现呼吸困难。

② 舰队首席外科医生加尔迪诺·西塞罗·德·马加良斯提交的《环球航行期间“维塔尔·德·奥利维拉”号护卫舰医学报告》，国家印务所，里约热内卢，1881 年，后记，第 154 页。

③ 当时，脚气病被称为“锡兰病”（o mal do Ceylão），《巴伊亚医学杂志》（Gazeta Médica da Bahia），第二辑，第五册，1880–1881，巴伊亚，Litho-typographia de João Gonçalves Tourinho 出版，第 195 页。

④ 舰队首席外科医生加尔迪诺·西塞罗·德·马加良斯提交的《环球航行期间“维塔尔·德·奥利维拉”号护卫舰医学报告》，国家印务所，里约热内卢，1881 年，第 5 部分。

气病。”①

加尔迪诺认为，气候和长时间用海水冲洗军舰是脚气病出现的决定性因素，但是，他并不否认饮食的影响。他在1882年关于这种疾病的专著中说："下级军官、轮机兵、司炉，以及其他一些人都有可能患上这种疾病。购置了自己专门食品的副官们和下级军官、机械师、司炉、煤工和帝国水兵都没有得脚气病。”②

因此，他的结论是："食物不足也是造成这种疾病的原因之一。毋庸置疑，无论从数量上，还是从质量上，相当长时间内食物缺乏导致了人体机能失衡。如果每日的餐饮不能适应当时经常出现的异常情况，导致人体营养失去平衡，那么，显然，人体机能便经常处于入不敷出的状态，并由于贫血而造成体质下降。在这种情况下，人很容易罹患脚气病。”③

死亡威胁

加尔迪诺指出："随着旅程不断延长，此病表现为3种情况。很明显，缺乏新鲜和营养食品令官兵身体虚弱，并容易染病。最终（在前往加利福尼亚的航行期间）该病呈现出可怕的特点，特别是在航行的最后10天。患者胸部脏器快速进入衰竭状态，胸腔和腹腔出现大量积液，几天之内，便因无法呼吸而死亡。我根据情况使用了奎宁、含铁剂、砷酸盐、马钱子、泻药、利尿剂、盐沐、电击、碘酊、樟脑油和松油擦拭、山金车酊、铵盐、甘汞、拔火罐、芥子

---

① 1880年8月25日报告所附的外科医生报告的副本；海军部向第十八届立法会第一次会议提交的1880年和1881年报告（1882年出版），巴西，海军部，第94页。

② 里约热内卢帝国医学院通讯员、舰队首席外科医生加尔迪诺·西塞罗·德·马加良斯提交的《环球航行期间"维塔尔·德·奥利维拉"号护卫舰上脚气病病程》，里约热内卢，国家印务所，1882年，第55页。

③ 里约热内卢帝国医学院通讯员、舰队首席外科医生加尔迪诺·西塞罗·德·马加良斯提交的《环球航行期间"维塔尔·德·奥利维拉"号护卫舰上脚气病病程》，里约热内卢，国家印务所，1882年，第52页。

膏，等等。但是，收效甚微，所有的患者几乎都病情加重，航行中，有 3 人死亡，有 18 人需要送医院就医，其中两人在医院死亡。”①

在他的这本专著②中，加尔迪诺记述了在前往旧金山途中的恐怖情形。

“8 月 20 日这天，病情发展到可怕的程度。……从早到晚，患者数量上升，几乎所有的人都出现了早期症状，胃部不适，并伴有呕吐不止。医务室门前的甲板上站满了病人，医务室里已经没有站脚的地方！……除此之外，舰上出现了食品和营养品短缺，我们甚至到了只吃米饭的地步。

“几天之内，29 人因脚气病病倒了。……舰上的官兵开始人心惶惶，患者陷入了绝望之中。我们试图对患者隐瞒有同伴去世的消息，并与舰长约好尽快举行葬礼，并取消鸣枪致敬环节。考虑到人们对病情扩散的担心，也因为没有适当的场所，我们不再做尸检，同时也因为我们认为，面对一众朝不保夕、忧心忡忡的人开膛破肚进行尸检一定会产生十分糟糕的结果。”

在加利福尼亚，病患人数终于下降。据大夫说：“从那个时候开始，舰队人员的健康状况出现了好转的迹象；当我们经过巴塔哥尼亚寒冷的海峡和航道的时候，患病人数有所增加。由于我们的水兵缺乏防护，这个地区的地方性疾病开始在舰上蔓延。幸运的是，除了少数几例胸膜炎之外，都是并不严重的呼吸道疾病，这是因为我们在加利福尼亚州旧金山购置了涂有防水层的服装，若不然，我们也许会遇到十分棘手的麻烦。”③

加尔迪诺感到苦恼，抱怨说：“我们军舰的建造者们似乎忘记了军舰是要住人的，舰上人员越多，危险也随之增大。”④

---

① 1880 年 8 月 25 日报告所附的外科医生的报告副本；海军部向第十八届立法会第一次会议提交的 1880 年和 1881 年报告（1882 年出版），巴西，海军部，第 94 页。

② 里约热内卢帝国医学院通讯员、舰队首席外科医生加尔迪诺·西塞罗·德·马加良斯提交的《环球航行期间“维塔尔·德·奥利维拉”号护卫舰上脚气病病程》，里约热内卢，国家印务所，1882 年，第 16，18，19，25 页。

③ 舰队首席外科医生加尔迪诺·西塞罗·德·马加良斯提交的《环球航行期间“维塔尔·德·奥利维拉”号护卫舰医学报告》，国家印务所，里约热内卢，1881 年，第 4 部分。

④ 舰队首席外科医生加尔迪诺·西塞罗·德·马加良斯提交的《环球航行期间“维塔尔·德·奥利维拉”号护卫舰医学报告》，国家印务所，里约热内卢，1881 年，第 154 页。

在旧金山

根据美国海军医院外科医生欧内斯特·赫伯史密斯大夫的医疗报告①所说：“经过44天航行，护卫舰于1880年8月20日抵达旧金山。从横滨至旧金山的航行中，已经有5人死亡。第一例脚气病出现在亚丁，当时，有2位患者被送回家，另一位留在了香港。”

在旧金山，美国海军对舰艇进行了检查。据欧内斯特·赫伯史密斯说，这艘军舰是“海军建造技术的优秀典范。在建造者的努力下，其各方面都达到了高水平，但是，内部居住空间布局存在缺陷，横跨甲板的机舱侵占了居住空间”。从航行之初开始，舰上人员便缺衣少食，没有新鲜菜蔬，甚至没有土豆，没有功能饮品，没有毛呢服装。实际上，他重复了穆达将军的话，舰上卫生状况“糟糕透顶”，并因此说军舰“违反了所有卫生相关规定”。同时，他一再强调，舰上军官中没有出现脚气病病例，提供给他们的食品更为丰富，并且他们有自己的服装。

根据这位美国医生的描述，8月21日，美国海军医院接收了18位患者，25日，又有3位患者住进医院。旧金山的许多医生来到医院，其中包括太平洋大学医学院教授吉本（Gibbon）、威思（Wythe）和希施费尔德（Hirschfelder），他们加入了此前很少见到的这种病的研究。一些人认为，脚气病的病因是“一种来自碲的特别毒素”，也有人认为，病因来自长期密闭恶劣环境中特别是寝室的一种毒素。

饥饿

患者的食欲引起了欧内斯特·赫伯史密斯大夫的注意：“人们发现需要扩

① 1880财政年度美国海军总医院主管外科医生年度报告（Annual Report of the Supervising Surgeon General of the Marine Hospital Service of the United States），华盛顿，Government Printing Office出版，1880年，参看 https://babel.hathitrust.org/cgi/pt?id=hvd.hx3u6z;view=plaintext;page=root;size=100;seq=7;num=226;orient=0。2019年4月21日登录。

大这些患者的膳食清单，以满足他们对食物的需求。尽管海军医院的补贴规定高于健康人的平均标准，仍然被认为不妥。除了正餐之外，患者们还得到了牛奶。尽管如此，仍有 5 位患者背着医务人员去附近的一个家庭，恳请女主人为他们做鸡肉吃。据女主人说，她用 3 只成年鸡为他们炖了一锅鸡肉，3 个人全部吃光。住院 4 天后死去的一位患者也曾经一再要求得到食物。”

美国人开列了一个有 16 位患者的名单：埃利亚斯，9 月 20 日出院；马利亚，9 月 20 日出院；佩雷拉，12 月 20 日出院；梅洛，10 月 20 日出院；席尔瓦，12 月 20 日出院；卡斯蒂略，12 月 20 日出院。“马丁斯，住院四天后死亡，曾要求很多食物；派尚，食欲旺盛，总是意犹未尽，10 月 20 日出院；佩德罗，10 月 20 日出院；罗沙，10 月 20 日出院；席尔瓦，10 月 20 日出院；阿尔维斯，10 月 20 日出院；保罗，12 月 20 日出院；马塞多，8 月 25 日住院，10 月 20 日出院；弗雷塔斯，8 月 25 日住院，10 月 20 日出院；曼努埃尔，8 月 25 日住院，10 月 20 日出院。

大家还十分感谢其他美国医生。E. 唐纳利（E. Donnelly）在那个时期给予了宝贵的帮助。他曾在巴西生活多年，与佩德罗二世是朋友，军舰在加利福尼亚停留期间，他担任舰队翻译。加尔迪诺甚至在自己关于脚气病的专著中对他表示感谢：“杰出的医生 E. 唐纳利，我们珍视与他的友谊……他懂葡萄牙语，因为他曾在巴西行医多年。他为我们提供了相关服务。在我们离开加利福尼亚之后，不但看望我们的病人，而且还将他们的要求翻译给美国医生。……我们深深感谢他，他热爱我们国家，是一个真正的巴西人。”①

历险

旅程中，司务长 A. 卡洛斯·博格利亚克（A. Carlos Bogliacco）是最

① 里约热内卢帝国医学院通讯员、舰队首席外科医生加尔迪诺·西塞罗·德·马加良斯提交的《环球航行期间“维塔尔·德·奥利维拉”号护卫舰上脚气病病程》，里约热内卢，国家印务所，1882 年，第 28 页。

早的患者之一，他被留在里斯本的医院里，并在医院度过了2个月。从那里，他“按照巴西各领事机构的命令跑了许多冤枉路”，先后去了巴塞罗那（Barcelona）、的里雅斯特（Trieste）、那不勒斯（Nápoles）、热那亚（Gênova）、尼斯（Nice）、土伦和马赛（Marselha）。①

到达马赛以后，博格利亚克去见巴西副领事。“这位副领事去请示驻巴黎的总领事，总领事却要求在巴黎的巴西慈善会帮助那位运气欠佳的人”②。然而，不等福利会考虑，博格利亚克已经发现了一艘将要启程的墨西哥船并成功登船了。“墨西哥船离开马赛，目的地是里约热内卢，经停那不勒斯和巴塞罗那。可是，由于这艘船所属公司破产，它在那不勒斯遭到扣押。”③

于是，驻那不勒斯的副领事指示他去见驻热那亚的总领事，这已经是博格利亚克第二次到热那亚。佩尔西亚尼（Persiani）大夫接走了这个不幸的人，把他送到马赛④，理由是巴黎有一个慈善会。“富有同情心的副领事给驻巴黎领事发去了一封公函，询问是否需要采取措施，因为博格利亚克没有住所，没有衣服，没有钱。驻巴黎领事罗沙先生回复说会为他安排住处，并会有进一步通知”⑤，同时，再次致函巴西慈善会，要求该会为博格利亚克支付旅行费用，“由于他已不是帝国水兵，政府不可能承担他的旅费”⑥。

“根据领事条例（第151，152，159和166条）的规定，会长卡拉佩鲁斯子爵（visconde de Carapebús）领导的慈善会一致认为，国家军舰的这位司务长有权得到国外领事机构的保护。然而，由于罗沙先生表明，最近接到了帝国政府命令，将不会送其登船，慈善会董事会决定支付750法郎，驻马赛副领事萨拉伊瓦先生认为这笔钱足以支付其住宿和旅行的费用”⑦。

---

① 《商报》，里约热内卢，1881年5月25日。
② 《商报》，里约热内卢，1881年5月25日。
③ 《商报》，里约热内卢，1881年6月25日。
④ 《里约新闻》（The Rio News），里约热内卢，1881年6月5日。
⑤ 《累西腓报》（Jornal de Recife），伯南布哥省，1881年6月18日。
⑥ 《佩德罗二世》（Pedro II），塞阿拉省，1881年6月9日。
⑦ 《里约新闻》，里约热内卢，1881年6月5日。

“然而，慈善会不想帮助富人，而是在相信他们诚信的条件下借钱给他们。因此，他们致函驻巴黎领事马西埃尔·达·罗沙（Maciel da Rocha）先生，告知慈善会可以送博格利亚克回国，并请他致函海军部部长先生，请他安排支付为‘维塔尔·德·奥利维拉’号司务长所花的费用。同时，慈善会还致函驻热那亚总领事佩尔西亚尼先生，因为他曾两次让博格利亚克到法国寻求慈善会帮助。”①

据1880年的《国家收支结算》记录，“驻巴黎副领事为‘维塔尔·德·奥利维拉’号一名见习生支出了335259雷亚尔”②。1881年8月22日《商报》刊登了海军部部长下令向慈善会支付安排这位司务长返回巴西所需款项的消息。

致敬

在“维塔尔·德·奥利维拉”号经过的港口，人们对它肩负的使命表达了钦佩之情。在当时，环球航行是一项艰难而罕见的壮举。正因如此，巴西军舰在里斯本受到了皇室的问候，在进入香港时受到了热烈欢迎并参加了卡蒙斯三百年祭文学节活动，军官们与日本海军大臣共进午餐，在旧金山鲍德温剧院（Baldwin Theatre）看演出时获得了热烈的掌声和赞誉。然而，他们受到的最为热烈的欢迎是在南美洲的智利和乌拉圭，拉丁美洲的东道主极尽地主之谊，举办舞会、午餐会、晚宴和旅游活动，向“维塔尔·德·奥利维拉”号取得的成就致敬。

“维塔尔·德·奥利维拉”号的成功在巴西国内也引起了关注。里约热内卢《新闻报》在军舰抵达巴西当天发表的一篇文章对“维塔尔·德·奥利维拉”号的官兵大加赞赏，也对“因物资匮乏造成大约60名舰上人员不幸死亡”表示惋惜。

该报强调指出，没有人记得，“护卫舰启航时并没有为这种性质的航行做好准备，当时曾禁止向舰上人员提供酒或者其他含酒精饮料，他们没有适当的舰

---

① 《商报》，里约热内卢，1881年6月25日。

② 1859年至1891年国家收支结算（Balanço da Receita e da Despesa do Império de 1859 a 1891），海军部，里约热内卢，0001版，第140–141页。

巴西驻乌拉圭公使费利佩·洛佩斯·内托
图片来源：伊塔马拉蒂历史档案馆

里约热内卢海湾。
“维塔尔·德·奥利维拉”号胜利完成首次环球航行之后停泊在这里。
图片来源：玛丽·克里斯蒂娜·斯克玛佐恩

当时的少校、后来的海军上将路易斯·费利佩·德·萨尔达尼亚·达·伽马
图片来源：海军档案馆

上防护服装，穿着适合我国气候和中国气候的衣服，却远航到了欧洲，特别是绕过了合恩角（cabo de Hornos），那里常年海水冰冷，甚至许多生活优渥的人在那个地方死去”①。

《新闻报》的这篇文章批评说：“据我们得到的消息，这艘军舰的指挥官是奉命行事，无权改变在巴西实行的相关规定，但是，这位指挥官应当知道，按照人道的法则，如果部长们或总司令部在不知情的情况下下达那样的命令，应根据良知和宗教信仰召开舰上军官委员会会议，以便拒绝那些愚蠢、不人道的命令，拯救一众不幸之人的生命。”

文章还指责巴西驻乌拉圭公使，说：“尤其令人惊讶的是，公使费利佩·洛佩斯·内托先生，一位要员和教徒，在接待‘维塔尔·德·奥利维拉’号的时候，不是为此次航行的遇难者举行葬礼，请舰上的军官们为了那些因邪恶或愚蠢而死去人的魂灵参加葬礼，而是邀请他们出席舞会和晚会！”

巴西军舰环球航行成为人们热议的话题，甚至成为狂欢节期间的主题。1881 年 2 月在里约热内卢街头的歌亭中，一个“外形酷似刚刚结束环球航行的‘维塔尔·德·奥利维拉’号的歌亭爆红，歌手以诙谐的口吻批评引入华人移民和国家为环球航行所做的巨大开支”②。

“维塔尔·德·奥利维拉”号在返抵瓜纳巴拉湾时，还带来了重要货物，即在“不同的经停地为博物馆收集的稀有珍贵物品”③。货物不详，也没有官方记录。里约热内卢一家报纸曾在一篇题为《走私》的文章中提到该舰有 3 艘小艇登岸，其中一艘载有 5 个大货箱。但是，该文章并未说明装载的货物。④

---

① 《新闻报》，里约热内卢，1881 年 1 月 26 日。

② 《新闻报》，里约热内卢，1881 年 2 月 28 日。

③ 《午报》，圣保罗，1881 年 1 月 18 日；《宪法报》（A Constituição），帕拉省，1881 年 2 月 8 日。

④ 《海事报》（Jornal Corsário），里约热内卢，1881 年 3 月 23 日。文章写道：“最近，当前往中国的‘维塔尔·德·奥利维拉’号返航归来时，海关关长一再命令外勤稽查不要对该护卫舰货物登陆设置障碍。商界正派的人们想知道国家的法律是怎样规定的。看，‘维塔尔·德·奥利维拉’号的 3 艘小艇满载而来，在鱼滩卸货，其中一艘艇运来 5 个大货箱！海关关长就是这样监管国家利益的！”

1882 年，里约热内卢，巴西皇帝堂·佩德罗二世参观“维塔尔·德·奥利维拉”号。
图片来源：玛丽·克里斯蒂娜·斯克玛佐恩

“巴西人之母”特雷莎·克里斯蒂娜皇后
图片来源：玛丽·克里斯蒂娜·斯克玛佐恩

纪念

1881 年 1 月 24 日，“早晨 5 时 30 分，到访了全世界 21 个港口之后的‘维塔尔·德·奥利维拉’号停泊在了瓜纳巴拉湾平静的港湾中”①。1 月 27 日，即抵达后的第 3 天，海军部长访问了军舰。② 之后，在海军陆战队小教堂举行了一场弥撒，追思那些在航行中死去的人。“这场仪式简单却含义深刻，代表了许多富于同情心之人的热切愿望。它是由海军陆战队的下级军官和普通士兵发起的。在祖国，他们没有忘记那些不幸客死他乡的战友。舰长、军官们和一些家属也出席了活动。仪式上，海军造船厂的工人们演奏了音乐。”③

儒利奥·塞萨尔·德·诺罗尼亚担任护卫舰舰长一职直到 1881 年 8 月 11

① 诺罗尼亚·桑托斯：《海军上将儒利奥·塞萨尔·德·诺罗尼亚诞辰一百周年（1845—1945）》，Livraria Editora Zélio Valverde 出版，里约热内卢，1945 年，第 67 页。.

② 《新闻报》，里约热内卢，1881 年 1 月 28 日。

③ 《累西腓报》（Jornal de Recife），伯南布哥省，1881 年 2 月 18 日。

清政府驻英法大臣曾纪泽
图片来源：维基百科

美国医生 E. 唐纳利
图片来源：维基百科

美国医生查尔斯·爱德华·班克斯（Charles Edward Banks，右图）和欧内斯特·赫伯史密斯（左图）为“维塔尔·德·奥利维拉”号部分舰员治病。
图片来源：FINDAGRAVE

西班牙驻华公使伊里巴
图片来源：西班牙国家图书馆

光绪皇帝
图片来源：维基百科

锡宁布，巴西部长会议主席、农业贸易工务部长、参议员，巴西帝国时期最主张从亚洲移民的政治家之一。他是《亚洲劳工》（Trabalhadores Asiáticos）的作者，主张用华工替代奴隶劳动力。
图片来源：维基百科

Anno 6 — Rio de Janeiro, 1881. — Nº 236

REVISTA ILLUSTRADA

CORTE		PUBLICADA POR ANGELO AGOSTINI.	PROVINCIAS	
Anno	16$000	A correspondencia e reclamações devem ser dirigidas	Anno	20$000
Semestre	9$000	á Rua d'Assemblea 44 Officina Lithographica da Revista Illustrada.	Semestre	11$000
Trimestre	5$000		Avulso	$500

Cumprimentamos a "Vital-d'Oliveira" de volta da importante viagem ao redor do mundo. O completo successo da missão á China, faz-nos entrever desde já um novo horizonte cheio de rabichos Chineses.

1881 年出版的里约热内卢《画刊》(Revista Illustrada)
向“维塔尔·德·奥利维拉”号完成的壮举致敬，
同时讽刺巴西赴华使团取得的结果。
图片来源：里约热内卢国家图书馆

日，之后，他被调去担任“利马·巴罗斯”号（Lima Barros）铁甲舰的舰长[①]。1882 年，佩德罗二世皇帝视察了“维塔尔·德·奥利维拉”号。1882 年，该舰远航欧洲，这是它最后一次远航。1881 年 7 月，参加过环球航行的医生加尔迪诺·西塞罗·德·马加良斯和负责军舰导航的上尉杜阿尔特·于埃·德·巴塞拉尔·平托·格德斯相继出版了他们撰写的关于这次航行的书籍。平托·格德斯上尉的书还得到了当局的赞扬。帝国天文台台长克拉尔斯（Crals）先生[②]认为，平托·格德斯上尉的书在确定南美洲若干地点，尤其是蓬塔阿雷纳斯（Punta Arenas）的经度方面，达到了“非常令人满意”的水平。

1883 年 5 月 3 日，这艘护卫舰退役[③]。此时，该舰状况极差且无法修复[④]，因此，最终退出了海军战舰序列。于是，“维塔尔·德·奥利维拉”号的一些物品被转移到巡洋舰“巴罗索上将”号（Almirante Barroso）[⑤]，军舰被移交给海军造船厂[⑥]。

11 月 13 日，海军拍卖了该舰的锅炉[⑦]。1883 年 12 月 15 日，舰体和舰上其余物品被尽数出售。

16 世纪，葡萄牙航海家麦哲伦（Fernão de Magalhães）完成了首次海上环球航行。1519 年 9 月，效力于西班牙国王的麦哲伦从塞维利亚（Sevilha）启程，率领 5 艘经过改装的二手旧船开始了远航。几乎是在漫长的 3 年之后，仅有一艘船，即“维多利亚”号（Vitória），返回了塞维利亚，却未见麦哲伦的身影。他已经于 1521 年在菲律宾

① 迪迪奥·A. 达·科斯塔:《海军上将儒利奥·塞萨尔·德·诺罗尼亚》，海军出版社，里约热内卢，1944 年，第 125 页。

② 《商报》，里约热内卢，1886 年 6 月 18 日。

③ 《新页报》（A Folha Nova），里约热内卢，1883 年 5 月 3 日。“‘维塔尔·德·奥利维拉’号彻底退役”。

④ 《累西腓报》，伯南布哥省，1883 年 5 月 15 日。

⑤ 《午报》，里约热内卢，1883 年 5 月 19 日。

⑥ 《巴西》（Brazil），里约热内卢，1883 年 10 月 3 日。

⑦ 《新闻报》，里约热内卢，1883 年 11 月 13 日。

丧生。1577年，为女王伊丽莎白一世（Elisabeth I）效力的英国私掠船船长弗朗西斯·德雷克（Francis Drake）率领5艘船从普利茅斯（Plymouth）启航，其中只有“金鹿”号（Golden Hind）于1580年返航，完成了英国的第一次环球航行。1598年至1601年期间，荷兰派出一支小型船队，在范诺尔特（Olivier van Noort）率领下进行环游地球的航行。1766年至1769年期间，法国选派经验丰富的海军军官布干维尔（Louis Antoine de Bougainville），令其指挥三桅铁甲舰“布德塞”号（Boudeuse）和补给船“明星”号（Etoile）完成了环球远航。1803年，在沙皇亚历山大一世（Alexandre I）的命令下，克鲁津什腾（Adan Ivan Krusenstern）率领的“希望”号（Nadezhda）和“涅瓦”号（Neva）护卫舰成为最早完成环球航行的俄国战舰。在此，还可以列举出其他一些著名的海上环球航行，例如1838年至1842年期间，美国海军威尔克斯（Charles Wilkes）船长率领的考察远征，其舰队包括“文森斯”号（Vincennes），该船在此次环球航行前十年已经完成了海军开创性环球航行。英国伟大的探险家詹姆斯·库克（James Cook）于1768年、1772年和1776年完成了3次著名的航行，他在最后一次环球航行中死于太平洋。1831年至1836年期间，费茨罗伊（Robert Fitzoy）船长率领“小猎犬”号（Beagle）完成环球航海，著名的自然学家达尔文（Charles Darwin）就在这艘船上。1895年至1898年期间，美国的斯洛克姆（Joshua Slocum）驾驶他的小帆船“浪花”号（Spray）开创了孤身环球航行的先河。1907年至1909年期间，由旗舰“康涅狄格”号（Connecticut）和16艘战舰组成的美国海军大白舰队完成了环球航行。1960年，美国“海神”号［Triton SSR（N）-586］核潜艇首次实现水下环球航行。海军上校威廉·卡尔莫·塞萨尔（William Carmo Cesar）：“环球航行是必要的”（Circum-navegar também é preciso），《维莱加格农》杂志（revista de Villegagnon），2008年，www.redebim.dphdm.mar.mil.br/vinculos/000004/00000495.pdf，2019年4月20日登录。

葡萄牙里斯本港

图片来源：玛丽·克里斯蒂娜·斯克玛佐恩

葡萄牙　里斯本

从里约热内卢到里斯本旅途漫长，一路用时 52 天，风平浪静的日子居多。从 11 月 19 日利用风帆航行 17 天之后，1879 年 12 月 6 日[①]，“强劲的逆风”迫使舰长改用蒸汽机航行以离开南回归线[②]。在那之前，遵循节约燃料的建议，军舰一直靠风帆航行。

① 诺罗尼亚·桑托斯:《海军上将儒利奥·塞萨尔·德·诺罗尼亚诞辰一百周年（1845—1945）》，Livraria Editora Zélio Valverde 出版，里约热内卢，1945 年，第 53 页。

② 海军部向第十八届立法会第一次会议提交的 1880 年和 1881 年报告（1882 年出版），巴西，海军部，附件 2，第 7 页。

12 月 13 日，赤道逆流中行驶的军舰终于搭上了“顺风车”，当天下午，就穿越了赤道[①]。像所有穿越赤道线的船只一样，军舰上举行了庆祝活动。第二天，一个星期天，帝国水兵马诺埃尔·安东尼奥·佩德罗（Manoel Antônio Pedro）因为偷窃同伴的衣服、马诺埃尔·欧热尼奥（Manoel Eugênio）因冒犯水手长而被拘禁并单独禁闭[②]。12 月 16 日凌晨 2 点，“左舷出现了一个影子，有人点亮了小灯。不一会儿，人们发现那是一艘亮着绿灯的船，于是，便取下了绿灯，换成红灯。又过了一会儿，红灯被取下，重新悬挂绿灯”[③]。为此，用去了一个信号筒和两个雷管。

航行的第 33 天，即 12 月 21 日下午，作为奖励，向水兵们发放了 126 件裤子、皮带和布衬衫。[④] 圣诞节前夕，即 12 月 24 日下午，轮到海军陆战队分队的人员，他们收到了 21 条蓝布长裤。[⑤] 从这一天开始直到年底，舰队遇到了 20 多艘船，其中包括轮船、三桅船、方帆双桅船、双桅船。

现在，凭借曾经“助力哥伦布航行的平静的、源源不断的信风，我们的军舰稳稳地航行在北半球”[⑥]。圣诞节悄无声息地过去了。生活极其单调乏味，以至于连马尾藻的出现都被诺罗尼亚舰长注意到了：“12 月 27 日，人们捞了一些马尾藻。……由于它周围的海水缺少变化，这些马尾藻呈黄色，果实为气泡状，这似乎在某种程度上有助于它们漂浮。奇怪的是，这些植物没有根，却能生长、繁衍。”[⑦]

---

① 诺罗尼亚·桑托斯：《海军上将儒利奥·塞萨尔·德·诺罗尼亚诞辰一百周年（1845—1945）》，Livraria Editora Zélio Valverde 出版，里约热内卢，1945 年，第 53 页。

② 《值班日志》和《舰上人员登记册》手稿档案 2013（IVM 2013），第 17 页。

③ 《值班日志》和《舰上人员登记册》手稿档案 2013（IVM 2013），第 20 页。

④ 《值班日志》和《舰上人员登记册》手稿档案 2013（IVM 2013），第 37 页。

⑤ 《值班日志》和《舰上人员登记册》手稿档案 2013（IVM 2013），第 43 页。

⑥ 《国家报》（O Paiz），马拉尼昂省，1880 年 2 月 22 日，随行记者的报告。

⑦ 海军部向第十八届立法会第一次会议提交的 1880 年和 1881 年报告（1882 年出版），巴西，海军部，附件 2，第 8 页。

台风

12 月 28 日傍晚，“暴雨渐停……海上风急浪高。整整 43 个小时，狂风不停地吹，海面上波涛汹涌”①。

1 月 1 日，气温开始下降，甚至降至 16℃。司炉维托尔和煤工佩德罗开年不利，因为他们被罚站在楼梯上度过了跨年夜。② 1 月 4 日，星期天，即航行的第 47 天，舰上升起了葡萄牙国旗。③

1880 年 1 月 5 日，“维塔尔·德·奥利维拉”号终于到达了亚速尔群岛（arquipélago dos Açores）。“人们以为，因为看到陆地，精神会为之一振，可是，风却另有主张；在关键时刻，天气转阴，海面怒涛滚滚，地平线变暗，护卫舰在西南台风的推动下无法前行，只有一两次趁着雨短时的停歇隐约辨认出远方的圣玛丽亚岛（ilha de Santa Maria）。”④

在亚速尔群岛遭遇的暴风雨中，护卫舰显示了它的稳定性和敏捷性。儒利奥·德·诺罗尼亚舰长认为：“虽然它的舷缘板、栏杆、捻缝有开裂，但是，这艘护卫舰无可置疑地证明了它所具备的出色航海性能。”“它稳定且敏捷。我们还没有见到过任何一艘在航行速度上可以与它媲美的舰艇。”⑤ 但是，有两台锅炉正在全速运转，每台锅炉每 4 小时消耗 3200 公斤煤。⑥ 1 月 9 日，所有 4 台锅炉全部进入工作状态，煤的消耗量增加到 5500 公斤。⑦

自那天开始，航行加速，并且愈加平稳。直到“1 月 10 日凌晨，一阵突如其来的骚动惊醒了舰上所有的人。前甲板上，有人看到了陆地并大声呼喊起

① 海军部向第十八届立法会第一次会议提交的 1880 年和 1881 年报告（1882 年出版），巴西，海军部，附件 2，第 8 页。

② 《值班日志》和《舰上人员登记册》手稿档案 2013（IVM 2013），第 61 页。

③ 《值班日志》和《舰上人员登记册》手稿档案 2013（IVM 2013），第 65 页。

④ 《国家报》，马拉尼昂省，1880 年 2 月 22 日。

⑤ 诺罗尼亚·桑托斯：《海军上将儒利奥·塞萨尔·德·诺罗尼亚诞辰一百周年（1845—1945）》，Livraria Editora Zélio Valverde 出版，里约热内卢，1945 年，第 53 页。

⑥ 《值班日志》和《舰上人员登记册》手稿档案 2013（IVM 2013），第 73 页。

⑦ 《值班日志》和《舰上人员登记册》手稿档案 2013（IVM 2013），第 79 页。

来……罗卡角（cabo da Roca）的灯塔照亮了海平线”[①]。终于，远航的护卫舰向里斯本的港口驶去。在卡斯凯什（Cascais），葡萄牙引水员登上了军舰。1月10日那天中午，军舰在贝伦塔前的检疫站抛锚[②]。在52天的航行中，只有8天半，军舰是靠蒸汽机航行。[③]

港口防疫人员登舰进行了防疫检查，并告知需进行为期5天的检疫隔离，这让巴西人感到不满。据诺罗尼亚说，“护卫舰不得不停泊在贝伦塔前，虽然这项隔离措施饱受巴西人诟病，但我们全体人员必须执行”[④]。

维修

加尔迪诺医生在他的报告中说，航行直到里斯本都很顺利。尽管舰上官兵健康状况良好，但仍然被要求进行隔离。他不赞成这一决定，就舰上官兵的健康状况而言，他认为这样的措施毫无道理。旅途中，“气温一直保持在21℃到26℃之间；风基本上是凉爽干燥的微风；天气很好，海面平静，浪涛奔涌。实际上，12月13日，我们穿过赤道，在冬季进入了北半球；但是，即便如此，直到我们进入特茹河（Tejo）的那天，才感觉到温度有了明显变化。面对里斯本的防疫规定，尽管我们在疾病分类学状态方面表现完美，却也无济于事。我们提交了最为有力而合理的证据表明我们身体健康并且无任何疾病，但结果仍然是在贝伦进行了为期5天的隔离之后，舰员们才踏上了这片土地！”[⑤]。

隔离结束后，“维塔尔·德·奥利维拉”号前往阿尔坎塔拉（Alcântara）

---

① 《国家报》，马拉尼昂省，1880年2月22日。

② 海军部向第十八届立法会第一次会议提交的1880年和1881年报告（1882年出版），巴西，海军部，附件2，第8页。

③ 国家图书馆手稿（Manuscrito da Biblioteca Nacional），I–9–1–nº.14，第16页。

④ 《马拉尼昂日报》（Diário do Maranhão），马拉尼昂省，1880年3月2日。

⑤ 里约热内卢帝国医学院通讯员、舰队首席外科医生加尔迪诺·西塞罗·德·马加良斯提交的《环球航行期间“维塔尔·德·奥利维拉”号护卫舰上脚气病病程》，里约热内卢，国家印务所，1882年，第11页。

锚地，那里已经有一些葡萄牙船只和一个准备在那里过冬的由 4 艘大型铁甲舰即“米诺陶”号（Minotar）、“阿金库尔”号（Agincourt）、“阿喀琉斯”号（Achilles）和“诺森伯兰”号（Northumberland）组成的英国舰队。①

“维塔尔·德·奥利维拉”号护卫舰至此已经航行了 6754 海里，平均时速为 5.4 节。现在，舰艇需要在港口进行大量的维修工作，主要是捻缝（封堵孔洞）。诺罗尼亚在关于这一阶段工作的总结报告中解释说：“我们预计，航行的第一阶段需用时 30 天。然而，只有在非常有利的条件下，才能在规定时间内实现这样的航行计划，因为使用蒸汽机并不意味着可以自然而然获准进入任何中间港以补充燃料。”②

诺罗尼亚还指出，从里约热内卢到里斯本的迂回航线意味着护卫舰航行了 6652 海里。“然而，两个港口之间的直线距离，如果是邮轮，不超过 4245 海里。我们是混合动力航行，这使我们比实际所需的航行多走了 2407 海里。”此番话是否在批评为了节省燃料而禁止使用机器的做法？

寒冷

航行没有遇到太多麻烦。舰上人员健康状况正常。随着离欧洲越来越近，气温开始下降，尽管没有准备好衣服，水兵们还是很好地抵御了寒冷。据舰上的医生加尔迪诺说：“令人称奇的是，竟然没有出现严重的肺部疾病，因为除了暴露在恶劣天气之外……舰上人员并无足够的冬季御寒衣物。……治疗支气管炎的药物有舒胸和祛痰药、焦油剂、苔粉、海松树液、妥鲁糖浆、水茴香制剂、可待因、复方安西科糖浆、乌头制剂、毛地黄制剂、吐根制剂，等等。上等兵、乐手马科斯·马查多出现咯血情况。我将棓酸溶解在橙树花泡的水中给他止血，然后，让他服用香脂糖浆和毛地黄精配的酸饮料。目前，他一切正常。……两名结核病

---

① 海军部向第十八届立法会第一次会议提交的 1880 年和 1881 年报告（1882 年出版），巴西，海军部，附件 2，第 8 页。

② 《马拉尼昂日报》，马拉尼昂省，1880 年 3 月 2 日。

患者的情况大有好转……轮机兵不再咳嗽，食欲增加，精神状态恢复正常，不再有盗汗和发生梦魇的情况；仍然贫血……为此，我在他的饮食中加入了砷酸铁颗粒，并让他上午和下午服用次磷酸士的宁。”①

每个人都得到了毛衣，这是给这些夏天离开巴西并在深冬抵达葡萄牙、只带了一套换洗衣服的水兵的礼物。这里的平均气温为7℃。此外，加尔迪诺说：“恢复了晚餐后酒的配给，早上，每人还可以有一份咖啡。”② 一名见习生住进了里斯本的医院。

来访者

舰上官兵情绪高涨。巴西驻葡萄牙大使（当时称全权公使）、雅普拉男爵（barão de Japurá）几乎每天都到访护卫舰。登舰访问巴西人的还有葡萄牙舰队总司令、海军上将苏亚雷斯·佛朗哥子爵（visconde de Soares Franco），他还邀请巴西人参观了葡萄牙造船厂。

护卫舰在里斯本停留了19天，每天都是好天气。平均每日购买的食品是236个面包、136公斤肉、蔬菜和甜点。到达葡萄牙的第一天，一艘载有36吨饮用水的驳船停靠在军舰旁边。③ 1月12日，开始卸煤。第二天，舰长和财务官带着2005英镑回到舰上，并“依照法律规定的手续”，将其收进舰上的保险柜。④

1月15日下午，引水员保罗·若泽（Paulo José）前来报到。2点，“我们开始起锚；2时30分，我们出发前往阿尔坎塔拉锚地；3时30分，我们抛下两个

① 舰队首席外科医生加尔迪诺·西塞罗·德·马加良斯提交的《环球航行期间“维塔尔·德·奥利维拉”号护卫舰医学报告》，国家印务所，里约热内卢，1881年，第91页。

② 里约热内卢帝国医学院通讯员、舰队首席外科医生加尔迪诺·西塞罗·德·马加良斯提交的《环球航行期间“维塔尔·德·奥利维拉”号护卫舰上脚气病病程》，里约热内卢，国家印务所，1882年，第9页。

③《值班日志》和《舰上人员登记册》手稿档案2013（IVM 2013），第81页。

④《值班日志》和《舰上人员登记册》手稿档案2013（IVM 2013），第83页。

因卫生防疫而采取隔离措施一段时间之后，“维塔尔·德·奥利维拉”号护卫舰转移至里斯本的阿尔坎塔拉锚地，这里已经有一些葡萄牙船只和一个准备在这里过冬的由4艘大型铁甲舰组成的英国舰队。

图片来源：玛丽·克里斯蒂娜·斯克玛佐恩

锚，每个锚50英寻”[①]。从那时起，每天都有29名至36名捻缝工人在护卫舰的舷侧工作。1月17日晚上，水兵若泽·费尔南·达·席尔瓦（José Fernão da Silva）被关禁闭，因为当他吊下小艇接岸上的大副时嚷嚷说：“舰上只有工作，没有钱。”[②]第二天，星期天，舰上全体官兵收到了两个月的军饷。[③]不服从命令的情况严重。例如，1月21日，有8人被戴上了铁镣，其中两人被单独监禁。

舰上人来人往。除了许可登舰或离舰的人员流动之外，还有货物运输不断。例如，1月23日下午，舰上收到20桶熏肉（每桶重90公斤）、20袋豆子、3桶甜橄榄油、1桶白酒、20桶机器用橄榄油、4桶生石灰、400张砂纸、药品，等等。这一天，乐队的乐手被罚从下午6点直到午夜站在舷梯上。《值班日志》并未记录他们受罚的原因。[④]第二天，更多军需物资被运到舰上：46麻袋饼干、

① 《值班日志》和《舰上人员登记册》手稿档案2013（IVM 2013），第85页。
② 《值班日志》和《舰上人员登记册》手稿档案2013（IVM 2013），第86页。
③ 《值班日志》和《舰上人员登记册》手稿档案2013（IVM 2013），第87页。
④ 《值班日志》和《舰上人员登记册》手稿档案2013（IVM 2013），第92页。

4桶醋、9桶黄油、10麻袋大米、5麻袋糖和4麻袋咖啡。

1月27日下午出发前几个小时，诺罗尼亚舰长带着4000英镑回到舰上。同一天，护卫舰还收到了400把扫帚、3桶焦油、2捆帆布、100只鸡、23吨水、一头活牛和成袋的煤。[①]

发现

航海的人们爱上了里斯本。他们参观了它的旅游景点，以及葡萄牙海军的设施。加尔迪诺写道："里斯本位于特茹河右岸，对外国人来说，是最具吸引力的欧洲城市之一。入口处占据要冲，风景如画，绿草茵茵，随处可见摩尔式建筑。由于位于美丽的特茹河畔，里斯本为大型船舶提供了锚地。第一次来到这里的人心中会涌起难以言说的快乐。它的位置优越，是最好的海军基地之一，尤其是在冬天，这不仅因为它气候温和，而且因为它是沿海锚地，是南部非洲和南美的第一站。新城建设得很好，街道宽阔，碎石铺路……美丽的建筑……漂亮的广场……旧城区则显得凄惨，街道狭窄，建筑简陋，光线阴暗，空气流通不畅。"[②]

葡萄牙海军的设施并没有给诺罗尼亚舰长留下深刻印象："造船厂位置不佳，占地面积不足以满足其未来发展的需要。唯一的船坞很小，无法容纳大型船只，但却有两道门，为的是避免猛烈东南风的影响。锯木厂规模不大，设计室里摆放着许多海军的旧建造模型。索具厂的产品，有用亚麻或椰壳纤维制作的绳索和皮革制品，都非常好。"[③] 他欣赏在葡萄牙海军中观察到的现代化。"葡萄牙的军舰，包括小型炮艇，都配备了小汽艇，这既可以使行动更快捷，

① 《值班日志》和《舰上人员登记册》手稿档案2013（IVM 2013），第96页。

② 舰队首席外科医生加尔迪诺·西塞罗·德·马加良斯提交的《环球航行期间"维塔尔·德·奥利维拉"号护卫舰医学报告》，国家印务所，里约热内卢，1881年，第29页。

③ 海军部向第十八届立法会第一次会议提交的1880年和1881年报告（1882年出版），巴西，海军部，附件2，第9页。

还可以节省人力。”①

大家惊叹于刚刚落成的帝国天文台和它的新奇之处，例如电钟：“帝国天文台位于阿茹达围场（Tapada da Ajuda）一栋设计完美的建筑内，顶端是一座海拔112米的塔，那里架设了一台赤道仪（望远镜），其镜头直径为15英寸。这架望远镜和子午仪是这里最好的仪器。在摆放仪器的房间里，有一个时钟，时钟与钟摆靠电力传动。”②

舞会

1月26日，诺罗尼亚舰长前往觐见堂·路易斯一世（d. Luiz I）国王，受到了热情接待。舰长和军官们还受邀出席1月28日在阿茹达宫（Palácio da Ajuda）举行的舞会。

那天下午，即1月28日，护卫舰在舰上举行了“午宴舞会”，以感谢里斯本社会各界的款待。③ 200多人出席了巴西护卫舰舞会，这在葡萄牙引发了热议。里约热内卢《新闻报》摘录转载了葡萄牙媒体的报道：“这是特茹河上举办过的最精彩的舞会之一。‘维塔尔·德·奥利维拉’号的军官们出类拔萃、和蔼可亲，热情而友好地接待来宾……舞会从下午1点开始，直到晚上7点才在热闹、欢乐的气氛中结束，人们在舰上乐队的音乐声中乐此不疲地跳着。旗帜和盆花将护卫舰装饰一新，一切都井然有序。大约200人参加了舞会，其中有巴西公使及家人……商人、我们舰队的军官、资本家、记者埃利西奥·门德斯。午宴丰盛，是最好的午宴之一，人们推杯换盏好不热闹。”④

1880年1月28日是在隆重热烈的气氛中结束的。护卫舰的军官们参加了

① 海军部向第十八届立法会第一次会议提交的1880年和1881年报告（1882年出版），巴西，海军部，附件2，第9页。

② 海军部向第十八届立法会第一次会议提交的1880年和1881年报告（1882年出版），巴西，海军部，附件2，第9页。

③《圣保罗邮报》（Correio Paulistano），圣保罗，1881年1月27日。

④《新闻报》，里约热内卢，1880年2月29日。

与护卫舰同行的全权公使喀拉多和夫人恩里克塔·泽巴洛斯·喀拉多（Henriqueta Zeballos de Callado）
图片来源：安娜·阿鲁达·喀拉多（Ana Arruda Callado）

里约热内卢《新闻报》业主、记者埃利西奥·门德斯
图片来源：葡萄牙国家图书馆

雅普拉男爵、巴西驻葡萄牙公使之子李诗圃
图片来源：伊塔马拉蒂历史档案馆

“维塔尔·德·奥利维拉”号护卫舰模型
图片来源：海军博物馆

葡萄牙王室在王宫举行的“一如既往盛大的舞会”[1]。里斯本市最重要的人物，包括外交使团、外国海军军官、官员和政界人士，悉数到场。晚上 10 点左右，王室成员来到舞会。王后“衣着华丽，金色缎面服装的正面绣有珍珠图案，身披一件绣着郁金香图案的曳地斗篷，斗篷带有精致的勿忘草花形的阿朗松花边。……舞厅的装饰令人心旷神怡。王后从通向陛下房间的门厅走了进来，登上王子们所在楼层的台阶，向王座大殿走去。……楼梯上方的窗户处，挂着四块纱帘，在煤气灯的照射下，显示出代表葡萄牙、布拉干萨（Bragança）、意大利、萨克森（Saxônia）和英格兰（Inglaterra）的盾徽。豪华的夜宴厅摆放着王室所有的银器。大厅的深处、演奏台下，一簇簇令人称奇的温室植物环绕在用卡拉拉（Carrara）大理石制成的多丽丝女神（Dóris）的精美塑像周围。华丽的装饰与其他舞会完全不同，显示出阿茹达王家园林的高雅品位和讲究。

“高大的棕榈树、龙舌兰、南洋杉、针叶树旁边，还有硕果累累的橘树，给围场平添了令人叫绝的美丽。门厅除了有煤气灯之外，还安装了电灯，灯光照在两尊水泉女神那伊阿得斯（Náiades）的塑像上令人眼花缭乱，明暗对比之下，流水潺潺，波光粼粼。台阶倒数第三层上，龙舌兰……和乡野花草簇拥着克利俄女神（Clio）高大而精美的雕像，营造出令人赞叹的效果。各个大厅里，举目望去皆是艺术品、花束和山茶花；台阶上，紫罗兰和山茶花花团锦簇；纱帘下方的台阶上也摆满了各种温室植物，令墙壁看上去五彩缤纷甚是好看。”[2]

除了国王和王后，他们的儿子、堂·奥古斯托王子（d. Augusto）也来到舞会。路易斯一世国王与巴西公使的夫人、王子与巴西公使的女儿跳了第一支曲子。[3] 热闹的舞会一直持续到凌晨 4 点，最后，由雅普拉男爵、巴西驻葡萄

---

① 《新闻日报》（Diário de Notícias），里斯本，1880 年 1 月 29 日。
② 《新闻日报》，里斯本，1880 年 1 月 29 日。
③ 《每日画报》（Diário Illustrado），里斯本，1880 年 1 月 31 日。

牙公使之子李诗圃（Henrique Lisboa）领舞[①]，以一支沙龙舞（cottilon）[②]圆满结束。李诗圃是巴西赴华使团的秘书。舞会直到天将破晓方才结束。[③]

1月29日晚上8点，护卫舰起锚前往土伦。[④]在引水员的引导下，军舰向外海驶去；10点，经过了布吉奥要塞（forte de Bugio），然后，开过了卡斯凯什角（ponta de Cascaes）灯塔；11点，引水员离舰。[⑤]

在此登舰的有：上尉若泽·佩雷拉·吉马良斯（José Pereira Guimarães）和中尉若昂·德·佩罗塞·庞特斯（João de Perouse Pontes），以及喀拉多的秘书[⑥]李诗圃。除此之外，原帝国水兵团士兵阿尔弗雷多·本雅明·德·奥利维拉（Alfredo Benjamin de Oliveira）也在此进入军舰编制，他将担任中尉马尔维诺的勤务兵。[⑦]

---

① 《晨报》（Diário da Manhã），里斯本，1880年1月31日。

② 一种结合了音乐、游戏和化装的欧洲古老宫廷舞，通常作为舞会的结束舞曲。——译者注

③ 《圣保罗邮报》，圣保罗，1880年1月29日。

④ 海军部向第十八届立法会第一次会议提交的1880年和1881年报告（1882年出版），巴西，海军部，第14页。

⑤ 《值班日志》和《舰上人员登记册》手稿档案2013（IVM 2013），第98页。

⑥ 《圣保罗邮报》，圣保罗，1881年1月27日。

⑦ 《值班日志》和《舰上人员登记册》手稿档案2013（IVM 2013），第94页。

英国　直布罗陀

1880年1月29日，“维塔尔·德·奥利维拉”号护卫舰离开里斯本，向土伦驶去，“这是尊敬的少将穆达先生指定的外交使团登舰地点”[①]。

晚上9点，港口风平浪静，正是落潮的时间。护卫舰沿着南侧航道经过两座灯塔后，停在了卡斯凯什，以便引水员离舰。1月30日上午9点20分，“我们经过蒙希克山（serra Monchique）……下午2时15分，圣维森特角（cabo de S. Vicente）灯塔……晚上8点，圣玛丽亚（Santa Maria）灯塔”。[②]

第二天，即1月31日，下午6点，斯帕特尔角（cabo Espartel）的灯塔遥遥在望，半小时以后，便是著名的特拉法尔加角（cabo Trafalgar）。2月1日黎明，刮起了大风，海面波涛汹涌。在此之前，舰员们曾看到海上有许多船只。不久之后，即凌晨4点，“海面上狂风大作，风雨交加，浓雾弥漫，波浪滔天”。正是在那个时候，“我们进入了休达（Ceuta）灯塔和欧洲之角（ponta da Europa）灯塔的光圈。后者虽然是白光灯塔，但是，在西边有一个红色扇形区域，光束的扩散角大约23º；虽然护卫舰已经进入到该区域，但不应直接驶向直布罗陀（Gibraltar）或靠近西班牙海岸，以避开珍珠礁（rocha Pérola），该礁石位于卡尔内罗角（ponta Carneiro）以南的海中，在那里有一座小型灯塔。几年前，英国的‘阿金库尔’号铁甲舰就曾在离开直布罗陀港时搁浅在这块礁石上”[③]。

---

① 《巴西海军杂志》，第1年，第1期，第2册，1882年1月—6月刊，“维塔尔·德·奥利维拉”号舰航行报告，舰长儒利奥·德·诺罗尼亚，第59页。

② 《巴西海军杂志》，第1年，第1期，第2册，1882年1月—6月刊，“维塔尔·德·奥利维拉”号舰航行报告，舰长儒利奥·德·诺罗尼亚，第59页。

③ 《巴西海军杂志》，第1年，第1期，第2册，1882年1月—6月刊，“维塔尔·德·奥利维拉”号舰航行报告，舰长儒利奥·德·诺罗尼亚，第60页。

从那时起，天气越来越差，诺罗尼亚决定进入直布罗陀港。那是2月1日，除了与“猛烈的地中海东风”[①] 搏斗之外，舰员们还遭遇了严寒的袭击。[②]“护卫舰无法承受狂风和巨浪。”[③] 护卫舰原本没有在直布罗陀港停留的计划，舰长为此解释说：“这样做可以让我们避免不必要的燃料消耗和舰艇受损的风险。后来（2月3日），有消息称大英轮船公司（Peninsular and Oriental Company）的‘凯泰’号（Catay）轮船遭遇了猛烈的地中海东风，这说明我们的决定是合理的。”恶劣天气一直持续到2月5日。直布罗陀港几乎对来自各方向的舰船开放，但是，诺罗尼亚注意到“英国军舰停泊在一个完全隐蔽的码头，那里有物资库房和煤炭仓库”。抵达港口的那天早上，一艘小艇开来“进行卫生检疫，并准许护卫舰人员自由活动。随小艇而来的一名英国军官代表港务局长问候了舰长。我们鸣炮21响向陆地致敬，并在舰首升起了英国国旗。为了校正各个桅杆，技师整个下午都乘4号小艇在舰外工作”。[④]

困难重重

连通大西洋和地中海的直布罗陀海峡在当时也被称为塔里法（Tarifas），并以狂风闻名。“冬季二月和三月，在海峡航行很困难，也麻烦多多。一般情况下，灯塔总被雾遮挡，通常夏季随晴天而来的温和的西风此时变成了狂风，海峡西端入口在雨中模糊不清。斯帕特尔角周围海水较深，因此，在此登陆比在特拉法尔加角容易；然而，在有雾的天气和没有准确登陆点的情况下，危险在于将斯帕特尔角南面的谷地误认为是海峡，因此被假象迷惑而撞上海岸。当

① 诺罗尼亚·桑托斯:《海军上将儒利奥·塞萨尔·德·诺罗尼亚诞辰一百周年（1845—1945）》，Livraria Editora Zélio Valverde 出版，里约热内卢，1945 年，第 55 页。

② 里约热内卢帝国医学院通讯员、舰队首席外科医生加尔迪诺·西塞罗·德·马加良斯提交的《环球航行期间“维塔尔·德·奥利维拉”号护卫舰上脚气病病程》，里约热内卢，国家印务所，1882 年，第 10 页。

③《值班日志》,《值班日志》和《舰上人员登记册》手稿档案 2013(IVM 2013)，第 106 页。

④《值班日志》和《舰上人员登记册》手稿档案 2013（IVM 2013），第 106 页。

直布罗陀海峡
图片来源：玛丽·克里斯蒂娜·斯克玛佐恩

航向显示我们在向东航行时，汹涌的海流却把我们向西推去，而且，地中海东风（levante）越来越猛烈。”①

军舰在港口停留了6天，6天都是东风呼啸的天气。根据《值班日志》的记录，每天需要为238名水兵购买口粮②，并且接待许多好奇市民的来访。2月5日，星期四，下午，“欧塞比奥·查尔斯（Eusébio Charles）登上军舰，一位见习生做他的勤务兵”③。

诺罗尼亚在他1882年的报告中写道，逗留期间，巴西人在领事若泽·本

① 《巴西海军杂志》，第1年，第1期，第2册，1882年1月—6月刊，“维塔尔·德·奥利维拉”号舰航行报告，舰长儒利奥·德·诺罗尼亚，第60页。
② 《值班日志》和《舰上人员登记册》手稿档案2013（IVM 2013），第110页。
③ 《值班日志》和《舰上人员登记册》手稿档案2013（IVM 2013），第110页。

托[①]的陪同下，参观了当地的几处要塞。“设施的良好设计和整洁吸引了参观者的注意力。英国人以他们特有的毅力成功地在以岩石为主的要塞里建起了精心设计的花园，在那里竖立了惠灵顿勋爵（Wellington）和在1782年英勇守卫这里的艾略特将军（Eliott）的塑像。”

舰长和其他军官参观了“主要炮群、地下坑道、大口径火炮”[②]。参观结束时，大家认为，在火炮不断发展的形势下，在石灰岩层费力开凿的岩石坑道完全失去了重要性，口径68毫米的火炮已经让位于部署在海边的大口径火炮，其中最突出的是“维多利亚女王”（Rainha Vitória）炮群、“威尔士亲王”

① 据《值班日志》和《舰上人员登记册》手稿档案2013（IVM 2013）中《舰上人员登记册》记载，鸣炮9响致敬。

② 《圣保罗邮报》，圣保罗，1881年1月27日。

（Príncipe de Gales）炮群和南方阵地；每个炮群有3门18吨重的大炮。……西班牙人无力对抗纳皮尔勋爵（Napier）——他不在时，由直布罗陀临时总督、少将安德森（Anderson）负责——治下的6000人组成的军事巨人。直布罗陀具有重要的战略意义，但是，如果没有舰队的帮助，将无法阻止一支现代化海军部队穿越12公里宽的海峡东端入口。①

直布罗陀是英属海外领地，位于一座山的山脚下。在护卫舰官兵到访港口的那个时期，这座城市有人口16000人，长4公里，宽1公里。加尔迪诺大夫在他的报告中说，它位于“岬角西侧，形状似半岛，端点正是欧洲之角。它由400至500米高、四面几乎邻面垂直的岩石群组成”。“1704年，英国人几乎出其不意地占领了这座城市。值得一看的有：山下开凿的圣米格尔石洞（S. Miguel），里面满是形态各异的钟乳石柱，洞深至今不得而知；公共花园，这里有惠灵顿和直布罗陀保卫者艾略特勋爵的塑像。整座城市气候温和宜人，四季分明。……水质糟糕，是从蓄水池抽出来的。”②

① 《巴西海军杂志》，第1年，第1期，第2册，1882年1月—6月刊，“维塔尔·德·奥利维拉”号舰航行报告，舰长儒利奥·德·诺罗尼亚，第60页。

② 舰队首席外科医生加尔迪诺·西塞罗·德·马加良斯提交的《环球航行期间“维塔尔·德·奥利维拉”号护卫舰医学报告》，国家印务所，里约热内卢，1881年，第33–34页。

法国　土伦

终于，2 月 6 日上午，风势减弱，天气放晴，护卫舰得以继续前往法国土伦军港，按照计划在那里迎接赴华使团登舰，并停留大约一个月，以便“为外交使团公使喀拉多的夫人和女儿安排房间”①。

从直布罗陀到土伦的 3 天航行平安无事。2 月 9 日凌晨 3 点 15 分，“我们远远望见圣塞巴斯蒂昂灯塔（farol de São Sebastião）。黎明时分，西班牙的一些山脉和它们白雪皑皑的山峰映入眼帘。标记圣塞巴斯蒂昂灯塔的位置以后，我们向土伦的方向驶去，此时天色阴沉，利翁湾（golfo de Lyon）风起浪涌，海平线处乌云翻滚；风向转向东南风；3 点钟，我们开始依稀看到法国南部海岸。……风从北方吹来，迅速堆积为厚厚的雨云，这预示着频繁而剧烈的大气失衡即将发生，其严重程度证明了利翁湾为何以灾难闻名”②。在以后的航行中，军舰一直没有远离海岸。8 日，“白雪覆盖着的高高的比利牛斯山脉（Pirineus）清晰可见”③。

2 月 9 日下午 5 点 40 分，军舰抵达法国港口。舰上刚刚经历了一场灾难——一场死亡事故。正在进行桅帆作业的一等兵（第 17 连，编号 208）路易斯·达·弗兰萨·佩雷拉（Luiz da França Pereira）从上桅帆摔了下来，撞到主桅杆后掉到海里。舰长命令停船。一艘小艇被迅速放下，若干救生圈被抛向海中，目的是至少救起遗体。但是，“我们搜索了许久，却只有一片寂静。夜幕降临时，小艇返回来，只捡到这位不幸水兵的帽子，那是唯一漂在海面的东

① 《累西腓报》，伯南布哥省，1880 年 2 月 24 日。

② 《巴西海军杂志》，第 1 年，第 1 期，第 2 册，1882 年 1 月—6 月刊，“维塔尔·德·奥利维拉”号舰航行报告，舰长儒利奥·德·诺罗尼亚，第 63–64 页。

③ 《值班日志》和《舰上人员登记册》手稿档案 2013（IVM 2013），第 120 页。

法国土伦港
图片来源：玛丽·克里斯蒂娜·斯克玛佐恩

西”[①]。当天晚上，一只小艇带来了引水员，在他的引导下，军舰驶向锚地。这位法国人名叫艾蒂安·路易斯（Etienne Louis）。[②]

危险

第二天，即10日，上午，恶劣的天气依然如故，军舰在内港一片褶皱地貌附近的航标旁抛锚。这里港区相当大，可以容纳大量船只，并因为环绕周围的群山阻挡了包括地中海东北风在内的各方来风而成为避风良港。

当时有以下法国军舰停泊于此：“福尔费”号（Forfait）巡洋舰、“君王”号（Souveraine）三桅战舰、“安南人”号（Annamite）和“阿韦龙”号（Aveyron）

---

① 《巴西海军杂志》，第1年，第1期，第2册，1882年1月—6月刊，“维塔尔·德·奥利维拉”号舰航行报告，舰长儒利奥·德·诺罗尼亚，第65页。
② 《值班日志》和《舰上人员登记册》手稿档案2013（IVM 2013），第122页。

运输舰、“皇冠”号（Couronne）铁甲舰，以及由海军少将加利伯（Galiber）指挥的由快速战舰“弗洛尔”号（Flore）、“阿尔摩里克”号（Armorique）和另外两艘战舰组成的快速舰队。同时停泊在这里的还有美国巡洋舰“特伦顿”号（Trenton），“它悬挂着美国在欧洲海域司令官、海军少将豪厄尔（Howell）舰队的军旗”。豪厄尔和法国“福尔费”号的舰长都来参观了护卫舰。[①]

据诺罗尼亚舰长说，在地中海航行，“夏季比较容易，因为总能入港停泊，但是，在冬季却变得非常困难，尤其是在2月份，陆地气候湿润几近饱和，常常大雾弥漫，天空阴沉，风雨交加，海浪滔天。海流像风一样多变而汹涌，诸多地区因素决定了其强度和方向。在地中海，这是一个普遍规律：每当遇到恶劣天气威胁时，船舶必须进港避风，因为在狂风暴雨的天气航行并保船舶之万全是不可能的，狭窄海域的急流可能导致船舶损失或严重损坏。我们的航行虽是在隆冬，却非常顺利：我们在土伦泊港两小时之后，恶劣天气还是

① 《舰上人员登记册》,《值班日志》和《舰上人员登记册》手稿档案 2013（IVM 2013）。

来了”[①]。

为等待外交使团[②]，护卫舰在土伦停留了36天[③]。每天上午，冶金造船公司（Forges et Chantier）的六七名工人都会来装修舱舍，以便迎接公使们。2月15日下午，除了法国舰队的中尉约瑟夫·马尔贝克（Joseph Marbec）和炮兵连长科斯蒂尔（Costier）来访之外，装修完成，1月份的费用付讫。

追思弥撒

2月16日，舰上几乎所有官兵都离舰去参加路易斯·达·弗兰萨·佩雷拉的第七日追思弥撒。“我们的人如此守规矩，秩序井然，以至《南方哨兵》报（La Sentinelle du Midi）在第二天发表了一篇关于这场弥撒的文章。”[④] 文章说，圣玛丽亚教堂（Igreja de Santa Maria）做了适当布置，全部采用黑色。祭奠台覆盖着巴西国旗和遇难者的衣服。“维塔尔·德·奥利维拉”号的乐队演奏了葬礼音乐，在市民同情和尊重的目光注视下，官兵们低着头走出教堂，沿着拉斐特大道向港区码头走去。

在护卫舰上，人员、货物进进出出。除了请假的水兵之外，来访者和运煤、水及登舰官员行李物品的驳船络绎不绝。为了有序流动，艇上制订了离舰和返舰交通艇运行时间表。[⑤] 例如，2月24日，美国“特伦顿”号的交通艇送

---

① 《巴西海军杂志》，第1年，第1期，第2册，1882年1月—6月刊，“维塔尔·德·奥利维拉”号舰航行报告，舰长儒利奥·德·诺罗尼亚，第63–64页。

② “为喀拉多公使先生的夫人和孩子们安排住所”，《累西腓报》，伯南布哥省，1880年2月24日。

③ 里约热内卢帝国医学院通讯员、舰队首席外科医生加尔迪诺·西塞罗·德·马加良斯提交的《环球航行期间“维塔尔·德·奥利维拉”号护卫舰上脚气病病程》，里约热内卢，国家印务所，1882年，第10页。

④ “三位杰出的海军将领和巴西军舰‘维塔尔·德·奥利维拉’号、‘海军将军巴罗索’号和‘本雅明·康斯坦特’号的环球航行”（Três Ilustres Almirantes e as Viagens de Circum-navegação dos Navios Brasileiros Vital de Oliveira, Almirante Barroso, Benjamin Constant），巴西历史地理学会单行本，国家出版局，里约热内卢，1941年，第368页。

⑤ 《值班日志》和《舰上人员登记册》手稿档案2013（IVM 2013），第144页。

来了豪厄尔少将和他的传令官。他离开时，护卫艇鸣炮 13 响，舰首挂美国国旗，“特伦顿”号为此做出了回应。[①] 3 月 14 日，上桅帆被升起，“桅杆顶端旗帜招展，因为今天是皇后的诞辰”[②]。每天，235 名水兵的餐饮食品被送到舰上。[③] 在土伦，有几个人开了小差。据《舰员登记册》记载，3 月 12 日，“有 6 人失踪”[④]。

采集信息

舰长、军官们和医生利用逗留的机会参观了法国军事和海军设施、博物馆，以及土伦附近的尼斯（Nice）和圣芒德里耶市（Saint-Mandrier）。法国首都巴黎距港口 900 多公里，因此，巴黎之行难以成行。3 月 9 日，护卫舰全体官兵出席了喀拉多举办的晚宴。[⑤]

参观海军设施大有裨益，尤其是对水兵们的知识更新更是如此。诺罗尼亚舰长认为：“参观活动总是富有成果，因为通过这些参观活动，可以了解工业快速发展给海军带来的最新进步。土伦造船厂是世界上最早的造船厂之一，也是法国在地中海地区唯一的造船厂，不但以规模而且以资源著称。博物馆里有大量船模，特别是古船、船坞的门，等等，最引起我们注意的是‘黎塞留’号（Richelieu）铁甲舰舰舵的模型，其不断改进的品质无可挑剔。索具车间设在一座旧建筑内，占地面积大，产出的索具品质精良。海军要塞设计得颇有艺术性，配备了新型‘沃恩德尔’连发步枪（Verndl）。已经装备海军的这款 1878 年发明的步枪可一次上膛 9 发子弹，操作简便，而且似乎结实，但是，它的分量重，若在舰艇上使用其枪身可能过长。在参观码头时，我们不但有机会看到

---

① 《值班日志》和《舰上人员登记册》手稿档案 2013（IVM 2013），第 137 页。
② 《值班日志》和《舰上人员登记册》手稿档案 2013（IVM 2013），第 157 页。
③ 《值班日志》和《舰上人员登记册》手稿档案 2013（IVM 2013），第 124 页。
④ 《值班日志》和《舰上人员登记册》手稿档案 2013（IVM 2013），第 155 页。
⑤ 《值班日志》和《舰上人员登记册》手稿档案 2013（IVM 2013），第 135 页。

土伦港，大口径火炮保护着它的水域。
图片来源：玛丽·克里斯蒂娜·斯克玛佐恩

古代的舰船，还领略了代表科学和工业不断进步的新舰艇。”①

官兵们还受到法国海军军区司令、海军少将赫兰茨（Hrantz）的热情接待，他安排了一艘小艇供“维塔尔·德·奥利维拉”号使用，以方便巴西人在码头的出行。

不久之前，土伦水域的防卫得到了加强。“在高地，建立了配备有大口径火炮的炮台，可以通过集中众多火力抵御任何海军部队的进攻；同时，为了

① 《巴西历史地理学会学报》，第 174 册，1939 年，里约热内卢，国家出版局，第 374–375 页。

建设防线，土伦正在修建水上工程，以便使用鱼雷，这样，一旦战事爆发，鱼雷与火炮的配合可以使造船厂和舰队免受任何胆大妄为的攻击”，诺罗尼亚赞叹说。

护卫舰访问土伦的那个时期，土伦大约有 69000 名居民。巴西驻该市的副领事是路易斯·若昂·巴普蒂斯塔·维克托·若维（Luiz João Baptista Victor Jouve）。加尔迪诺在向政府提交的报告中回忆说，造船厂的高大建筑是路易十四（Luís XIV）下令建造的。1798 年，拿破仑（Napoleão）启程前往埃及时，登船的地点便是法隆山（monte Faron）脚下的土伦。“海上，西面和东面分别有 5 座炮台；陆上，有 7 座炮台；这些炮台共同护卫着土伦这个巨大的要塞式城市，城市周围也设有防线。土伦靠近马赛，这样的地理位置降低了其商业重要性，同时，城市面貌也显得老气横秋，除了几条林荫道，便是弯弯曲曲的狭窄街道。”

3 月 16 日上午 11 时 30 分，载着赴华使团人员，公使喀拉多及夫人[①]、女儿们[②]和他的法国女管家，以及西班牙驻华公使[③]，“维塔尔·德·奥利维拉”号告别了法国港口。据《值班日志》记载，除了喀拉多家的 8 件行李、一架钢琴和 40 箱酒之外，舰上还装载了其他新乘客的许多行李等物品。[④]

---

① 恩里克塔·泽巴洛斯·德·喀拉多（Henriqueta Zeballos de Callado）。

② 莱昂诺尔·阿梅莉亚·喀拉多（Leonor Amélia Callado）和卡罗琳娜·喀拉多（Carolina Callado）。

③ 伊巴里（Carlos Antonio de España y Gómez de Humaran）。——译者注

④《值班日志》和《舰上人员登记册》手稿档案 2013（IVM 2013），第 129 页。

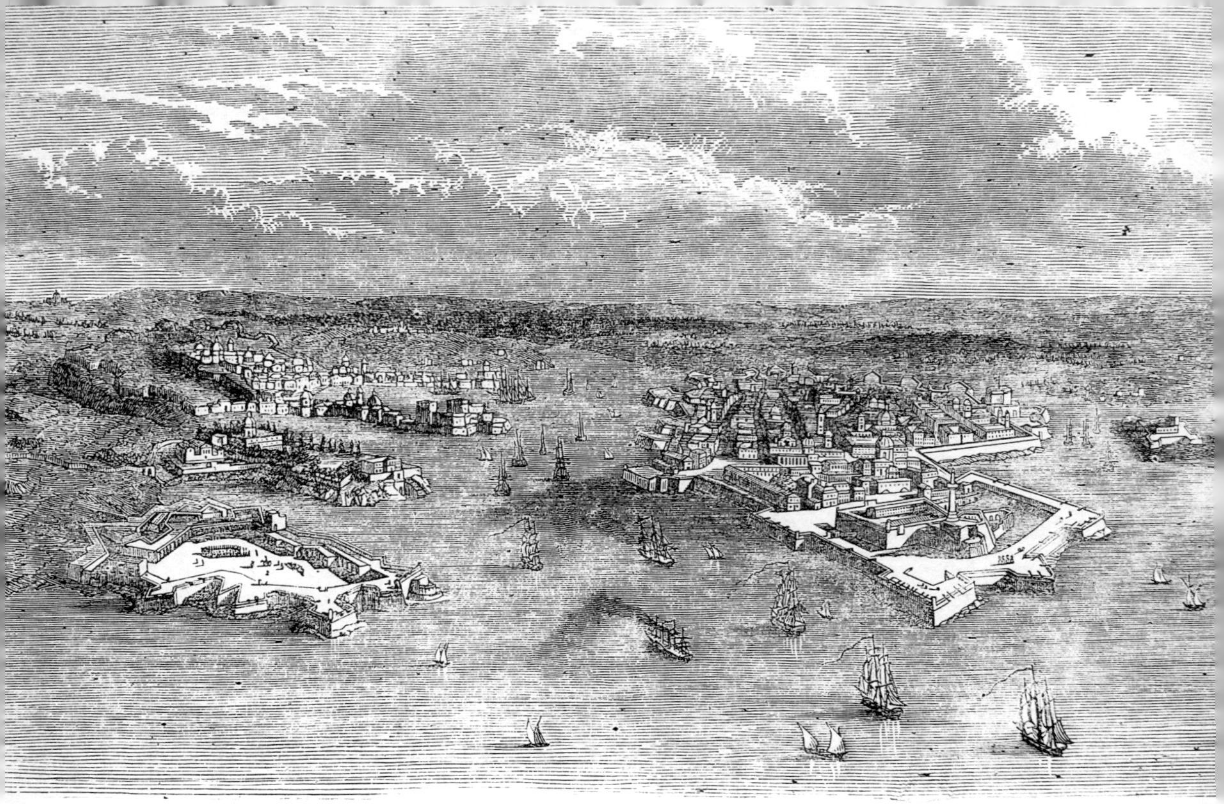

马耳他瓦莱塔港
图片来源：玛丽·克里斯蒂娜·斯克玛佐恩

马耳他　瓦莱塔

经过 3 天多的航行，“维塔尔·德·奥利维拉”号于 3 月 20 日抵达马耳他岛（ilha de Malta）。这是第一艘在瓦莱塔港（La Valletta）停泊的巴西船只。一路平安无事，路过了几座灯塔和小岛。19 日，《值班日志》特别提到他们看到了一艘大型法国铁甲舰。“不久以后，即早上 7 时 30 分，气压计开始上升，天阴了下来，凉爽的风一直吹到中午……才停。午夜时分，我们辨认出圣埃尔莫（Sant'Elmo）的灯光；凌晨 2 时，我们开始向北北东方向前进，直到天亮。这时，我们已经又一次进入了港口外海水域。3 月 20 日早上 6 时 35 分，我们在圣埃尔莫堡附近迎来了引水员；早上 7 时，我们停泊在马耳他岛瓦莱塔大港

（Porto Grande）二号码头的泊位。”[①] 诺罗尼亚舰长认为，“夜间入港不方便，因为这个港口的入港水域狭窄，特别是地中海中部冬季强烈东北风造成涨潮的时候。我们曾经遇到过类似的情况，这种令人恐怖的风在冬季会对港口造成巨大破坏”。

当时的马耳他岛因其位于军事要地而具有重要性，同时，它也是经苏伊士运河（canal de Suez）前往东方的重要交通线上的中转港。[②] 抛锚地点“令人愉快”。一艘艘小艇在港区穿梭往来，提供交通服务。《圣保罗邮报》文章说，在护卫舰停留期间，许多著名人士登舰参观。[③]

传说

自 1800 年开始，马耳他一直是英国领地，并充当英国舰队在地中海的锚地。诺罗尼亚说，当时港口里有 6 艘大型铁甲舰：“亚历山德拉”号（Alexandra）、“雷神”号（Thunderer）、“君主”号（Monarch），其他 3 艘在我们抵达后不久离开了。所有这些军舰都属于英国海军中将西摩（Seymour）指挥的舰队，舰队的军旗挂在英国海军最优秀的铁甲舰之一“亚历山德拉”号上。马耳他人在瓦莱塔港第一次见到来自巴西的军舰，充满钦佩之情，在此之前，从未有带圣十字之地（Santa Cruz）[④] 标志的舰船到过这里。[⑤]

水兵们对“亚历山德拉”号充满好奇。在他们的坚持下，终于安排军官们前往参观。诺罗尼亚自豪地说，“西摩中将在一个星期天做了礼节性回访”。

马耳他是地中海群岛的一部分。该岛与西西里岛（Sicília）隔着一条海

---

① 《巴西历史地理学会学报》，第 174 册，1939 年，里约热内卢，国家出版局，第 375 页。
② 《商报》，里约热内卢，1880 年 5 月 3 日。路易斯·德·萨尔达尼亚（Luiz de Saldanha）3 月 21 日写于舰上。
③ 《圣保罗邮报》，圣保罗，1881 年 1 月 27 日。
④ 指巴西。1500 年 4 月 22 日，葡萄牙航海家卡布拉尔（Pedro Álvares Cabral）发现巴西，将这片土地命名为“圣克罗斯”，意为“圣十字”，并宣布为葡萄牙所有。——译者注
⑤ 《巴西海军杂志》，第 1 年，第 1 期，第 2 册，1882 年 1 月—6 月刊，第 73 页。

峡。它“长约28公里，宽15公里，主要城市有瓦莱塔和西塔维基亚（Citta Vecchia）[①]”，医生加尔迪诺在他的报告中这样描述。

利用短暂的休息时间，舰上官兵参观了瓦莱塔的防御工事、圣约翰教堂（igreja de São João）、总督府和一些博物馆。在官兵们的描述中，高大的教堂有银色的祭坛和栏杆，马耳他骑士团缔造者们的雕像是用青铜和大理石制成的。教堂旁边有一个博物馆，他们在那里看到了一件古代兵器、铠甲和骑士团一名成员重达30多公斤的铁帽子。[②]

路易斯·德·萨尔达尼亚说，在这个博物馆里，“人们似乎能够感受到那些穿着沉重铠甲、手持长剑的骑士的心跳，如今，他们站在这里不过是猎奇之物。然而，曾几何时，他们却筑起了抵御伊斯兰教狂潮、保卫基督文化的屏障”[③]。

巴西人还得到英国总督博顿将军（Borton）的批准参观了也许是马耳他最好的防御工事圣埃尔莫堡。诺罗尼亚认为，“与现代大炮相比，圣埃尔莫堡令人失望，其严重缺陷在于弹药库过于暴露”。总督的一名助手陪同巴西人参观，并带他们见到了“在祖鲁战争（guerra dos Zulus）[④]中因抛弃年轻的拿破仑王子（Luis Eugenio Napoleão）而声名狼藉的英国中尉凯里（Carey）”[⑤]。

英国人带来的改进引起了加尔迪诺医生的注意。“这里的土壤是不具有生产能力的石灰岩，植物生长在花大价钱从其他地方运来的腐殖土土层上，收获的物产有蔬菜、棉花、橙子、无花果，以及其他水果；饲养牲畜，石头被清除。马耳他的人口估计有12万，为意大利人和阿拉伯人混血，大部分人说意大利语。虽然在政治上属于英国，但是，它却自认为是意大利领土的一部分。它的建筑很特别，以摩尔式建筑为主，同时保留着其原始建筑风格。街道普遍

---

① 即现在的姆迪纳（Mdina）。——译者注
② 《圣保罗邮报》，圣保罗，1881年1月27日。
③ 《商报》，里约热内卢，1880年5月3日。路易斯·德·萨尔达尼亚，3月21日写于舰上。
④ 指1879年英国与南非祖鲁王国之间爆发的军事战争，也称英祖战争。——译者注
⑤ 《巴西海军杂志》，第1年，第1期，第2册，1882年1月—6月刊，第73页。

狭窄；房屋建筑特点是屋顶有平台、小窗户、窄门。在街角，仍然可以看到供奉着先贤的塑像、遗骨的壁龛。即使在今天，天主教在该国仍占主导地位。方济各会教堂有地下墓穴，那里保存着自 1786 年以来逝去的修道士的骸骨……在总督府的院子里，我们看到一门用金银打造的大炮，其回声相当响亮。”[①]

在马耳他岛，护卫舰人员得到了巴西领事朱塞佩·福利埃罗·德·卢纳（Giuseppe Folliero de Luna）和副领事的帮助。

① 舰队首席外科医生加尔迪诺·西塞罗·德·马加良斯提交的《环球航行期间“维塔尔·德·奥利维拉”号护卫舰医学报告》，国家印务所，里约热内卢，1881 年，第 39 页。

埃及苏伊士运河塞得港
图片来源：玛丽·克里斯蒂娜·斯克玛佐恩

埃及 苏伊士运河 塞得港

3月22日，“维塔尔·德·奥利维拉”号起锚，于8天后抵达苏伊士运河的门户塞得港（porto Said）。离开马耳他2天后，问题来了：海上狂风巨浪。因此，“我们改用暴风主帆航行”①。此时，护卫舰正在利比亚的苏尔特湾（golfo de Sirte）航行，这里“曾经是水手们的恐怖之地”②。糟糕的是，天气变得更加恶劣。“狂风肆虐（风速为40节），短时间内，海浪便达到了5米高度；大海随后变得暴躁、波涛汹涌、变幻莫测，导致我们失去了背风舷的帆桁（高桅帆的一个接桅和舰首斜三角帆的桅杆），它们的卸扣和索扣的销子粉碎了。迎风方向，纵轴的摆动为14度，背风方向为25度。”③ 诺罗尼亚舰长感到满意，再次表示这艘护卫舰具有“卓越的航海品质”。

3月27日上午，军舰经过了干地亚岛（ilha de Candia），邂逅了一场美景：阳光照在雪山顶上。3月30日凌晨1点10分，大家终于远远望见了塞得港的电力灯塔。“我们不打算抛锚，于是，直至早晨一直漂在海上，同时，注意不要让舰上的红色信号灯太过显眼，以便保持在外锚地最好的位置。这里已经停

① 《巴西海军杂志》，第1年，第1期，第2册，1882年1月—6月刊，第74页。
② 《巴西海军杂志》，第1年，第1期，第2册，1882年1月—6月刊，第75页。
③ 《巴西海军杂志》，第1年，第1期，第2册，1882年1月—6月刊，第76页。

泊了许多轮船。天大亮的时候，引水员登舰了。我们前往拉戈灯塔（farol do Lago），它是海峡中轴线的标志，而它的标志物则是漂浮小灯标，西边的是红色，东边的是绿色。3 月 30 日早上 7 时，在连接地中海的苏伊士运河的门户塞得港不大的港区里，我们将舰首和舰尾系在了两个系揽桩上。”① 当天上午，军舰开始接收煤炭和 10 吨水。此时舰上有 6 人被囚禁，另有 2 人被单独监禁。② 从马耳他到塞得港，军舰用时 8 天，行程 1163 海里（用蒸汽机航行了 6 天 7 小时；仅用风帆航行了 41 小时）。③

新事物

苏伊士运河全长 120 公里，始于塞得港，止于苏伊士城，于 1869 年通航。这是“维塔尔·德·奥利维拉”号第二次穿越运河。第一次是在 1877 年。此次舰上至少有一人是第二次经过这里：杜阿尔特·于埃·德·巴塞拉尔·平托·格德斯少尉。

当穿过通往港口的航道时，大家注意到用石块垒筑的防波堤。当时，塞得港还是新落成的小城，在诺罗尼亚舰长看来，它与巴拉圭（Paraguai）的塞里托岛（ilha do Cerrito）非常相似。塞得港的地理位置使其成为棉花和尼罗河三角洲（delta do Nilo）产品的集散地。

在“维塔尔·德·奥利维拉”号抵达这里的几天前，瑞典的“维加”号（Vega）刚刚离港。这个消息令舰上官兵感到沮丧。“维加”号正在完成“此前三个半世纪都未能成功的困难重重的航行”，而就在此次航行中，他们揭开了又一个自然之谜，为探险者们，即为探险成功做出了最大贡献的诺登舍尔德

① 《巴西历史地理学会学报》，第 174 册，1939 年，里约热内卢，国家出版局，第 379–380 页。

② 《值班日志》和《舰上人员登记册》手稿档案 2013（IVM 2013），第 196 页。

③ 国家图书馆手稿，I–9–1– nº.14，第 41 页。

（Nordenskiold）[①] 和帕兰德（Louis Palander）船长，带来了不朽荣耀。[②]

塞得港建成于 1859 年。它有 1 万名居民，距离开罗 150 公里。加尔迪诺医生不喜欢这座城市。“街道狭窄，房屋建筑毫无美感，市场又脏又乱，极度贫困。尽管海上轮船来来往往，但是，外观漂亮的房屋却寥寥无几。咖啡馆一般都比较整洁，装饰、乐队都不错。但是，其内部却隐藏着两个可怕的社会创伤（音乐掩盖下的卖淫和隔壁房间的轮盘赌游戏）。它的居民多为埃及人、土耳其人、瓦拉几亚人（valachia）、摩尔多瓦人（moldávio）、欧洲人。塞得港夏季炎热，其他季节气候宜人。可以把它看作炎热的国家，却不是热带国家。冬季通常寒冷，1 月份最冷，平均气温可达 11ºC ~ 12℃。夏季相当干热，8 月份的平均气温为 24ºC。”[③]

伊斯梅利亚

3 月 31 日早上 6 点，收到煤之后，护卫舰开始在苏伊士运河航行，10 小时之后到达了伊斯梅利亚（Ismaília）。[④] 3 月 31 日早上 5 点 30 分和 6 点 10 分，红海引水员和苏伊士运河引水员分别来到舰上。“军舰收缆，6 时 30 分，全速起航。”[⑤] 7 时 53 分，通过运河第一站；8 时 58 分，通过第二站；9 时 55 分，通过第三站；11 时 40 分，通过第四站。第三只小艇被吊放至舷侧，以备在必要时提供帮助。下午 1 时，军舰停泊在运河第六站岸边，给从相反方向驶来的

① 在那次航行中，他成为第一位沿西伯利亚（Sibéria）海岸穿越（连接大西洋和太平洋的）东北航道（Passagem do Nordeste）的海上探险家。他于 1878 年从瑞典的卡尔斯克鲁纳（Karlskrona）启航，向北航行到挪威（Noruega），然后，转向东面向西伯利亚航行，在这里绕过切留斯金角（cabo Cheliuskin），继续向阿拉斯加（Alasca）前进，到达克拉伦斯港（Porto Clarence），由此前往日本，于 1879 年到达横滨（Yokohama）。在返回瑞典时，经过了苏伊士运河。

② 《巴西历史地理学会学报》，第 174 册，1939 年，里约热内卢，国家出版局，第 381 页。

③ 舰队首席外科医生加尔迪诺·西塞罗·德·马加良斯提交的《环球航行期间“维塔尔·德·奥利维拉”号护卫舰医学报告》，国家印务所，里约热内卢，1881 年，第 42 页。

④ 《圣保罗邮报》，圣保罗，1881 年 1 月 27 日。

⑤ 《值班日志》和《舰上人员登记册》手稿档案 2013（IVM 2013），第 197 页。

两艘英国轮船让出航道。下午 5 点，进入提姆萨赫湖（lago Timsah）并停泊在伊斯梅利亚。第二天，一艘驳船驶来，运走了锅炉的灰渣。那天下午，官兵们洗了一个盐水浴。①

这一段运河穿过一片湿润的沙地平原，唯一的例外是位于坎塔拉（Kantara）以北被称为“营地”的地方，那里河岸很高。“运河东侧平原高于水面，西侧则地势较低，当尼罗河泛滥时，这里便会被淹没。在孟沙勒（Menzaleh）一侧，运河被泥沙筑成的类似墙的障碍物隔开。从坎塔拉到拜拉赫湖（lago Ballah）北端，航道长 9.5 海里，其中有 2.5 海里长的航道两边是八九米高的沙脊。当微风吹过时，沙尘会遮住视线并落在航道内。这段运河有两站。在拜拉赫湖和提姆萨赫湖之间，航道的两岸是 11 至 12 米高的沙脊。在吉萨（El-Guisr）附近，人们在石灰岩地层上开挖出航道，这解释了为什么吉萨与提姆萨赫湖、伊斯梅利亚城之间的航道为弯道的原因。穿过这一段运河之后，赫迪夫宫（Palácio de Khediva）映入眼帘。”②

伊斯梅利亚位于苏伊士运河的中段。（1880 年 5 月 13 日）《商报》刊登了该报记者从“维塔尔·德·奥利维拉”号发来的、写于 1880 年 4 月 5 日的文章。在这篇文章中，记者激动地说：“当一个人身处沙漠，目力所及连一棵树、一丛灌木甚至一片苔藓都没有的时候，看到了如此雄伟的建筑，他的感受是无法言说的，我再说一遍。这是一个壮举，这样的能力和智慧足以令人感到骄傲。”

异域风情

伊斯梅利亚距离塞得港 68 公里，锚地宽敞，水深为 5 至 7.5 米，可以容纳许多船只。对于想游览开罗的人来说，这里是绝佳起点。巴西人就是这样做的。他们从伊斯梅利亚乘火车来到离尼罗河右岸不远的埃及首都。在当时，埃

① 《值班日志》和《舰上人员登记册》手稿档案 2013（IVM 2013），第 199 页。

② 《巴西海军杂志》，第 1 年，第 1 期，第 2 册，1882 年 1 月—6 月刊，第 145-146 页。

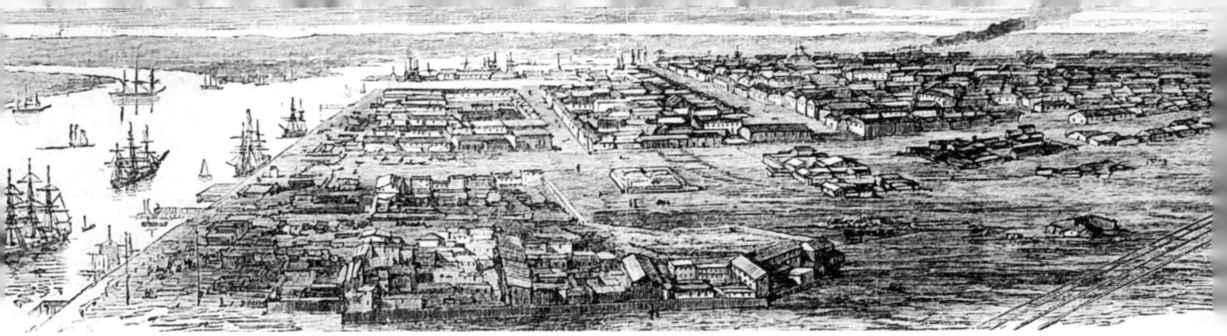

埃及塞得港——苏伊士运河的起点
图片来源：玛丽·克里斯蒂娜·斯克玛佐恩

及的人口约为35万。在经过伊斯梅利亚时，即将与外交使团一同前往中国的埃利西奥·门德斯在他的文章[①]说，他看到“维塔尔·德·奥利维拉”号在那个港口停泊。

加尔迪诺医生说，这座城市“被分成许多带门的街区，又分为新城区和老城区。老城的街道蜿蜒曲折、狭窄而肮脏；房屋的装饰多，市场狭窄而拥挤。新城完全按照欧洲最现代化的城市体系建设，有很长的林荫马路、整齐并且相当宽阔的街道、漂亮的建筑，在这里，欧洲人的生意很好。清真寺的数量超过200座，尤以大清真寺最为著名，它全部用白色大理石建造，堪称建筑杰作。在穆盖塔姆市（Mokattam），有总督府（palácio do vice-rei）、造船厂、大清真寺（grande mesquita）和著名的约瑟井（poço de José）。开罗有许多学校和慈善机构。伟大的穆罕默德·阿里（Méhémet-Ali）建立了棉布、亚麻布、武器制造业，等等。这里的人口来自东方各国，也有大量欧洲人，有包括天主教在内的所有宗教的寺庙教堂。我们有机会观看了一些宗教仪式，比如托钵僧的旋转舞仪式。布拉格博物馆（Museu Boulak）馆藏极其丰富，摆满了埃及文物”[②]。

金字塔

第二天，我们的游客必然去参观的是金字塔。他们有的坐畜力车，有的骑

① 《新闻报》，里约热内卢，1880年9月7日。
② 舰队首席外科医生加尔迪诺·西塞罗·德·马加良斯提交的《环球航行期间“维塔尔·德·奥利维拉”号护卫舰医学报告》，国家印务所，里约热内卢，1881年，第43–44页。

驴，做的第一件事情就是爬到齐阿普斯金字塔（pirâmide de Quéops）[①] 的顶上，并在顶部的石头上刻下他们自己和护卫舰的名字。[②] 爬上金字塔并非易事，但是，到达顶部便可一览美丽的风景。从这里，可以看到远处古孟菲斯金字塔（pirâmides da antiga Mênfis）和一望无际的沙海！

恢复体力之后，游客们开始往下走，进入金字塔的地宫，这里是法老的墓室。"参观地宫极其危险，因为绝不能相信向导。除了这座金字塔之外，还有另外两座，只有向导才能攀登上去。在第一座金字塔附近，有一个狮身人面像神庙，那里也需要进入地宫才能欣赏到支撑古庙的巨大花岗岩石柱。入口处的巨大狮身人面像令人赞叹不已。为了让你们对它们的体量大小略知一二，我只能说，在参观中，一位向导爬了上去，在狮身人面像的一只耳朵上自由行走。"

记者埃利西奥·门德斯比"维塔尔·德·奥利维拉"号的巴西人早几天到过金字塔。他在为报纸写的文章中说，刻在这里的葡萄牙人名字并不多。"在那些需要请懂象形文字的人破译的文字中，用小刀刻在平台中央石头上的只有以下这些葡萄牙语名字：'佩德罗二世——1877'，再上面，'吉马良斯'，走过左侧边缘，'马塞多'。"[③]

在做了现代游客无法想象的事情之后，我们的水兵们心满意足地返回了开罗。在那里，他们得到了巴西名誉副领事 N. D. 科马诺斯（N. D. Comanos）的帮助，一些埃及军官参观了护卫舰。

4 月 4 日，军舰启程前往苏伊士港。在这段航行中，他们穿越了非常辽阔的苦湖（Lagos Amargos）盆地[④]，"地球经历的变化曾夺走了它的水，人类之手重新引来了水"[⑤]。从苦湖到苏伊士湾（baía de Suez），运河经过了一道道沙脊和石灰岩地形。在此段航程结束后，诺罗尼亚提到引起他注意的事情时说：

---

① 即胡夫金字塔。——译者注

② 《圣保罗邮报》，圣保罗，1881 年 1 月 27 日。

③ 《新闻报》，里约热内卢，1880 年 9 月 7 日。

④ 这些盆地是海洋退去后留下的，不再有补给水源，自古以来一直干涸。

⑤ 《商报》，里约热内卢，1880 年 5 月 13 日。舰上记者的文章。

“我们从塞得港到苏伊士 86 海里的航行比较轻松，因为整个航道都有导航标志。苏伊士外锚地没有遮风挡雨的地方，但是，海湾里有一个极好的码头，可以接待急需装卸作业的船只。在运河北端，潮汐流取决于地中海的水位，而在南端，则对苏伊士湾水流的运动起着推波助澜的作用。然而，这种影响未波及到苦湖以南。在苦湖和提姆萨赫湖都没有观察到潮汐流。在东侧，运河在卡德尔－埃尔－马拉克普（Kaddel-el-Marakeb）沙洲上有一道堤坝，以阻止海湾潮汐流带来的泥沙。”

规定限速 5 节。“军舰总是拖着一艘小艇航行，配备有锚链，以备遇有需让行迎面来船的时候辅助停泊之用。当航行畅通或中断时，各站会通过信号提前发出预告。我们不能不对这项宏伟的工程表示敬意，它曾一度被认为是不可行的，但是，它本身已经可以享有与我们近百年来塞尼山（Monte Ceniss）和圣哥达山口（S. Gothardo）工程相媲美的不朽美名。然而，我们不要忘记众所周知的苏伊士地峡运河的主要工程师雷赛布（Ferdinand Lesseps）的名字。”①

苏伊士市自古以来缺饮用水，1863 年才有了一条淡水运河。“维塔尔·德·奥利维拉”号来到这里的时期，它有 15000 名居民。“城市建设差，街道狭窄而曲折，房屋简陋，街市很多……贸易品类广泛，包括欧洲的产品、土耳其的地毯、叙利亚的刺绣织物，以及小麦、蚕豆、枣、无花果、咖啡、熏香、象牙、蜡、螺钿和鸵鸟羽毛。在城市的南部，新城正在建设中，我们在那里看到了一个极好的码头。……城市人口非常混杂，身穿欧式服装、只保留了红色直筒高帽的埃及人显得突出。人们还注意到叙利亚的孩子们、埃及的农民、西奈半岛的阿拉伯人、印度次大陆拜火教教徒、森纳尔（Sennar）的黑人和土耳其人。最近，这个城市由于咖啡产量的增加而变得非常重要。”②

在经过运河时，舰上官兵的健康状况开始令人担忧。一名水兵因肺炎被留在苏伊士军人医院。这位名叫弗朗西斯科·德·热苏斯（Francisco de Jesus）

---

① 《巴西海军杂志》，第 1 年，第 1 期，第 2 册，1882 年 1 月—6 月刊，第 146-150 页。

② 舰队首席外科医生加尔迪诺·西塞罗·德·马加良斯提交的《环球航行期间“维塔尔·德·奥利维拉”号护卫舰医学报告》，国家印务所，里约热内卢，1881 年，第 45 页。

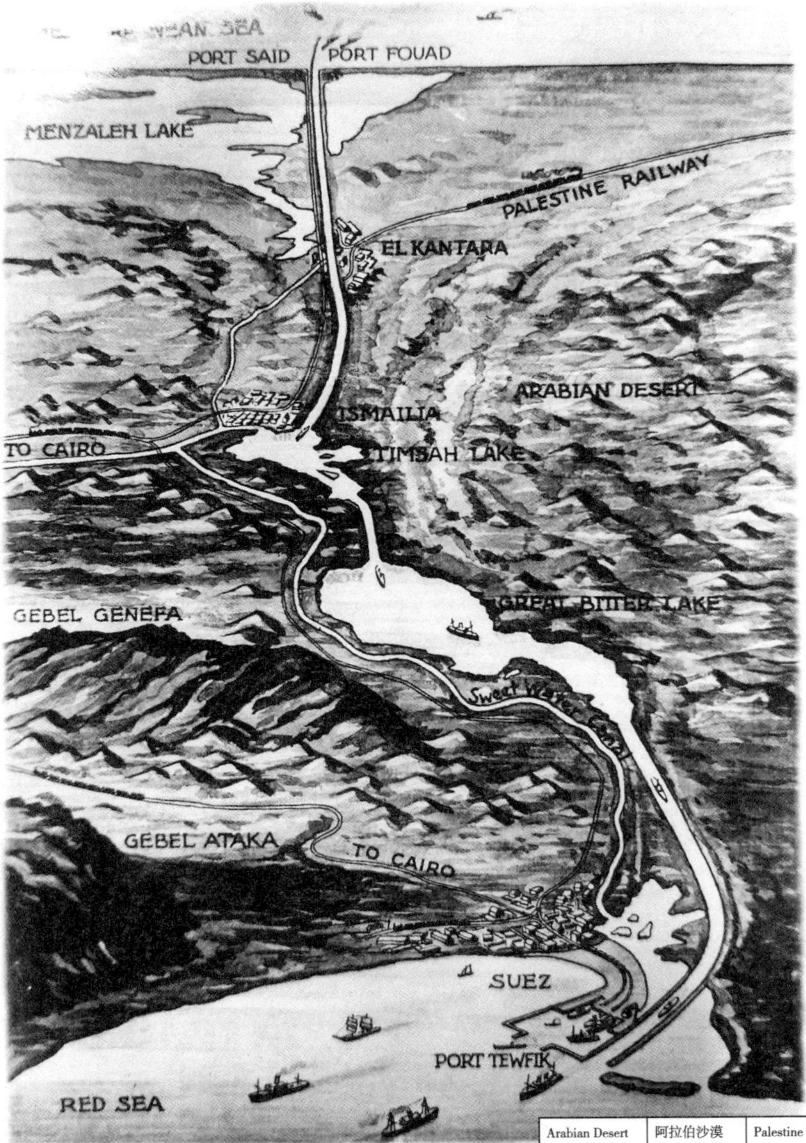

苏伊士运河地形图

图片来源：玛丽·克里斯蒂娜·斯克玛佐恩

Arabian Desert	阿拉伯沙漠	Palestine Railway	巴勒斯坦铁路
Cairo	开罗	Port Fouad	福阿德港
El Kantara	坎塔拉	Port Said	塞得港
Gebel Ataka	阿塔盖山	Port Teweik	陶菲克港
Gebel Genefa	朱奈费山	Red Sea	红海
Great Bitier Lake	大苦湖	Suez	苏伊士
Ismallia	伊斯梅利亚	Sweet Water Canal	甜水运河
Menzalen Lake	孟沙勒湖	Timsah Lake	提姆萨赫湖

的士兵死在了那里。[①]“其他在欧洲治疗过的处于睡眠状态的病例此时突然醒来了，”忧心忡忡的加尔迪诺在报告中这样写道，“阳光直射在运河两岸非洲和亚洲的沙地上，热得令人难以忍受。”[②]

① 舰队首席外科医生加尔迪诺·西塞罗·德·马加良斯提交的《环球航行期间“维塔尔·德·奥利维拉”号护卫舰医学报告》，国家印务所，里约热内卢，1881 年，第 95 页。

② 里约热内卢帝国医学院通讯员、舰队首席外科医生加尔迪诺·西塞罗·德·马加良斯提交的《环球航行期间“维塔尔·德·奥利维拉”号护卫舰上脚气病病程》，里约热内卢，国家印务所，1882 年，第 11，12，13 页。

也门亚丁湾
图片来源：玛丽·克里斯蒂娜·斯克玛佐恩

也门　亚丁湾

1880 年 4 月 6 日早上 8 点 45 分[①]，护卫舰离开苏伊士市，驶向苏伊士湾（golfo de Suez）和红海（mar Vermelho）。军舰原计划直航亚丁（Áden），中途不做停留，但是，如果航行不顺利，将停靠吉达（Jiddah）补充燃料[②]。下午 4 点，舰员们激动地看到了西奈山（monte Sinai）。阿拉伯引水员米辛·阿勒·巴希尔（Mischin–al–Bischir）帮助引导护卫舰。[③]

诺罗尼亚舰长抱怨苏伊士湾的灯光，尤其是红海入口处附近的灯光。[④] 当时，忽然刮起了强劲的南风，"伴随着浓雾，我们在苏伊士湾滞留了 24 个多小时。在 4 月，南风之后常常会有被命名为'埃及风'的猛烈西风暴，但是，这

① 《佩德罗二世》，塞阿拉省，1881 年 3 月 3 日。
② 《商报》，里约热内卢，1880 年 5 月 13 日。
③ 国家图书馆手稿，I–9–1–nº.14，第 50 页。
④ 《巴西历史地理学会学报》，第 174 册，1939 年，里约热内卢，国家出版局，第 386 页。

次的西风却是温和的”[①]。

4月7日至11日晚上8点，护卫舰一直靠风帆航行，当一切归于平静的时候，机器被启动了。天气炎热，“机舱内温度竟达到了40℃，锅炉房温度升至48℃”[②]。4月8日上午，舰上人员记录了努比亚（Núbia）[③]沿岸地区的最高温度。9日晚间，“他们观测到了大量流星，值得注意的是，一颗明亮的流星在海平线上空划过整个天秤座和天蝎座”[④]。

12日上午，他们发现一艘大型轮船搁浅在祖卡（Zurkur）海滩的礁石上。第二天早上，“从穆哈（Moka）前往丕林岛（Perim）的途中，南风作用下产生的汹涌海流使我们难以前进，直到4月13日上午11时，我们才发现了丕林岛，方位西北72°，距离为1.7海里。我们从丕林岛和曼德海峡角（Ras-Bab-el-Mandeb）之间穿过曼德海峡（estreito de Bab-el-Mandeb），进入了亚丁湾（golfo de Áden）”[⑤]。4月13日晚上，“鉴于哈尼什群岛（Harnich）和丕林岛之间的航道狭窄，军舰为更好地定位进行了数次校正”[⑥]。现在，他们全速航行，4个锅炉同时工作，正常航速7节。

经过9天航行，4月14日黎明时分，亚丁港的灯塔遥遥在望。军舰等到天亮驶入了港口，并于早上6点50分抛锚。这个地方被称为“斯蒂默角”（Steamer Point）。“我们在红海和亚丁湾的航行距离为1134海里，加上在苏伊士湾航行距离182.5海里，总共航行了1316.5海里，航速6.93节”，舰长这样写道[⑦]。

进入亚丁湾并非难事。“只要舰艇对准灯塔东北偏北方位，便可以避开所有岬

---

① 《巴西历史地理学会学报》，第174册，1939年，里约热内卢，国家出版局，第386页。
② 《巴西海军杂志》，第00158期，1952年，第428页。
③ 国家图书馆手稿，I-9-1-nº.14，第53页。位于尼罗河流域地区，现为埃及和苏丹。——译者注
④ 国家图书馆手稿，I-9-1-nº.14，第55页。
⑤ 《巴西历史地理学会学报》，第174册，1939年，里约热内卢，国家出版局，第387页。
⑥ 国家图书馆手稿，I-9-1-nº.14，第61页。
⑦ 《巴西海军杂志》，第1年，第1期，第2册，1882年1月—6月刊，第151页。

角。岬角是唯一要避免的危险，因为航道内是畅通的。要进入内港，需在灯塔船附近接上正在港区入口处记录水量的引水员。由于泰赫岬角（Taih）的遮挡，从东北东方位登陆或入港的船只看不到迈尔舍格角（Ras–Marshig）灯塔。”

红海交通繁忙，标识却很差，“它的水文图强差人意。天空晴朗透彻，不过，海平线上常常会出现一条 5° 至 8° 高的雾带，夜间更浓。在吉达以南，即使在好天气，浓雾亦会笼罩住海平线。陆地从不露面，露水总是很丰富。海流取决于盛行的风，风的力量和波涛的汹涌程度成正比。来自北方的风使水位降低，而来自南方的风使水位升高”。

该隐之墓

从土伦到亚丁的航行中，几天之内，温度上升了 22℃。在穿越红海和在阿拉伯城市（亚丁）时，温度都大幅上升，在阴凉处，温度也在 27℃到 31℃之间波动！[①]

亚丁半岛（península de Áden）位于阿拉伯半岛（Arábia）西南部。亚丁港扼守红海门户，在古代和中世纪因其贸易而备受重视。在“维塔尔·德·奥利维拉”号经过这里时，它是大英帝国最重要的港口之一，自 1839 年，即拉赫季苏丹（sultão Lahy）时代，便处于英国统治之下。除了其战略和政治重要性之外，它还出口穆哈咖啡，并为所有穿越红海的轮船供应煤炭。

“这座阿拉伯城市建在内陆约两英里处，向海的一面有陡峭的山峰和大型要塞。山口有一道门，晚上 9 点关闭。……它有 2 万人口，驻军 1000 人。人口混杂，包括阿比西尼亚（Abissínia）的黑人、犹太人、拜火教徒、阿拉伯人和少数欧洲人。一般来说，阿比西尼亚人生活中几乎赤身裸体，腰间缠着一块白布。犹太人和拜火教徒穿着宽大的长袍，头发剪得很短，只在头的前部两侧

① 里约热内卢帝国医学院通讯员、舰队首席外科医生加尔迪诺·西塞罗·德·马加良斯提交的《环球航行期间“维塔尔·德·奥利维拉”号护卫舰上脚气病病程》，里约热内卢，国家印务所，1882 年，第 12 页。

留几缕头发。”①

引起舰员们注意的是这个过去缺水的城市为了给居民提供用水而在岩石上开凿的巨大蓄水池，不过，在1880年，这里已经拥有大量蒸馏设备，因此，用水充足。“土著人称这些蓄水池为‘摩西井’（poços de Moisés），其建造工程巨大，为葡萄牙人带来了荣誉。在这个花岗岩的世界，几乎没有一丝降雨缓解烈日的炙烤，也看不到任何植物的影子：寸草不生的土地裸露着，被太阳晒得滚烫。民间传说中人类第一个刺客的墓地是这样苍凉、肃穆”②，诺罗尼亚这样写道。他说的是亚伯（Abel）的哥哥该隐（Caim）死在这个地方的传说。③

也门，穆哈海
图片来源：玛丽·克里斯蒂娜·斯克玛佐恩

4月17日，巴西人将水兵卡米罗·若泽·弗朗西斯科（Camillo José Francisco）和马科斯·马查多·德·奥利韦拉（Marcos Machado de Oliveira）留在了亚丁的英国医院，他们两人得了肺结核。加尔迪诺医生认为，他们在那

① 舰队首席外科医生加尔迪诺·西塞罗·德·马加良斯提交的《环球航行期间“维塔尔·德·奥利维拉”号护卫舰医学报告》，国家印务所，里约热内卢，1881年，第47页。
② 《巴西海军杂志》，第1年，第1期，第2册，1882年1月—6月刊，第152页。
③ 《周刊》（Revista da Semana），第46年，1945年1月27日出版，第4期，第22页。

里“只停留3天，将会乘坐即将抵达这里的法国邮轮前往马赛。……我们认为最好让他们回里约热内卢去”。在亚丁，舰长诺罗尼亚生病了，患的是“严重的脑炎，幸亏痊愈了”。[①]

西班牙公使也留在了亚丁，他急于前往中国，处理已经签署的向秘鲁移民的相关协议问题。他将乘坐一艘轮船，直接前往香港。

所有的人都在抱怨这个地方的炎热和荒凉。加尔迪诺说：“天气酷热。除了低纬度之外，寸草不生的火山山脉增加了热的程度。太阳照在本就贫瘠的山上，地上蒸腾的热更加使这座城市倍感煎熬。……幸运的是，温柔的海风缓解了热浪，若不然，外国人将难以忍受。不过，这样的气候是有益的，无疑是由于它的干燥。”[②]

或者正如“维塔尔·德·奥利维拉”号上的记者所写的那样，“亚丁可以被称为‘荒凉之地’。无法想象还有比这里更干旱、更贫瘠的地方，竟找不到一片苔藓来缓解被沙地上太阳的反光灼得疲惫不堪的眼睛”[③]。

4月19日上午，护卫舰离开了港口。

---

① 里约热内卢帝国医学院通讯员、舰队首席外科医生加尔迪诺·西塞罗·德·马加良斯提交的《环球航行期间“维塔尔·德·奥利维拉”号护卫舰上脚气病病程》，里约热内卢，国家印务所，1882年，第15页。

② 舰队首席外科医生加尔迪诺·西塞罗·德·马加良斯提交的《环球航行期间“维塔尔·德·奥利维拉”号护卫舰医学报告》，国家印务所，里约热内卢，1881年，第47页。

③《累西腓报》，伯南布哥省，1880年6月15日。

美丽的加勒角
图片来源：玛丽·克里斯蒂娜·斯克玛佐恩

斯里兰卡　锡兰　加勒

在印度洋（oceano Índico）航行了13天多一些之后，1880年5月2日，护卫舰停泊在加勒角，一个因采珍珠而闻名的港口。它位于锡兰岛（ilha de Ceilão）南部，即现在的斯里兰卡（Sri Lanka）。在这段航行中，向东的洋流不断推着军舰，“海面平静，微风习习”，迫使航海的人们不得不“经常使用机器航行”。[①] 另一个经常出现的问题是天气炎热。

对于长时间在沙漠地区航行的人们来说，岛上生机盎然，这令他们惊喜不已。“我们终于来到了印度这片充满奇迹、魔幻故事、地下奇观、伟大历史记忆的土地……我们还没有踏上陆地，但是，望着仿佛绿色帷幔似的掩映着整个海岸的茂盛植被，我们看倦了阿拉伯贫瘠海岸的眼睛终于可以休息了，目力所及尽是仿佛我们祖国的令人陶醉的沃野。……许多船只纷纷围住了护卫舰，当

① 《巴西海军杂志》，第1年，第1期，第2册，1882年1月—6月刊，第194页。

地人仿佛要登上舰来……必须好好观察那些船上形形色色的人：僧伽罗人，他们五官精致、端正，头发用一把玳瑁梳固定在头顶；摩尔人，鼻子扁平，目光炯炯有神；马拉巴尔人，粗鲁，但是，他们也是执着的商人，总是向刚来的人拼命兜售他们的商品”,《商报》的记者于5月3日不无惊讶地这样写道。[①]

诺罗尼亚舰长对把这座城市归为弃城的做法不以为然：“英国政府将所有注意力集中在科伦坡（Colombo），放弃了加勒角。但是其地理位置优越，是欧洲和亚洲之间所有航行的中转站。”[②]

他说：“城市建有围墙，并有一个炮台（大炮安放在沿墙设置的垛口处，以便从上方射击）。炮台是葡萄牙人建造的，并无提示人们注意的纪念标识。”然而，“最好看的是墙外的人行道，它们沿海边漂亮的道路而建，路旁是高大的椰子树和僧伽罗人的草屋。尽管这些道路维护得很好，但是，并不比我们帕拉省（Pará）的道路更漂亮。锡兰岛的英国海军基地在亭可马里 (Trincomale)[③]，那里有一个小型英国船厂。从远处看，虽然不是绝无可能，但也很难区分没有胡子的僧伽罗人的性别，因为他们的着装和发型都是一样的”。[④] 带着几分诗意和为葡萄牙人的成就感到的骄傲，诺罗尼亚说：“传统意义上，古塔普罗巴纳（Taprobana）[⑤] 是人类的摇篮，是人间天堂。”

① 刊登于1880年6月27日《商报》。

② 《巴西历史地理学会学报》，第174册，1939年，里约热内卢，国家出版局，第389页。

③ 葡萄牙人在17世纪修建的海港城市。

④ 《巴西海军杂志》，第1年，第1期，第2册，1882年1月—6月刊，第196页。

⑤ 这是古希腊人对斯里兰卡的称呼。1519年，葡萄牙人在锡兰建立拓居地。1657年，遭到荷兰人和当地人的驱逐。路易斯·德·卡蒙斯（Luís de Camões）在《卢济塔尼亚人之歌》（Os Lusíadas）第一节中提到塔普罗巴纳：“威武的船队，强悍的勇士，/ 驶离卢济塔尼亚西部海岸，/ 越过自古茫无人迹的海洋，/ 甚至跨越塔普罗巴纳，/ 经历千难万险，无穷战争，/ 超出人力所能承受的极限，/ 在那荒僻遥远的异域，/ 将灿烂辉煌的新帝国拓建。”

非同寻常

穆达和喀拉多前往当时的首都科伦坡拜见了该岛的英国总督，除此之外，他们还按照农业部长锡宁布的指示，访问了几个咖啡种植园，参观了咖啡加工过程①，并且，还应弗鲁米嫩塞帝国农业研究所（Imperial Instituto Fluminense de Agricultura）的要求，购买了许多当地的苗木和种子，“其中包括因高大、优雅、耐活闻名的锡兰巨型棕榈树”②。他们还参观了一些佛教寺庙和一个植物园，在园长、杰出的英国植物学家特里默博士（Dr. Trimm）的协助下，购买了原产当地的或由英国人在那里驯化的其他标本。

关于当地居民，加尔迪诺医生曾有过描述。据他说，当时岛上的人口超过两百万，有不同的分支。“维达人（weddah) 身材不高、弱小，几乎全部是黑人，生活在森林深处，并且几乎赤身裸体，被认为是岛上的原住居民。他们远离社会，住在岛上最人迹罕至的地方，以打猎为生，嫉妒心和报复心极强。据说在这个种族中很难找到有缺陷的男性，因为他们恪守英勇的斯巴达人的习惯，他们的孩子出生时如果出现畸形，便会被勒死。僧伽罗人身材匀称、敏捷，信奉佛教，文明程度很高……他们与印度人非常相似，风俗习惯和语言都来自印度。看起来，当佛教被逐出印度斯坦（Hindustão）海岸时，那些信奉佛教的人来到了锡兰避难……像印度人一样，他们不喜欢裤子，在腰部围一块长及脚踝的布，穿衬衫和坎肩，留长发并向后梳起，用玳瑁梳插进头发加以固定。”

物产丰饶

同样引起舰上人们注意的还有“这里的丰饶程度令人吃惊；两千多年来，印度的诗人们对这里土地肥沃赞美有加，该岛被认为是第一人的居住地。它

① 《圣保罗邮报》，圣保罗，1881 年 1 月 27 日。
② 《圣保罗邮报》，圣保罗，1880 年 8 月 11 日。

的山脉富有最珍贵的矿产；马纳尔湾（golfo de Manaar）盛产珍珠；它出产大米、咖啡、茶和极负盛名的肉桂；它的森林提供优质木材：乌木、柚木、椰木、菠萝蜜树、槟榔树和70米高的名为锡兰棕榈的巨树。在矿物界，盛产绿宝石、钻石、黄玉、蓝宝石、红宝石、蛋白石，等等。在动物界，这里有著名的大象……可用于农业耕种的水牛、出口到印度的良种马、角鹿、野兔、原麝、虎、豺等各种四足动物，等等，种类繁多的蛇，包括体形硕大的蛇。”①

征兆

从亚丁到加勒角的途中，舰上出现了若干踝关节肿胀病例。一开始，加尔迪诺将病因归于高温、潮湿、下雨，以及来自散发恶臭的底舱的瘴气。但是，病例不断增加。“底舱机房开始散发出令人作呕的气味，这是那里残留的积水和油脂造成的；这种气味污染了金属，使白色漆皮变黄。医生于是将肿胀病例归因于瘴气中毒，并据此确定了治疗方法。奎宁、砷酸钠、滋补药和功能食品、局部热水浴、用菲奥拉万蒂药膏揉搓、毛地黄、秋水仙、酒石盐和一些泻药控制住了一部分人的病情。然而，另一些人的情况则未见好转，肿胀发展到了腿部，行动乏力，双孖肌疼痛，上腹部不适，有的人出现呕吐、步态蹒跚、消化慢和其他一些被视为脚气病的症状……有的人的症状明显消退……有3人痊愈”②，但是，其他人仍在病中。

在这段航程中，护卫舰经过了若干港口，食物更加多样并令人满意，可能由于这个原因，舰上的病情有了好转。

炎热继续困扰着旅行者。荫凉处的温度有时竟超过40℃。整个泊锚期

① 舰队首席外科医生加尔迪诺·西塞罗·德·马加良斯提交的《环球航行期间“维塔尔·德·奥利维拉”号护卫舰医学报告》，国家印务所，里约热内卢，1881年，第49页。

② 舰队首席外科医生加尔迪诺·西塞罗·德·马加良斯提交的《环球航行期间“维塔尔·德·奥利维拉”号护卫舰医学报告》，国家印务所，里约热内卢，1881年，第97页。

间，全体舰上人员都是在“滚滚热浪”中度过的。[①] 5 月 8 日下午 2 点，护卫舰离开港口，它将穿过孟加拉湾（golfo de Bengala）和马六甲海峡（estreito de Malaca），前往新加坡。

① 国家图书馆手稿，I–9–1– nº.14，第 83 页。

新加坡港
图片来源：玛丽·克里斯蒂娜·斯克玛佐恩

新加坡

斯里兰卡到新加坡之间的航行被认为是危险的，因为途中必经孟加拉湾，那一带常有旋风。这条航线极其凶险，护卫舰离开加勒的前几天，马德拉斯塔天文台（Observatório de Madrasta）就曾预报一场“气旋性风暴”即将来临，“舰长据此下令加强护卫舰的舰尾系泊缆。事实上，气压计指针出现了反常的摆动，天气似乎要变得恶劣起来，但还没有发生什么特别的情况”[①]。经过一番小心翼翼的准备，一切必要的防御措施都已到位。3月12日下午，海岸线渐渐出现在舰员的眼前。首先眺望到的是马六甲岛（ilha de Malaca），景色变得极其“美丽”。[②] 那是马六甲海峡，陆地始终未曾离开舰员们的视线。5月15日下午，护卫舰停靠在马六甲锚地，因为他们不想在夜间穿越福尔摩沙海峡（canal de Formosa）[③]。据诺罗尼亚舰长说，那里“相当狭窄，海流湍急”[④]。

---

① 《巴西历史地理学会学报》，第174册，1939年，里约热内卢，国家出版局，第393页。
② 《圣保罗邮报》，圣保罗，1881年1月27日。
③ 指台湾海峡，欧洲早期称之为“福尔摩沙海峡”。——译者注
④ 《巴西海军杂志》，第1年，第1期，第2册，1882年1月—6月刊，第198页。

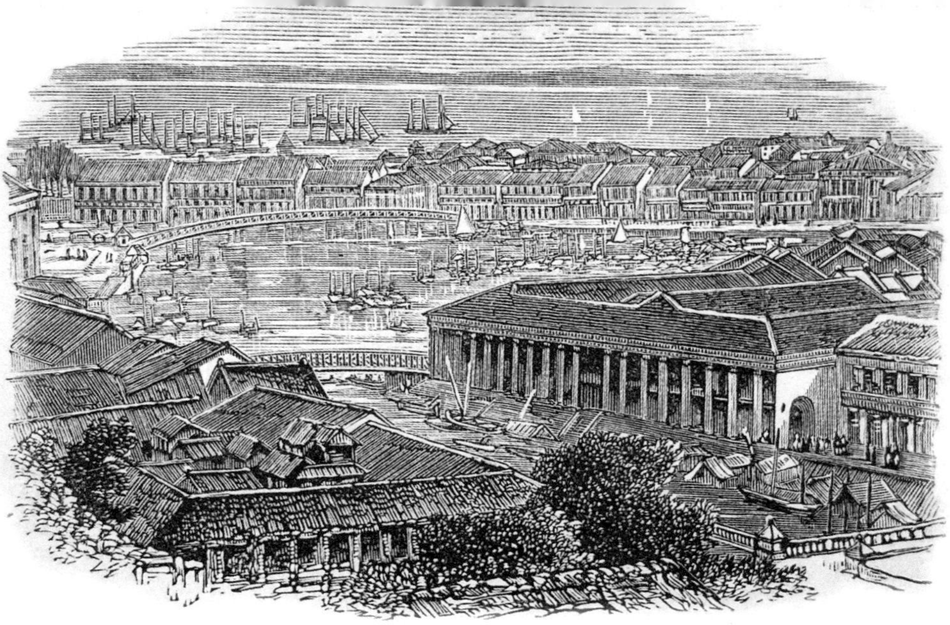

亚洲，新加坡港
图片来源：玛丽·克里斯蒂娜·斯克玛佐恩

终于，在离开亚丁 10 天后的 5 月 17 日上午，护卫舰在新加坡靠岸并短暂停留 3 天。港口里停泊着一艘护卫舰和两艘英国炮艇。1880 年，那是一个新港口（New Harbour），“船只装卸货物便利，码头宽敞，且煤炭储藏丰富”①。

位于新加坡岛的新加坡市美丽的动植物园引起了舰员们的兴趣。他们还注意到“这里的街道——真正的林荫大道——和当地一项重要的贸易活动。在这个地方，华人移民众多，有两万多外国人，其中大部分是英国人”②。

当时，新加坡是中国和印度之间贸易及欧洲、南亚、东亚和澳大利亚货物的重要中转站，同时，也是在亚洲海域航行的船只的补给点。该岛自 1819 年就归英国管辖。巴西驻新加坡领事是若泽·德·阿尔梅达（José de Almeida）。

阴雨连绵

加尔迪诺在对当地人稍加分析后认为：“男人们几乎个个身材匀称，体格强壮，相当健硕。不得不承认，我们万万没有想到中国人的体格会如此强壮。根据

① 《巴西海军杂志》，第 1 年，第 1 期，第 2 册，1882 年 1 月—6 月刊，第 200 页。
② 《圣保罗邮报》，圣保罗，1881 年 1 月 27 日。

我们在国内所了解的情况，我们原以为中国人身体弱小，因滥用鸦片而弱不禁风，没有能力从事经营性和生产性劳作。但是，令我们感到异常惊讶的是，他们精力充沛、体格健壮，干起活儿来劲头十足，并且相当聪明。他们在各行各业都受欢迎，因为除了不漫天要价，他们还十分节俭和有耐心。阿拉伯人主要从事东亚和南亚的商品贸易。马来人和爪哇人占人口的很大部分。他们的皮肤呈褐色，身材匀称，五官端正，勤劳且非常忠诚。他们身着长裤和无袖的短上衣，腰间缠着一块彩色的布，头上缠着包头。有些人则头戴尖顶的大草帽用以遮阳。马来人身上散发出浓重的椰子油味道，他们既用椰子油护肤，也用它护发。”[①]

在新加坡期间，每天下雨。据医生说，由于靠近赤道，这座城市气候炎热。即便在阴凉处，温度计显示的温度也在28℃至35℃之间。在此停留期间，两名脚气病患者病情有所好转，但是，从加勒到新加坡的途中，又有两人染疾。

护卫舰引起了当地人的注意。《海峡时报》（The Straits Times）报道了巴西军舰过境的消息，说："我们认为，这是第一艘访问新加坡港口的巴西军舰。"[②] 5月20日上午10时15分，护卫舰起锚，出发前往英国领地香港。那天天气阴沉。军舰在一名港口引水员的指挥下启程，这名引水员一直待到中午，临时担任舰长诺罗尼亚的工作，另一名引水员"是伯顿先生，他负责驾驶护卫舰前往香港"[③]。

此次航行遇到了一点麻烦。就在5月20日夜里，舰员们不得不关掉机器，"因为滑轨手柄的插销坏了。故障排除后，旅程方得以继续"。5月23日下午，机器再次停止运作，"因为一个冷凝器的阀门出现故障。修好之后，我们启动3台锅炉继续全速航行"。5月25日傍晚，舰艇前部的2台锅炉再次熄火，"原因是木质内衬出现了火灾苗头。航行只能使用军舰尾部的2台锅炉。此时，温度高达33.5℃"。[④]

---

① 舰队首席外科医生加尔迪诺·西塞罗·德·马加良斯提交的《环球航行期间"维塔尔·德·奥利维拉"号护卫舰医学报告》，国家印务所，里约热内卢，1881年，第51–52页。

② 《海峡时报》，新加坡，1880年5月22日。

③ 国家图书馆手稿，I–9–1–nº.14，第99页。

④ 国家图书馆手稿，I–9–1–nº.14，第101，104，107页。

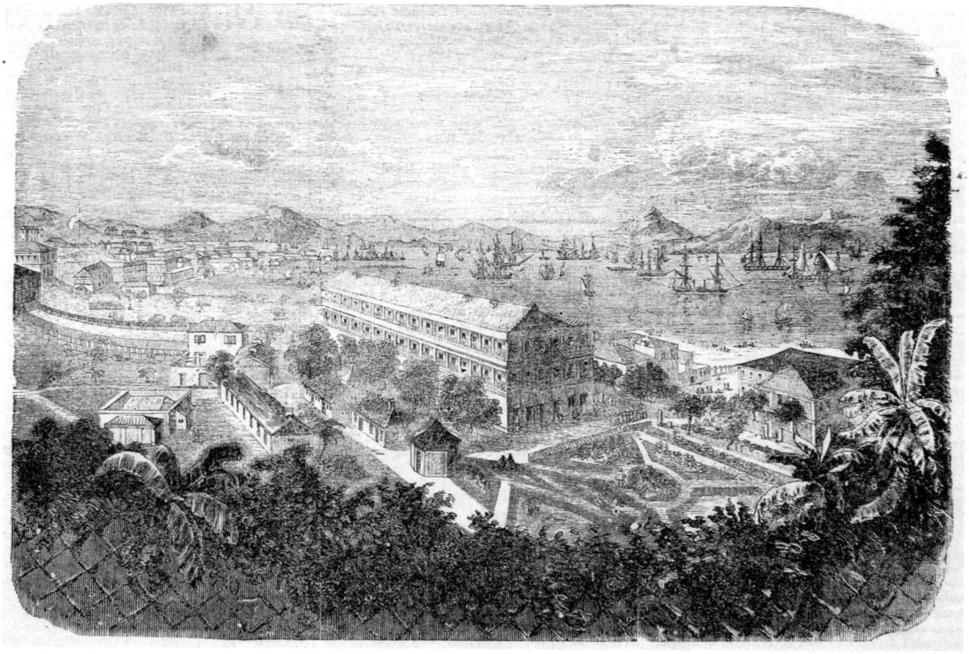

中国香港
图片来源：玛丽·克里斯蒂娜·斯克玛佐恩

中国　香港

护卫舰抵达香港变成了一场庆典。那是5月28日下午。在很长一段时间里，舰上人员除了向陆地鸣礼炮致敬，回应停泊在港口的来自世界各地的许多军舰的礼炮之外，别无他事可做。有人甚至计算了“维塔尔·德·奥利维拉”号鸣礼炮的次数：“11次”。[①]

下锚停泊之后不久，巴西驻香港领事阿戈什蒂纽·吉列尔梅·罗马诺（Agostinho Guilherme Romano）于当天晚上陪同他们登上陆地去访问了在香港的葡萄牙人组织——西洋会馆（Club Luzitano）。从新加坡到香港8天的

① 《午报》，圣保罗，1880年8月7日。

旅程中，航行“顺风顺水”。[①] 诺罗尼亚舰长说，从亚丁港开始，每晚都闪电不断，但是仅此而已。“5 月 28 日下午 3 时 17 分，我们停泊在维多利亚湾（porto Vitória）军港，水深 8 英寻，水底是淤泥。”当时在港口的还有英国护卫舰“宇宙”号（Cosmus）和“维克托·埃曼努埃尔”号（Victor Emmanuel）趸船、德国三桅铁甲舰“阿德尔伯特亲王”号（Príncipe Adalberto）和热那亚公爵（duque de Gênova）指挥的意大利护卫舰“维克托·皮扎尼”号（Victor Pizzani）。[②] 在距离港口入口 50 海里的地方，护卫舰在老万山岛（Ladrona Grande）遇到了一艘帆船并为它领航。

1874 年 9 月，维多利亚港虽然处在港湾中，但是，在刚刚刮过的一场台风中遭受了巨大破坏。这场台风给广州和澳门也带来了巨大损失。“香港拥有各种海军资源，英国在这里有一个用于维修船只的小型船厂。这里气候炎热而潮湿，以至于湿度计的显示始终保持在刻度的最高位；这里还经常下雨，山顶常常云雾笼罩；以规律性著称的西南季风吹了 3 天之后，刮起了东北风，这是我们在维多利亚港的 19 天里的主要风向。在港口里、运河中和海岸地区，帆船和轮船数量惊人。”[③]

香港位于一个多山的岛上，于 1842 年被中国“租借”给英国，并成为一个繁荣的开放贸易的地方。在维多利亚港上岸“很方便，码头全部是石头建成，街上熙来攘往很热闹。漂亮的林荫道、平缓的坡道环山而建，城市的大部分建在山上，乘坐轿子上山变得轻松、舒适而愉快，价格适中”[④]。

水炮

《使徒》的记者写道，中国商人的小船将护卫舰团团包围，售卖各种物品，

① 《使徒》（O Apóstolo），里约热内卢，1880 年 8 月 8 日。
② 《巴西历史地理学会学报》，第 174 册，1939 年，里约热内卢，国家出版局，第 398 页。
③ 《巴西海军杂志》，第 1 年，第 1 期，第 2 册，1882 年 1 月—6 月刊，第 201-202 页。
④ 《巴西历史地理学会学报》，第 174 册，1939 年，里约热内卢，国家出版局，第 398 页。

包括小饰物。“买者对眼花缭乱的奇特物品油然而生的购买欲望和卖家的热情都难以抑制。如果我们让他们随意活动，他们便会成群结队地登上舰来。为了阻止他们，我们不得不使用这里人们熟悉的武器——水炮。”[①]

在巴西人的第一印象中，他们眼前看到的一切是一个与他们已有的认知完全不同却令他们着迷的世界。“我们做梦似的望着眼前的一切，都是我们从小在魔幻、奇妙的故事书中常常看到的：看啊，巨型帆船、翘在空中的船尾、三根东倒西歪的桅杆、竖直高悬的席帆、众多船员，他们无精打采地坐着，有的好奇地看着刚刚进港的军舰悬挂的五颜六色的旗帜……有的欣赏着眼前的风景，那是与我国的风景一样令人惊艳、令人愉悦的自然风光，无数波光将它染成了金色。太平山（Victoria Peah）山坡上茂密植物掩映下的美丽建筑倒映在港口波平如镜的绿色水中，成了港口的美丽装饰。多么壮丽的风光啊！在这里领略到如此奇观，几乎令我们来自美丽巴西的人们体味到内心的满足感，这是对漫长而艰苦旅程中付出的所有牺牲多么好的回报啊。”[②]

访问

外交使团的全体人员在香港离舰。喀拉多公使及其家人在秘书李诗圃的陪同下立即前往上海。海军少将穆达则留在护卫舰上，直到军舰于 1880 年 6 月 17 日离开港口。[③]

“维塔尔·德·奥利维拉”号上的使团官员们从香港出发，访问了澳门和广州。在澳门，他们参观了当地一家医院，引起他们注意的是“病人的房间很暗，不通风；石头的病床，一截圆木充当枕头，床边有一个铺着地砖的下水口用作小便池。一些病人只有一条毛料被单盖在身上。医生不给患者做身体检

① 《使徒》，里约热内卢，1880 年 8 月 8 日。
② 《使徒》，里约热内卢，1880 年 8 月 8 日。
③ 迪迪奥·A. 达·科斯塔：《海军上将儒利奥·塞萨尔·德·诺罗尼亚》，海军出版社，里约热内卢，1944 年，第 193 页。

查，他们听取患者的陈述，观察他们并开出灵丹妙药”①。接着，使团官员们参观了贾梅士②被放逐澳门期间隐居的岩洞，他在这里写下了史诗《卢济塔尼亚人之歌》。“现在，这个岩洞完全变了样，它属于葡萄牙富人马葵士（Lourenço Marques）先生所有。”③

据外交使团秘书李诗圃回忆，“传统上认为，卡蒙斯是在那个充满诗意的岩洞里完成了使他名垂青史的不朽的精美作品（《卢济塔尼亚人之歌》）。我参观了岩洞。它位于一座私宅内，其主人欣然允许我进入那个风景如画的地方，在那里，在茂密植被的掩映下，卢济塔尼亚诗人为抛弃了他的祖国的荣耀而讴歌。在两块岩石之间的洞中，有一尊《卢济塔尼亚人之歌》作者的半身像，周围环绕着镌文，通过这些文字，来访者们表达了对举世公认的大名鼎鼎之人的敬意。从那里，澳门和它平静海湾的美丽景色尽收眼底，同时便可以理解，那个宜人的避难之所何以给诗人带来了如此美妙的灵感。”埃利西奥・门德斯则认为，在岩洞里“人们修建了一些可恶的拱门，这些拱门破坏了它本来自然奔涌的诗意和全部原始魅力”。埃利西奥、喀拉多、萨尔达尼亚・达・伽马、穆达和微席叶（Arnold Jacques Antoine Vissière）为卡蒙斯写下了诗歌和献词，这些文字至今仍载于当年的留言簿中。

海盗

李诗圃有一段关于香港的令人惊讶的描述。“香港或维多利亚港位于1842年租让给英国的香江岛（Hiang–Kiang）北部，这是英国为了强制中国使用鸦片而以文明的名义对中国发动的战争带来的后果。当时，今天的城市所在地还只是一个有2000渔民或海盗的小村庄。现在，香港的人口超过15万。……最初几任香港总督优先的目标是消灭袭扰这个地区的海盗。一支英国海军舰队长期提供这种无

① 《圣保罗邮报》，圣保罗，1881年1月27日。
② 即路易斯・德・卡蒙斯。澳门译为“贾梅士”。——译者注
③ 《佩德罗二世》，塞阿拉省，1881年3月3日。

情的灭绝服务，甚至连妇女、儿童也不放过。1855年，仅在两次此类行动中，就有84艘帆船被摧毁，4000名海盗丧生。无论这样的行动多么野蛮，但却是海盗活动几乎绝迹的原因。近20年来，只发生过一两起疯狂的胆大妄为的案件，那是因为一般采取的防范措施有所放松。即使在今天，商船，不论是轮船还是帆船，在那些海域航行的时候，都要武装齐备以应对战事。来往于沿海地区的邮轮上都有一个带有坚固的铁栏杆的特殊隔舱，中国乘客被关在里面，持剑和端着枪的哨兵监视着他们的一举一动。……主要的鸦片仓库建在那里，当时，这种致命的商品只能通过走私进口，其需求逐年增加。1858年，中国每年进口的鸦片增加到75000箱，据估计，其中有10000箱到15000箱反而是通过走私进口的。”[①]

战事

除了鸦片和海盗，其他情感因素也导致了中国人与西方人的斗争。“曼彻斯特（Manchester）、伯明翰（Birmingham）和设菲尔德（Sheffield）的商品和钢铁制品开始大规模被引进。美国的手表和缝纫机大量进入中国市场。港口里有从不同地区包括欧洲、美洲和欧洲在亚洲殖民地运来的大批货物，例如原棉和棉布、大米、硬木和墨水木、铁、铜、锡、汞、银、金、香料、葡萄酒、烟草，等等。等待这些新奇货物的是4亿热切的消费者。……秘密社团的一些中国人，类似梳辫子的烧炭党人，决定起事反抗‘西方夷人’入侵。广州、澳门、宁波同时发生了血腥的袭击事件。甚至在香港也发生了一次暴乱，令奔忙的欧洲居民惊恐万状。1850年至1857年间的这一系列严重事件的起因是法国、英国和美国联合发动的对华战争。敌对行动以占领北京、摧毁著名的颐和园[②]，以及1858年至1860年期间若干和平条约的签署而结束。通过这些协定，中国再次开放13个以上对外贸易口岸，向每个同盟国割让开放口岸的土地使用权，

① 李诗圃:《中国和中国人》（A China e os Chins），Typ. a vapor de A. Godel, Cerrito 出版，蒙得维的亚，231，1888年，第9-10页。

② 应为圆明园，原文有误。——译者注

大幅降低关税，并将海关的组织和领导权交给了欧洲雇员。”[1]

偶遇

李诗圃喜欢与当地人交往。在香港，他甚至遇到了一个熟人。“在与我的朋友、赴华使团的翻译微席叶一起去中国人居住区游览的时候，我们决定吃一顿当地的午餐。我们很快找到了一家在我们看来最体面的饭馆。这是一栋三层楼建筑，与众不同的是，其最高层是专为能支付较高价格的顾客保留的，中层是中产阶级的，一层则面向普通人。

“我们被领到与我们的‘大人’身份相符的位置。宽敞的店堂里有 20 张桌子，我们在其中一张桌旁坐下，旁边是一群天朝帝国的贵族或富豪，这些人在吃完丰盛的大餐之后，正学着欧洲人的样子喝带气泡的香槟酒，从残羹剩饭上看不出丝毫东方特色。

“一位很和气的‘下人’给我们拿来了西式餐具，我们拒绝了，并且使他明白我们想吃中餐。我们费了一番周折才理解了他口头报来的当天的菜单，点了这些菜：炖鸭、炖鸽子蛋、一种叫作‘白饭鱼’的无骨鱼、白米饭、茶、甜品和一种好吃很甜被称作‘荔枝’的水果。所有这些被同时端了上来，装在大碗里，肉已经切成小块。至于餐具，每人有两根 25 厘米长的象牙筷，为了把食物送到嘴里，我们使出了浑身解数。如果不是那些好心邻桌的善举，我们也许早就放弃了这么难的事情。他们很同情我们，主动过来教我们如何使用筷子，这才让我们吃完了午餐。

“我们付了 1300 个铜钱（约 3000 雷亚尔），来到一楼。店堂里挤满了顾客，这里的环境比我们午餐的环境更为喧闹。这里摆放着四张长桌和一些长凳，四五十位中国人围坐桌旁，他们一边吃饭，一边喝茶，谈笑风生，在一张

---

① 李诗圃：《中国和中国人》，Typ. a vapor de A. Godel, Cerrito 出版，蒙得维的亚，231，1888 年，第 12–13 页。

张桌子之间互相说着应该很好笑的话，引起哄堂大笑。

“我们正要离开，一位留着长辫子、刚刚刮过头的天朝男子却让我大吃一惊。他用相当不错的葡萄牙语直呼我的官衔，并问我别来无恙。我好不容易才认出了他。原来是舰上的厨师若昂（João）。此时，他置身在朋友中间，从头到脚完全变了模样。他们是在庆祝他回到祖国。事实上，詹若昂（João Chim）于 15 年前离开香港前往秘鲁，并从那里前往巴西。在巴西，他很快就认同了欧洲人的习惯。当得知一个使团即将出发前往中国的时候，他便主动要求来做厨师，唯一的目的就是回到祖国。舰上军官和水兵们喜欢他的为人和厨艺。那天早上，他带着和他们一样的感受走下军舰，一踏上家乡的土地，他做的第一件事便是找了一位能干的师傅，把自己的头托付他来打理。这位师傅不但给他剃了最新款式，还给他装了一条假辫子……就这样，经过那位能干的师傅的修理和打扮，若昂毫不费力地获得了众多同胞的认可，他们很快围拢过来，渴望听到他浪迹天涯中那些令人惊讶的故事。

“当我辞别如此友善的旅行伙伴时，让我感到高兴的是，他对自己在巴西得到的热情款待表示感谢，向我保证他一定协助我们完成此行的使命，并承诺会鼓励他的朋友们移民到他多年来生活的国家，在这个国家，他生活富足，甚至积攒了一小笔财富。”①

海天云蒸

在香港，舰上人员的健康状况开始恶化②，护卫舰在这个港口留下了一位病人，即水兵埃莱斯邦·安东尼奥·诺盖拉（Elesbão Antônio Nogueira）。他住进了“位于城市高处的市民医院（Civil Government Hospital），从那里可以俯瞰海港的一部分。正是在这家医院，我们决定收治一位患有左髂窝脓肿

① 李诗圃:《中国和中国人》，Typ. a vapor de A. Godel, Cerrito 出版，蒙得维的亚，231，1888 年，第 17–20 页。
② 《圣保罗邮报》，圣保罗，1881 年 1 月 27 日。

的水兵”[①]。

医生这样做是“考虑到舰上病房条件差，旅途中不可能提供强化和新鲜食物，也不可能有迪厄拉富瓦吸引器（aspirador de Dieulafoy）吸取脓液，我们认为最好将其送往医院……并征得了巴西领事的同意”[②]。

抵达香港港口前几天，发生了两起严重中暑病例。病情最严重的是中尉恩里克·德·平托·巴斯托斯（Henrique de Pinto Bastos）。更糟糕的是，香港的气候酷热。加尔迪诺说：“白天热得可怕，呼吸着的是令人窒息的、伤害机体功能的空气。然而，到了傍晚，天气会变得潮湿，空气也明显地凉下来。”[③]

医生对中国人的穿着和习惯也感到惊讶，并开始对他们表示尊重。“他们的服装没有任何变化：无论穿彩色丝绸，还是白色衣服，总是宽松的，适合这里的气候。毋庸置疑，辫子是关键，所有的人都必须有辫子。只有在不得已的情况下才被迫剪掉，这对他们来说，是极端严厉的惩罚。妇女们也穿着宽松的裤子和长到膝盖腿弯的宽松袍服；她们的发型多种多样，有的相当怪异；一些人打着赤脚或穿着草鞋，有的从小裹脚，畸形的脚令她们行走困难。……街区和店铺里都很干净。他们每天早上洗澡，衣服总是干干净净。

“说中国人是懒惰的民族是错误的，我们观察到的情况正相反；我们到处都看到他们在工作，很少见到他们行乞。……中国人很聪明，完美地模仿他们看到的任何工作。……无论面对什么困难，他们都表现出无与伦比的耐心。他们的饭菜简单：米饭是他们的主食，配以他们非常喜欢的猪、猫、狗肉，辣酱和大量蔬菜。……他们保持身体卫生，但是，城市建设差而且脏乱。……仅仅根据对中国某些沿海地区的观察便来评价中国人，这样的做法带来了很大混乱。天朝帝国南方或北方的中国人有很大不同。前者精力充沛、爱劳动、聪明

① 舰队首席外科医生加尔迪诺·西塞罗·德·马加良斯提交的《环球航行期间“维塔尔·德·奥利维拉”号护卫舰医学报告》，国家印务所，里约热内卢，1881 年，第 54 页。

② 舰队首席外科医生加尔迪诺·西塞罗·德·马加良斯提交的《环球航行期间“维塔尔·德·奥利维拉”号护卫舰医学报告》，国家印务所，里约热内卢，1881 年，第 58 页。

③ 舰队首席外科医生加尔迪诺·西塞罗·德·马加良斯提交的《环球航行期间“维塔尔·德·奥利维拉”号护卫舰医学报告》，国家印务所，里约热内卢，1881 年，第 57 页。

香港风貌

图片来源：玛丽·克里斯蒂娜·斯克玛佐恩

且性情好；后者通常软弱，不太爱劳动，滥用鸦片且身体虚弱。在巴西，给我们留下糟糕印象的华人移民是一些有恶习的人，其中大多数曾经是乞丐。这些人被预付的几枚小钱所诱惑，对最终的结局漠不关心。……我们引入的不是工人，而是乞丐和海盗。但是，在我国北部的殖民过程中，华人苦力对我们的种植业应该有很大的用处。”[①]

① 舰队首席外科医生加尔迪诺·西塞罗·德·马加良斯提交的《环球航行期间“维塔尔·德·奥利维拉”号护卫舰医学报告》，国家印务所，里约热内卢，1881 年，第 55–56 页。

澳门之行

巴西代表团决定利用假日访问澳门。这座城市自 1563 年起被葡萄牙人占据，因贸易而具有重要性。它将中国的工业特产出口到整个西方，但是，在英国人占有香港之后开始衰落。

澳门居民“构成了一个奇怪类型，值得研究，他们全部是外来移民，在英国

美丽的澳门港，自1563年起被葡萄牙人占据。
图片来源：玛丽·克里斯蒂娜·斯克玛佐恩

具有典型中国建筑特色的广州。当时，广州的人口为200万至300万。
图片来源：玛丽·克里斯蒂娜·斯克玛佐恩

殖民地的保护下谋生。今天，这个殖民地赖以生存的是……对赌场征税”[①]。在“维塔尔·德·奥利维拉”号经过的时候，澳门有25000名中国居民和5000名葡萄牙人。据医生说，这座城市“分为华人区和欧洲区。欧洲区有良好的公共和私家建筑……中国寺庙、公园和著名的贾梅士洞（流亡澳门时，贾梅士在此写下了《卢济塔尼亚人之歌》）所在的庄园也值得一游。像在香港一样，交通工具是两个苦力抬的轿子。一般来说，街道窄，而且有很多坡路”[②]。

在澳门，巴西代表团受到巴西领事、塞卡尔男爵（barão do Cercal）亚历山德里诺·安东尼奥·德·梅洛（Alexandrino António de Melo）的接见。葡萄牙总督贾沙拉（Joaquim José da Graça）作为东道主为巴西代表团举办了一场非常丰盛的晚宴。“那天，澳门穿上了盛装。入夜，总督府灯火通明。次日，葡萄牙军舰在主桅杆升起了巴西国旗，步兵在使臣们登舰的地点列仪仗队欢送。”[③]

穆达回忆说，他们曾拜谒传说中的贾梅士洞。“贾梅士！澳门！这两个词本身概括了葡萄牙帝国在东方的威名，历经数百年的风霜雨雪而幸存下来！”[④]

代表团还访问了广州。“这是一座优秀的中国城市，各行各业五花八门，迷宫似的狭窄道路两旁是漂亮的店铺和五颜六色的招牌，两三百万居民的城市人来人往，喧闹之声不绝于耳。”[⑤]

维修

“维塔尔·德·奥利维拉”号在香港停留的19天里，修复了舰体、军舰的

---

① 《使徒》，里约热内卢，1880年8月25日。

② 舰队首席外科医生加尔迪诺·西塞罗·德·马加良斯提交的《环球航行期间“维塔尔·德·奥利维拉”号护卫舰医学报告》，国家印务所，里约热内卢，1881年，第58页。

③ 《新闻报》，里约热内卢，1880年8月21日。

④ 《巴西杂志》，第2年，第12卷，1897年10月至12月刊，阿图尔·雅塞圭，第85页。

⑤ 《使徒》，里约热内卢，1880年8月25日。

桨和其他出现损坏的部分。[①] 军舰的机器也需要修理。[②] 在此期间，即6月6日，护卫舰官兵参加了为俄国皇帝举行的悼念活动：他在“星期六晚上去世。上午8时，海岸炮台（Shore Battery）开始鸣礼炮21分钟。除了巴西‘维塔尔·德·奥利维拉’号护卫舰之外，德国三桅铁甲舰‘路易斯’号（Luise）和‘阿尔伯特亲王’号（Prinz Albert），以及俄国三桅铁甲舰‘亚细亚’号（Ásia）也参加了活动。一些领事、政府高级官员也来到了码头”[③]。

护卫舰停靠香港还引发了一场小小的外交风波。就此次航行和外交使命曾经著书立说的巴西人对此都没有提及。但是，里约热内卢《新闻报》的业主、葡萄牙人、记者埃利西奥·门德斯在他的报道中却特别提到了这次事件。埃利西奥在他的报道[④]中这样说：“在军舰经过的所有英国领地，总督对外交使团总是款曲周至。”然而，“香港总督并没有礼遇代表团，海军少将穆达先生认为自己也不必去拜访他”。这位记者在香港与巴西人会合并随外交使团前往中国内地。

接下来，这位记者谈到他对这件事情的理解。“众所周知，英国政府对巴西赴华使团此行目的持极其反对的态度，采取各种施压、阴谋手段，甚至为一己私利而采取政策手段，一味搅局。他们企图在华人移民问题上重演曾经在黑奴贸易问题上所做的事情。慈善？同情？博爱？捍卫伟大的自由原则？无私保护低等种族？似乎英国集所有美德于一身，是在执行最崇高的使命，像传教士那样为了信仰脱下自己的衣服遮盖其他民族的裸体？然而，真相——很遗憾这样说——隐藏在其无比自私的本质下。事实是，英国领地的各个口岸都在引入华人，只不过采取了既能保存颜面，不造成对此视而不见的地方当局误会，又不引起密切关注此类活动的人士警觉的方式。新加坡和槟榔屿（Penang）是其因

① 《新闻报》，里约热内卢，1880年8月10日。
② 《坎皮斯塔观察》，里约热内卢，1880年7月3日。
③ 《中国邮报》（The China Mail），香港，1880年6月7日。
④ 《新闻报》，里约热内卢，1880年8月21日。

华人而繁荣的领地。买了船票的华人登上一艘艘开往德梅拉拉（Demerara）[①]的轮船，但是，后来的工作却令他们备尝苦难。在英国看来，那些可能与英国殖民地产品形成竞争的国家引入华人移民是不可接受的。”

“如果博爱意味着禁止其领地的口岸或天朝帝国的港口向其他国家输出华人，那么，他们何不尽可能发挥自身重要作用，用与犹大吻耶稣时表现的忠诚一样的忠诚，禁止鸦片毒害他们所保护的人？……为了现代文明，他们激烈并正义凛然地反对黑奴贸易，却用恰恰与奴隶贩子将奴隶带到巴西如出一辙的方式，凭借武力助长、支持鸦片贸易并将其强加于人，通过走私将其引入天朝帝国。”

卡蒙斯三百年祭

在香港期间，应葡萄牙殖民当局的邀请，使臣们、随行人员、舰长和军官于 1880 年 6 月 10 日出席了纪念葡萄牙不朽诗人卡蒙斯逝世三百周年的诗歌音乐晚会。晚会之后举行了晚宴和舞会。“维塔尔·德·奥利维拉”号的乐队为晚会助兴。[②]

在西洋会馆的主厅里，摆放着一尊诗人的半身像，下方交叉摆放着葡萄牙和巴西国旗。香港总督轩尼诗先生（John Pope Hennessy）及其工作人员出席了晚会。仪式开始，“约 12 名手持花束的女孩将花束放在卡蒙斯半身像的基座周围。晚会持续到凌晨 4 点，其间，在午夜后有一个小时的休息吃饭时间”[③]。穆达回忆说：“我们受到这些表亲周到的接待，对此我万分感激，尤其是感谢在那里多年的阿戈什蒂纽·吉列尔梅·罗马诺领事。”[④]

① 指南美洲圭亚那的一个州。圭亚那原为英国殖民地。——译者注

② 《巴西杂志》，第 2 年，第 12 卷，1897 年 10 月至 12 月刊，阿图尔·雅塞圭，第 85 页。

③ 《中国邮报》，香港，1880 年 6 月 11 日。

④ 《巴西杂志》，第 2 年，第 12 卷，1897 年 10 月至 12 月刊，阿图尔·雅塞圭，第 85 页。

PROGRAMMA.

PARTE I.

1.°
OVERTURA
executada pela banda da corveta brazileira
"VITAL D'OLIVEIRA."

2.°
Discurso preliminar,
pelo Snr. P. A. DA COSTA.

在香港期间，1880 年 6 月 10 日，受葡萄牙殖民当局邀请，代表团和巴西护卫舰的军官们出席了纪念葡萄牙不朽诗人卡蒙斯逝世三百周年诗歌音乐晚会。在晚会结束之后，举行了晚宴和舞会。“维塔尔·德·奥利维拉”号的乐队为晚会助兴。
图片来源：香港卢济塔诺俱乐部

中断的航行

在香港期间，“维塔尔·德·奥利维拉”号接到命令，令其终止访问中国的使命，立即“通过最短路线”[①]返回巴西。同时，除穆达的秘书、海军上校萨尔达尼亚·达·伽马之外，所有与外交使团相关的军事人员也应返回。[②]

发生这种情况有几个原因。穆达指出了原因之一：“在香港，我非常遗憾地被迫离开‘维塔尔·德·奥利维拉’号……舰上出现了脚气病，在这种病态条件下，军舰继续在中国海域待下去对于舰上官兵来说无异于毁灭。在向政府通报了这个令人痛苦的意外情况后，护卫舰接到了政府立即‘通过最短路线’返航的命令。经过与舰长商量，我制订了护卫舰返回里约热内卢的最安全和最快捷的路线，穿越太平洋，从而完成此次环球航行。”[③]

① 迪迪奥·A. 达·科斯塔:《海军上将儒利奥·塞萨尔·德·诺罗尼亚》，海军出版社，里约热内卢，1944 年，第 193 页。
② 《新闻报》，里约热内卢，1880 年 8 月 21 日。
③ 《巴西海军杂志》，第 1 年，第 1 期，第 2 册，1882 年 1 月—6 月刊，第 84 页。

同时，他还强调了所有人员为完成使命而做的非凡努力："我很高兴在此赞扬诺罗尼亚舰长完成这项艰巨的任务时所表现出的精湛技艺。鉴于'维塔尔·德·奥利维拉'号恶劣的卫生条件、并不完善的航海状况，以及在抵达里约热内卢不久以后进行的检查中发现的木质舰体令人遗憾的破损状态，完成此次任务不但对于他，而且对于他的军官们和水兵们来说真的很困难。"①

一份报纸还提到了中国即将开战的问题。"然而，事实上，中国各个口岸目前停泊着来自列强的约 40 艘军舰。如果出现联合行动的紧急情况，而我们的护卫舰置身其中的话，局面确实会十分尴尬：独来独往于联合行动之外，会引起这里其他国家的防我之心；参与其中，又会使这个国家的政府出于正当理由迁怒于我，毕竟我们自愿来此的目的是与之建立关系。"②

在巴西，当海军部长利马·杜阿尔特（Lima Duarte）在 7 月 26 日的众议院会议上被问及计划改变时，他回答说收到了海军少将穆达的电报，告知"舰上人员身体状况不佳，认为返航为宜"。部长还表示，这样做将可以"降低远航的费用"。为此，"他命令护卫舰返航，更何况待在中国海域并非此次任务之必需"③。穿越太平洋（o Pacifico）"应在秋季之前完成，这样，还可以在合适的季节穿越麦哲伦海峡（estreito de Magalhães）。返程的时间将缩短为 4 个月"④。考虑到气候条件，最短路线确定为经横滨、旧金山和瓦尔帕莱索，然后，穿过麦哲伦海峡到达南大西洋。护卫舰必须在横滨停留，以便补充煤炭，并且让中国海域的引水员离舰。⑤ 这样，"可在中国和日本海域顺风航行，在南、北太平洋（Pacífico Norte e Sul）赶上适合航行的季节，同时，在最有利的时间到达麦哲伦海峡"⑥。

---

① 《巴西海军杂志》，第 1 年，第 1 期，第 2 册，1882 年 1 月—6 月刊，第 84 页。

② 《观察者》（O Monitor），巴伊亚省，1880 年 8 月 31 日。

③ 《坎皮斯塔观察》，里约热内卢，1880 年 8 月 1 日。

④ 《坎皮斯塔观察》，里约热内卢，1880 年 6 月 3 日。

⑤ 诺罗尼亚·桑托斯：《海军上将儒利奥·塞萨尔·德·诺罗尼亚诞辰一百周年（1845—1945）》，Livraria Editora Zélio Valverde 出版，里约热内卢，1945 年，第 51 页。

⑥ 诺罗尼亚·桑托斯：《海军上将儒利奥·塞萨尔·德·诺罗尼亚诞辰一百周年（1845—1945）》，Livraria Editora Zélio Valverde 出版，里约热内卢，1945 年，第 52 页。

再次启程

1880年6月17日，护卫舰离开香港港口，海军少将穆达乘坐一艘汽艇一直将其送至东面的入海口。[①] 此前一天，穆达给诺罗尼亚舰长写了2份公函。在其中一份文件中，他说明了护卫舰的航行路线，即应该“在横滨、旧金山和瓦尔帕莱索做短暂停留，然后，从那里经过麦哲伦海峡进入南大西洋。正如我们一起所做的那样，在适当权衡了与季节、风和季风相关的所有因素之后，确定了这条线路，它即使不是最短的，至少是最安全的，并且具有两个优势：其一是在中国和日本海域始终相伴的顺风，其二是南、北太平洋适宜航行的季节，同时，使得护卫舰在最有利的时间到达麦哲伦海峡并穿越它”。

最终，允许军舰“在无风的情况下使用机器，从而缩短不同地点之间的航行时间。尤其是从旧金山到瓦尔帕莱索的航行中，使用机器将使军舰更快地穿越太平洋的赤道无风带，以避免远航给饮用水不足的护卫舰造成问题。通过这种方式，毫无疑问，你们将以最快最安全的方式到达里约热内卢港口。正如我们商定的那样，停靠横滨是必需的，这不仅可以补充航行所耗费的煤炭，还可以让从这个港口登舰的中国海域引水员离舰。关于航海，我不会介入更多细节，因为我相信你们对公务的尽职尽责和你们的专业素养”[②]。

作为告别，他在另一封公函中说：“我以我所负责的将与中华帝国政府开展工作的外交使团的名义，很高兴地向您，以及军舰上的全体军官、下属和全体舰员，表示我对在舰上期间，舰上一贯的良好秩序和纪律状态感到满意。

“作为海军军官和巴西人，我感到自豪，因为自里约热内卢出发至此的航行中你们发挥精湛的技艺，令我见证了第一艘肩负环球航行光荣使命的巴西军舰在所有港口留下了良好印象。”[③]

① 迪迪奥·A. 达·科斯塔：《海军上将儒利奥·塞萨尔·德·诺罗尼亚》，海军出版社，里约热内卢，1944年，第193页。

② 《巴西历史地理学会学报》，第174册，1939年，里约热内卢，国家出版局，第400–402页。

③ 《巴西海军杂志》，第1年，第1期，第2册，1882年1月—6月刊，第205页。

如前所述，天气是舰上官兵们担心的问题。里约热内卢的一份报纸解释说：“7 月和 8 月，中国海域的海况很糟糕，而在中国港口滞留的时间并不足以缔结条约。”①

另一个问题是舰上官兵的健康。加尔迪诺医生说：“在 6 月份滞留的 17 天中，高温和持续降雨造成了有害后果。腹泻流行，出现一例痢疾，大部分人出现了排汗不畅、胃痉挛发热。”②

医生无可奈何地写道：终于，“在舰上人员遭受闷热天气和腹泻双重打击的情况下，我们起锚前往日本，并于 6 月 24 日下午到达了长崎港”③。

“维塔尔·德·奥利维拉”号的军官从东方带回来的剑和匕首。
图片来源：国家历史博物馆

① 《坎皮斯塔观察》，里约热内卢，1880 年 7 月 3 日。

② 里约热内卢帝国医学院通讯员、舰队首席外科医生加尔迪诺·西塞罗·德·马加良斯提交的《环球航行期间“维塔尔·德·奥利维拉”号护卫舰上脚气病病程》，里约热内卢，国家印务所，1882 年，第 15 页。

③ 里约热内卢帝国医学院通讯员、舰队首席外科医生加尔迪诺·西塞罗·德·马加良斯提交的《环球航行期间“维塔尔·德·奥利维拉”号护卫舰上脚气病病程》，里约热内卢，国家印务所，1882 年，第 15 页。

日本长崎港
图片来源：玛丽·克里斯蒂娜·斯克玛佐恩

日本　长崎

“维塔尔·德·奥利维拉”号护卫舰6月17日上午10点从香港启程，于8天后的6月24日下午停泊在长崎。整个航行期间几乎都是风雨兼程。起初，此行应直抵横滨，但是，恶劣的天气迫使军舰改变了航向。

一切都开始于19日晚上9点30分，海面变得浪涛汹涌，风力加大。护卫舰向东北方航行，以便绕过中国海岸，并在需要的时候，能够找到一处避风港。“中国海域的波浪像地中海的波浪一样，特点是出现得快、波长较短、波峰较高。”①

6月20日早晨6点，“由于风力开始减弱，我们决定利用日本暖流，即黑潮（Kuro Siwo），继续前往恶石岛（Akuisi-Sima）。然而，21日下午6时，海

① 《巴西海军杂志》，第1年，第2册，1882年1月—6月刊，第206页。

上再次刮起了西北风，波涛汹涌，并且有明显迹象表明风将持续。于是，我们决定从日本内海前往横滨，因此，需要前往长崎寻找一位濑户内海（Seto-Uchi）的引水员”①。

1880年6月24日晚上7点，“维塔尔·德·奥利维拉”号抵达长崎，停泊在俄国海军码头的对面。“港口中停泊着俄国‘米宁’号（Minine）三桅铁甲舰和‘亚细亚’号巡洋舰，舰上悬挂着印有海军少将阿斯兰别戈夫（Aslambegoff）徽章的旗帜，以及美国的‘提康德罗加’号（Ticonderoga）护卫舰……和英国的‘飞翔’号（Fly）炮舰”②。

“我们停留时间很短。6月26日，护卫舰继续航行，并带上了一位技术娴熟的日本引水员，以便从长崎经日本内海前往横滨。”③“维塔尔·德·奥利维拉”号很走运：几天以后，7月1日，尽管长崎港是一个不错的避风港，还是遭到一场台风的重创，导致“受害者不计其数”。④

舰队来到长崎时，“它还是一个建在山坳里的小城市。一些居民三三两两住在青翠的山丘上，山上还建有带长长台阶的日本寺庙，独特的建筑风格令其外观很漂亮”⑤。

“长崎位于九州岛（ilha Kiou-Siou）——日本帝国的四个主要岛屿之一。该地地貌呈现出明显的火山特征，其中一些火山口仍在喷发岩浆。在相当长的一段时间里，它是日本唯一与外国保持往来的口岸。……1854年，长崎正式向欧洲人开放……城市对面，与港区相对的是一个名为稻佐（Inassa）的小城，属于俄国货栈的一部分。长崎不大，但是位置得天独厚。大量炮台组成了它的防御体系……街道一般都比较窄，路面铺着大块石板……房屋用木头建造，外

① 《巴西历史地理学会学报》，第174册，1939年，里约热内卢，国家出版局，第404页。
② 《巴西海军杂志》，第1年，第2册，1882年1月—6月刊，第207页。
③ 《圣保罗邮报》，圣保罗，1881年1月27日。
④ 《巴西历史地理学会学报》，第174册，1939年，里约热内卢，国家出版局，第405页。
⑤ 《巴西历史地理学会学报》，第174册，1939年，里约热内卢，国家出版局，第406页。

观并不显眼。”①

1880 年，长崎约有 6 万居民。街上人来人往“很热闹。欧洲区更加漂亮，但是，并不那么拥挤”，诺罗尼亚舰长在他的报告中这样写道。他同时提到长崎的瓷器厂比较有名。除此之外，长崎还为船舶提供煤炭。当地的水质很好，“口感舒适，晶莹剔透，非常有益健康。经常有船只在此装水运往上海，因为那里的水质很糟糕”，加尔迪诺医生说。

“高鉾岛（ilha Pappemberg）②位于长崎港狭窄的入口处，又称为烈士岩（rocha dos Mártires）。16 世纪末，这里曾是残酷屠杀基督徒的行刑地。当日本政府无情地将数千元元之民斩首时候，罗马却将这些死难者奉为殉教的烈士。”③

特点

巴西远航舰队的医生对中国人和日本人之间的不同特点进行了分析对比。“日本人的性格与中国人截然不同，他们健壮、身材匀称、讨人喜欢、眼神明亮而聪明，人们可以在他们身上感受到非常真诚和坦率的性格。他们非常善于待人接物，并且极其讲究；留着与欧洲人一样的发型，许多人穿着同样款式的衣服，一些人还保留着剃光头顶头发的习惯。男人们穿非常紧身的裤子，身体的大部分都裹在带宽大袖子的袍服里。亚麻粗布制作的袜子紧紧地套在脚上，以至于他们的脚看起来好像戴着手套。他们穿木屐或高底拖鞋。

“妇女们一般穿色彩鲜艳的东方袍服，腰间系着绉纱或丝制的腰带，其两端在身后打成一个样式别致的结。头发乌黑浓密……高挑的发髻极有品位。她们很讲卫生，每天沐浴。”④

---

① 舰队首席外科医生加尔迪诺·西塞罗·德·马加良斯提交的《环球航行期间“维塔尔·德·奥利维拉”号护卫舰医学报告》，国家印务所，里约热内卢，1881 年，第 60 页。

② 也作“Ilha de Takaboko”或“Takaboko-shima”。——译者注

③《巴西海军杂志》，第 1 年，第 2 册，1882 年 1 月—6 月刊，第 208 页。

④ 舰队首席外科医生加尔迪诺·西塞罗·德·马加良斯提交的《环球航行期间“维塔尔·德·奥利维拉”号护卫舰医学报告》，国家印务所，里约热内卢，1881 年，第 62 页。

在长崎，巴西人去见市长，然而，他却不在。据诺罗尼亚舰长说："不久之后，当地行政当局的一位代表回访了护卫舰并致以问候。英国领事詹姆斯·特鲁普先生（James Troup）也奉英国政府之命来访问我们，为我们提供了宝贵的帮助。"①

护卫舰的军官们期望的是，当他们远离了北回归线、抵达长崎港的时候，"糟糕的健康状况得到改善"②。可是在这里，舰上发现了多起梅毒、霍乱和伤寒病例。

从香港到长崎的途中，舰上人员的健康状况大大恶化。"先是腹泻病例越来越多，紧随其后的是淋病、少汗症，以及一些消化不良的情况。……腹泻问

1880 年 6 月 24 日下午，"维塔尔·德·奥利维拉"号护卫舰在长崎港停泊。
图片来源：玛丽·克里斯蒂娜·斯克玛佐恩

① 《巴西历史地理学会学报》，第 174 册，1939 年，里约热内卢，国家出版局，第 406 页。
② 里约热内卢帝国医学院通讯员、舰队首席外科医生加尔迪诺·西塞罗·德·马加良斯提交的《环球航行期间"维塔尔·德·奥利维拉"号护卫舰上脚气病病程》，里约热内卢，国家印务所，1882 年，第 15 页。

题是由于过分潮湿引起的。我们在香港期间，每天都处于高湿度的环境中。因为正值雨季，在香港的17天里，有14天是连阴雨天气……雪上加霜的是温度居高不降……淋病是在香港传染的。我们在谈到这个英国领地的时候，曾说到过，性器官疾病在这里是常见病……可以说，在中国，梅毒感染者数量非常多……我们在港口的17天中，医务室登记了7例淋病和2例性病。这在对自身卫生要求极低的舰员们来说并不多。”①

① 舰队首席外科医生加尔迪诺·西塞罗·德·马加良斯提交的《环球航行期间“维塔尔·德·奥利维拉”号护卫舰医学报告》，国家印务所，里约热内卢，1881年，第98–99页。

日本横滨港
图片来源：玛丽·克里斯蒂娜·斯克玛佐恩

日本　横滨

在长崎的停留没有超过 30 小时。7 月 1 日，护卫舰在横滨抛锚。在这一段航程中，舰上官兵见到了日本的商船队，其实力令他们惊讶。尽管航行辛苦，却“由于狭窄的航道旁聚集的村庄”[①] 而变得有趣。诺罗尼亚舰长总结说，5 天的航行是在“内海进行的，这里比较平静，散布着一些小岛，岛上几乎都有人居住，茂盛的植被点缀其间，无数帆船驶过，有渔船，也有沿海商船。这是一次惬意而很有意思的旅程”[②]。

① 《圣保罗邮报》，圣保罗，1881 年 1 月 27 日。
② 《巴西历史地理学会学报》，第 174 册，1939 年，里约热内卢，国家出版局，第 408 页。

护卫舰于6月29日晚间进入了北太平洋（oceano Pacífico Norte）。据诺罗尼亚舰长的记录，“日本整个海岸的渔民使用的灯数量之多令他们无法辨认固定的白光灯塔，尤其是在内海，很容易出错”，这曾让他们有些不知所措。

7月1日下午3点30分，护卫舰冒着大雨在横滨港抛锚了，旁边是英国的“铁公爵”号（Iron–Duk）、“摩提斯特”号（Modestt）和“警醒”号（Vigilante），日本的护卫舰“金刚”号（Kongo）和一艘炮舰，美国的轮船“阿修罗”号（Ashuelot），意大利护卫舰“韦托·皮萨尼”号（Victor Pirzani），以及德国护卫舰“维娜塔”号（Vineta）。随后进港的是西班牙护卫舰“唐娜·玛丽亚·莫利纳”号（d. Maria de Molina）和美国的“里士满”号（Richmond）。①

诺罗尼亚在报告中记录说，从横滨所在的江户湾（golfo de Yedo）入口处，“透过6月至10月常见的厚厚雨云，我们看到了富士山（Fujiyama）那个海拔3800米的巨大火山口”。“维塔尔·德·奥利维拉”号的到来受到了民众的欢迎。该市②的两家报纸提到这艘护卫舰时说：“这艘漂亮的军舰有12门大炮，它所悬挂的旗帜是我们从未见过的”。③

甫一到港，“由于土伦的法国商人勒蒂艾勒（Lectuaire）先生的推荐，两位日本海军上校便来拜访巴西人，并对当地可参观的著名景点做了详细介绍。巴西人还接到了日本海军大臣请他们前往日本首都东京的皇居（palácio do Mikado）共进午餐的邀请”④。

巴西方面，舰长和14名军官出席了午餐，对日本海军大臣和海军高级军官对他们表现出的和蔼可亲和彬彬有礼极其感激。为了方便巴西人从横滨前往东京，日方还“为旅行者们安排了火车和马车”⑤。

7月5日，午餐在延辽馆（palácio Enrios）举行。东道主是海军中将榎

① 《巴西海军杂志》，第1年，第2册，1882年1月—6月刊，第321页。
② 应为横滨港。1889年日本实行市制，横滨市正式设立。——译者注
③ 《日本公报》（1880年7月8日）和《中国邮报》（1880年7月16日）。
④ 《圣保罗邮报》，圣保罗，1881年1月27日。
⑤ 《祖国报》，乌拉圭，1881年1月8日。

本武扬（Enomoto Takeaki）[1]。在座的还有日本海军中将伊藤（Ito）、少将仁礼（Nire）、大校福岛（Fukushima）和井上（Inowyé）、上校越崎（Etuski）、国友（Kunitomo）、须木（Suki）、笠间（Kasama）。[2]

据巴西人对里约热内卢一家报纸所说："午餐令人眼花缭乱，天花板和墙壁上的壁画使得整个餐厅更加光彩夺目。所有家具都是用精致的漆器工艺制作的，镀金并镶嵌着螺钿，所有的门也是如此。地上铺着国产的精美白色地毯。"[3]

午餐后，他们立即去参观了上野公园（Jardim de Oueno），"那里有一个常设展览，展出该国各种工业制品。在那里，他们看到了漆器和青铜器、丝绸、水晶、瓷器（其中有著名的蛋壳瓷）、珠宝和许多高价值物品，值得细细琢磨"[4]。

这不是舰员们唯一的官方活动。英国领事博门（Bohmen）先生来访并陪同军官们拜访了"县令[5]野村靖（Namura Iasuski）。次日，野村靖登舰对我们进行了回访并表示问候"。此外，"日本舰队总司令、海军少将林（Hayashi）在乘护卫舰'金刚'号前往神户（Kobé）之前访问了我们，许诺提供在其治下我们所需要的一切"。[6]

日本海军大臣、海军中将榎本武扬
图片来源：维基百科

---

① 榎本武扬曾于1867年到过巴西。当时，他率领即将加入日本海军的荷兰造"开阳丸"号（Kaiyo Maru）途经里约热内卢。他见到了佩德罗二世皇帝，对其颇有好感。后来，他曾担任外交部长，推动日本向包括巴西在内的国家进行移民。
② 《巴西历史地理学会学报》，第174册，1939年，里约热内卢，国家出版局，第408页。
③ 《圣保罗邮报》，圣保罗，1881年1月27日。
④ 《圣保罗邮报》，圣保罗，1881年1月27日。
⑤ 横滨港归神奈川县管辖。——译者注
⑥ 《巴西历史地理学会学报》，第174册，1939年，里约热内卢，国家出版局，第414页。

造船厂

除了东京，巴西人还访问了横须贺（Yokosuka），海军造船厂就在那里。它坐落在一个位置优越的港口，既具有防御、避险和水深的便利，又靠近横滨，是最重要的对外开放贸易的日本港口。

该造船厂是“一位法国人于1867年建立的，此后，由他管理了9年。目前，它完全由日本工程师管理，为海军提供出色的服务，已经建造了若干艘舰艇，包括最近刚刚完成西方之行的‘清辉’号（Seiki）护卫舰”。

这次访问给巴西人留下了深刻印象。“横须贺造船厂装备精良，有现代化的车间和设备，当时厂内正有两艘在建木船，以及一艘即将竣工的御用帆船，经初步试验，该厂生产的机器可以使它的航速达到14节。这里的船坞可供大型舰船使用，对于外国海军来说用处不小。最大的船坞长124米，宽25米，深7米，最小的长85米，宽12.5米，深5.6米。几艘日本舰船和一艘俄国巡洋舰正在此进行维修。”①

横滨港建立仅20年，大约有61000人。我们的航海家们似乎很喜欢它，认为这里“充满活力，分欧洲人生活区和日本人生活区”②，同时，日本人不拘礼数的男女共浴也令他们感到吃惊。腰间仅仅裹着短围腰的男人们拉着小型人力车像矫健的马一样奔跑，可以不停地跑几里路。③

城市分为两部分：一个是欧洲人居住区，另一个是日本人居住区。“外国人居住区靠近海港，有保持良好的宽阔街道、漂亮的房屋、不错的酒店、热闹的外贸生意、整洁的林荫道。本国人居住区则离海港稍远，街道状况一般良好，碎石铺路，街道设有街灯，木头建的房屋外覆木板或锌板，几乎全部是平房，外观并无奇特之处。”

① 《巴西历史地理学会学报》，第174册，1939年，里约热内卢，国家出版局，第413页。

② 迪迪奥·A.达·科斯塔:《海军上将儒利奥·塞萨尔·德·诺罗尼亚》，海军出版社，里约热内卢，1944年，第196页。

③ 《圣保罗邮报》，圣保罗，1881年1月27日。

井然有序

一条河穿城而过，河上建有若干座桥梁。在巴西人看来，这样的城市布局“相当美丽”。“日本的寺庙非常奇特，值得参观：他们的祷告、他们的第一和第二等大神、他们的感谢和抱怨，有时还带着对圣人的辱骂，都值得听一听、看一看。一些寺庙规模比较大，装饰以昂贵的饰物和家具，墙上挂满了信徒的许愿带和祈福条，以及对祈祷后出现的奇迹的追忆。”

加尔迪诺医生在报告中说，当时，已经有很多日本人采用欧式发型和着装。“外国酒店常常会使用不同语言，人们开始加深对科学的了解。男人们侠义、快活、外向、敬业。值得注意的是，日本人善良、有条理，在人员聚集的所有场所都能保持良好秩序。晚上，我们经常去居民们常去的一些街巷，那里人头攒动，各个剧院和娱乐场所都在推介自己的剧目，吸引路人的关注，在活动的人群中，人们保持安静，并且彼此尊重。”① “街市就在他们的家门前；从外面看，它们并不漂亮，走进去便会惊奇地发现大量收藏品和各种作品，有漆器、丝绸、瓷器、象牙、玳瑁、青铜器。”

当时，美国“与这个国家保持广泛的商业往来。越来越多的船只驶上了从加利福尼亚到横滨的海上线路……出口茶叶、大米、胡椒、靛蓝、生姜、丝绸、瓷器、棉花、漆器和青铜器，以及其他许多产品”②。

停泊 8 天以后，7 月 10 日下午 4 点，护卫舰离开港口，前往加利福尼亚的旧金山。在“未来 2 周内，他们将面对一场可怕风暴的袭扰，以及 40 天的痛苦航行”③。

---

① 舰队首席外科医生加尔迪诺·西塞罗·德·马加良斯提交的《环球航行期间“维塔尔·德·奥利维拉”号护卫舰医学报告》，国家印务所，里约热内卢，1881 年，第 64–65 页。

② 舰队首席外科医生加尔迪诺·西塞罗·德·马加良斯提交的《环球航行期间“维塔尔·德·奥利维拉”号护卫舰医学报告》，国家印务所，里约热内卢，1881 年，第 65 页。

③ 诺罗尼亚·桑托斯：《海军上将儒利奥·塞萨尔·德·诺罗尼亚诞辰一百周年（1845—1945）》，Livraria Editora Zélio Valverde 出版，里约热内卢，1945 年，第 57 页。

军舰驶过横滨所在的江户湾。1880 年，横滨约有 6 万居民。
图片来源：玛丽·克里斯蒂娜·斯克玛佐恩

美国旧金山
图片来源：玛丽·克里斯蒂娜·斯克玛佐恩

美国　旧金山

7 月 10 日上午 10 点，“维塔尔·德·奥利维拉”号护卫舰离开横滨港，前往美国加利福尼亚的旧金山。他们兴致勃勃地出发了：美国海军少将帕特森（Patterson）让“里士满”号护卫舰的乐队演奏了巴西国歌。“对他们的如此礼遇，我们的乐队立即给予了回应。”①

欢乐的告别与余下的旅程形成了鲜明对比。“这是一段漫长而痛苦的航程。”② 当护卫舰在经历 42 天、行程 4921 海里之后 ③ 于 1880 年 8 月 20 日下午到

① 《巴西历史地理学会学报》，第 174 册，1939 年，里约热内卢，国家出版局，第 415 页。
② 迪迪奥·A. 达·科斯塔:《海军上将儒利奥·塞萨尔·德·诺罗尼亚》，海军出版社，里约热内卢，1944 年，第 197 页。
③ 《巴西海军杂志》，第 00158 期，1952 年，第 429 页。

达美国时，舰上有5人死亡："3人因脚气病，2人因其他疾病。"[①] 根据加尔迪诺医生的说法，死于脚气病的3人是"拉斐尔·塞韦里诺，帝国海军一等兵，28岁；若泽·马塞利诺·德·索萨，海军陆战队士兵，30岁；若昂·科尔代罗，帝国水兵，23岁"[②]。另外两人是"在香港招收的希腊籍厨师，以及帝国水兵马诺埃尔·多卡尔莫－阿松桑。这位水兵因为腹泻正在康复中，却被得了痢疾而来医务室就诊的厨师传染了"。

这是整个环球航行中最痛苦的42天，是一段"欲行还驻"的航程。[③] 潜伏中的脚气病以令人难以置信的速度和极大的攻击性出现了。几天之内，"海洋成了3位不幸同伴遗体的最终归宿，另有4位同伴长眠在异乡的土地上。很短的时间内，我们在公海上失去了5名士兵，其中2人是因为痢疾"[④]。

加尔迪诺在后来关于"维塔尔·德·奥利维拉"号上脚气病的专著中回忆说："医务室里人多得可怕。"在航程的最后阶段，"我们越接近终点，病例越多，病患死亡的速度也越快。不过，也是在此时，连续几天天气晴朗而美好，浓雾逐渐消散，湿度降低。这似乎是对霉运的嘲弄：天气越好，危险越大"[⑤]。

接连两天，即7月30日、31日，发生了两例死亡。7月30日清晨5点50分，帝国海军二等兵（第3连，编号624）马诺埃尔·多卡尔莫－阿松桑去世。他的遗体被用50米长的新帆布包裹起来，于上午11点30分投入大海，同时，鸣炮6响。[⑥] 第二天晚上——航程第22天——3点30分，这次是勤务兵让·雅

---

① 《圣保罗邮报》，圣保罗，1881年1月27日。

② 里约热内卢帝国医学院通讯员、舰队首席外科医生加尔迪诺·西塞罗·德·马加良斯提交的《环球航行期间"维塔尔·德·奥利维拉"号护卫舰上脚气病病程》，里约热内卢，国家印务所，1882年，第102页。

③ 迪迪奥·A. 达·科斯塔：《海军上将儒利奥·塞萨尔·德·诺罗尼亚》，海军出版社，里约热内卢，1944年，第200页。

④ 《巴西历史地理学会学报》，第174册，1939年，里约热内卢，国家出版局，第422页。

⑤ 里约热内卢帝国医学院通讯员、舰队首席外科医生加尔迪诺·西塞罗·德·马加良斯提交的《环球航行期间"维塔尔·德·奥利维拉"号护卫舰上脚气病病程》，里约热内卢，国家印务所，1882年，第20页。

⑥ 《值班日志》和《舰上人员登记册》手稿档案2020（IVM 2020），第54页。

斯。上午10点50分，“集合号响起，舰上人员列队，11时，他被投进海里”[①]。8月13日下午4点25分，帝国海军第28连、144号水兵拉斐尔·塞韦里诺因“严重脚气病”去世。晚上9点，他的遗体被投进大海。[②]但是，最糟糕的一天还是8月16日，星期一，航程第39天。凌晨1点30分，第1连海军陆战队第29号士兵若泽·马塞利诺·德·索萨因脚气病去世，早上7点30分，遗体被投入大海。晚上7点05分，新的死亡病例再次出现。这次是第9连帝国海军编号658的二等兵若昂·科尔代罗，两小时后，他的遗体被投下海去。[③]

凄惨的场面令拥挤在甲板上的许多病人面色更加阴郁。“沮丧和悲伤令舰上人员士气越来越低落，他们知道舰上药效欠佳、物资匮乏、缺乏食品，把所有的希望寄托在旧金山，那里是各种物资的来源，那里可以使我们将病人从疾病传播的环境中解救出来并为战胜疾病提供必要的卫生条件。正如大家想象的那样，在我们到达旧金山之后的第二天，21名患者被送往医院”，但是，继续有人患病。美国医生欧内斯特·赫伯史密斯向美国海军卫生部门通报说，旧金山海军医院“于8月21日接收了来自巴西‘维塔尔·德·奥利维拉’号军舰的18位病人，其中16人患的是被称为‘脚气病’或‘锡兰病’的罕见病”[④]。

诺罗尼亚也认为“情况很不正常，并要求延长在旧金山的停留时间，滞留时间无法预测。在这种情况下，我们给海军副总司令发去这样一封电报：

> 航行期间，舰上人员健康状况差。疾病仍在继续：23名脚气病患者，6人死亡。现共有40名病患。舰上人员出现减员情况，须延长在此停留时间。军官们尚好。

---

① 《值班日志》和《舰上人员登记册》手稿档案2020（IVM 2020），第57页。

② 《值班日志》和《舰上人员登记册》手稿档案2020（IVM 2020），第90页。

③ 《值班日志》和《舰上人员登记册》手稿档案2020（IVM 2020），第95页。

④ 《巴伊亚医学杂志》，Litho-typographia de João Gonçalves Tourinho出版，第二辑，第五册，巴伊亚省，1880—1881，第195页。

“这封电报于8月24日发出，次日便收到了回复：延长时间。请采取措施，改善健康状况”。①

追根查源

在舰长看来，横滨—旧金山航程的可怕经历是由于若干原因造成的：“我们认为，造成健康状况严重紊乱的原因在于护卫舰从苏伊士运河到旧金山阶段遇到的有害健康的天气。从马六甲海峡到日本，降雨频繁；在香港，可以说雨从未停过。我们舰上人员的伙食差，没有适合天气的衣服，无法避免超饱和空气湿度造成的可怕后果。除了在甲板上呼吸过分潮湿的空气之外，有时，因为衣服无法晾干，舰上人员只得穿湿衣服。极少有军舰在水兵最忌惮的雨多雾重地区长途航行而不出现某些严重疾病的情况。”②

同时，他认为：“自7月20日到8月4日的16天，我们在比较浓的雾中航行，这让此段航程变得极其乏味……空气湿度太大，霉菌包围了我们，家具变形、开裂。甲板甚至舱房都非常潮湿，以至于需要用热沙子擦干。”③

加尔迪诺医生则认为：“护卫舰上脚气病的病程较长。最早的病例出现在红海，经过适当处理后平息了……一系列大大削弱舰上人员健康的情况发生之后，脚气病以前所未有的攻击性在此段航程中卷土重来。持续大雨、浓雾、潮湿、缺乏保暖衣物、食物不足、没有葡萄酒或任何含酒精饮品、过多用海水冲洗甲板、休息不够，等等，都是导致这种疾病再次出现的原因。29人病情比较严重，其中3人途中丧生。我们进港抛锚之后，立即着手将18位患者送往医院，8位病情好转的患者留在舰上。陆上，3人死于脚气病，1人死于肺结核。”④

---

① 《巴西海军杂志》，第1年，第2册，1882年1月—6月刊，第333页。

② 《巴西历史地理学会学报》，第174册，1939年，里约热内卢，国家出版局，第423页。

③ 《巴西海军杂志》，第00158期，1952年，第400页。

④ 舰队首席外科医生加尔迪诺·西塞罗·德·马加良斯提交的《环球航行期间“维塔尔·德·奥利维拉”号护卫舰医学报告》，国家印务所，里约热内卢，1881年，第103页。

加尔迪诺医生强调说："我们的物资也几乎用光了。寒冷早已经杀光了可以食用的鸡，连做一锅肉汤的材料也没有了。我们的餐厅里能找到的只有炼乳、少许药酒、几勺葡萄酒。"①

来到加利福尼亚6天以后，"4名患者在美国海军医院死亡，其中3名死于脚气病，1名死于结核病。他们是佩德罗·皮雷斯、费利佩·安东尼奥·德·阿劳若、费利佩·费雷拉·马丁斯和若泽·加尔辛多·德·比斯波。我们的舰上还有8位脚气病患者……并不缺乏充足的食物……所有病人每天都在恢复中。我们认为，他们应住在医院直到痊愈，然后，经纽约返回里约热内卢"②。

视野

除了舰上人员健康状况不稳定之外，在42天的航行中还发生了几例个案。例如，据《值班日志》记载，出发后的第二天，即7月11日，恩里克·罗德里格斯受到鞭责20下的处罚，因为"值班期间，他在甲板上睡着了"③。另一项关于处罚的记录是在7月16日，"水兵卡尔内罗·达·丰托拉受到戴铁链关禁闭的处罚，因为他侮辱了叫他起床操练的上等兵马查多"④。

舰长在他的报告中也提到了7月16日的操练。他们看到"海面上有一片白色的东西，也许是漂浮的船体，也许是海浪的浪花形成的，周围聚集着越来越多的鸟类，有一些鸟向护卫舰飞来。我们立即放下70英寻的测深水砣，但是，没有测到底部。于是，由于其外观与美国政府公布的一份清单中列举的疑

① 舰队首席外科医生加尔迪诺·西塞罗·德·马加良斯提交的《环球航行期间"维塔尔·德·奥利维拉"号护卫舰医学报告》，国家印务所，里约热内卢，1881年，第102页。

② 里约热内卢帝国医学院通讯员、舰队首席外科医生加尔迪诺·西塞罗·德·马加良斯提交的《环球航行期间"维塔尔·德·奥利维拉"号护卫舰上脚气病病程》，里约热内卢，国家印务所，1882年，第28，30，31页。

③ 《值班日志》和《舰上人员登记册》手稿档案2020（IVM 2020），第5页。

④ 《值班日志》和《舰上人员登记册》手稿档案2020（IVM 2020），第19页。

似暗滩的情况吻合，我们决定派马尔维罗和罗芒中尉驾小艇前去识别。所谓‘暗滩’只不过是随波逐流漂荡的一头腐烂的巨大鲸鱼，鲸鱼身上落满了海鸟，而且是在北太平洋很常见的鸟类。庞然大物在波浪起伏的海浪中露出它白色的肚皮，好像翻滚的浪花中的一块巨石。第二天，我们在离舰不远的地方遇到了同样情况……频繁的浓雾屏蔽了我们的视野。通常，围绕在护卫舰周围的鸟类数量令人相信，在离舰不远处有某个未知的暗滩或岛屿”①。

7月21日，航程的第12天，又有人受到处罚。这一次，受罚的是司炉欧塞比奥，他因“说了不雅的话”而被鞭打25下。这件事发生在下午，当时，舰员们正忙着修理风帆。根据记录，他们“用10米厚帆布修复了上桅帆，用39米半新帆布和2公斤帆索加固了主帆和主桅，用33米新帆布修复了第一斜桅”。

7月29日，军舰越过格林尼治子午线，因此，航程减少一天，“这意味着连续有两个29日。这样，我们避免了麦哲伦的同伴们在返回欧洲时第一次注意到的日期计算上的误差”②。

7月31日，一整日风雨交加，风雨中，狂风撕破了风帆。海上云雾弥漫。第二天，天气更糟糕，“刮起了东南风，风速56节，海面波涛汹涌，浪高6.5米。24小时内，护卫舰主桅杆上张挂着中帆和下帆，以及舰首三角帆，收紧了拉丁帆的帆索，并启用三角尾桅。舰艇的甲板与侧舷的连接处开裂，主导流管下方出现了一股水流，这是刚好在海平面以上的两个艉柱之间没有捻缝造成的。随着波浪在舰尾越来越高，水越来越多，舰艇开始大幅横摇，最大摇晃幅度背风舷达30度，迎风舷20度，海水来自侧舷，这表明并后来得到证实风向发生了变化”③。

---

① 《巴西海军杂志》，第1年，第2册，1882年1月—6月刊，第326-327页。

② 国际日期变更线(LID)，或简称为“日期变更线”，是地球表面上的一条假想线，表示穿越时必须更改日期。从西（日落方向）向东（日出方向）越线时需减少一天，从东向西越线时需增加一天。

③ 《巴西海军杂志》，第1年，第2册，1882年1月—6月刊，第328页。

处乱不惊

当护卫舰与大自然激烈搏斗时，一些类似黑色信天翁的鸟在风暴中显得漫不经心，平静地飞翔，时而高飞，时而用翅膀掠过浪峰。“面对终会被征服的大自然的惊涛骇浪，它们表现得那么从容，那么无所畏惧，真是令人惊讶。那些信天翁随着我们的军舰从日本来到旧金山港口外的南费拉隆岛（Faralhão do Sul）。”①

最后，8 月 19 日晚上 7 点 25 分，“由于浓雾，我们无法看到指示旧金山港入口的博尼塔角（Ponta Bonita）和岬堡（Fort Point）的灯光，整晚都漂在离费拉隆不远的海上。8 月 20 日上午 10 时 30 分，我们探得 45 英寻深的海水下的泥质海底后，隐约看到了笼罩在雾中的费拉隆”②。

在 42 天的航程中，护卫舰只在靠近美国海岸时遇到过两艘船。“不过，我们经常看到巨鲸伴随着护卫舰。”诺罗尼亚舰长说，“离开横滨以后，我们尽可能远离日本东南海岸和东海岸，7 月份恰好是那里风暴开始的时候，台风会造成巨大破坏……令我们的航行变得极其乏味的是比较浓的雾，我们在雾中航行了 16 天，即从 7 月 20 日到 8 月 4 日；那些地区频繁出现的雾天，对身体健康和航行安全极其有害。雾常常达到雨的程度，浓雾笼罩之中，从军舰四下望去什么也看不见。”③

旧金山

当“维塔尔·德·奥利维拉”号经过加利福尼亚时，旧金山才只建成 32 年。④ 对舰员们来说，这是此行到过的最美丽、最重要的城市，那是“进步

① 《巴西历史地理学会学报》，第 174 册，1939 年，里约热内卢，国家出版局，第 418 页。
② 《巴西海军杂志》，第 1 年，第 2 册，1882 年 1 月—6 月刊，第 329 页。
③ 《巴西历史地理学会学报》，第 174 册，1939 年，里约热内卢，国家出版局，第 420–421 页。
④ 迪迪奥·A. 达·科斯塔:《海军上将儒利奥·塞萨尔·德·诺罗尼亚》，海军出版社，里约热内卢，1944 年，第 202 页。

和大公司的世界。富丽堂皇的世界”①。当时的人口为60万。舰上人员所有活动始终得到了巴西驻加利福尼亚副领事威廉·戴利·伯特利（William Daley Bertley）和领事馆工作人员大卫·博伊尔·布莱尔（David Boyle Blair）的陪伴和协助。

加利福尼亚州旧金山市上城区，背景为旧金山港。
图片来源：玛丽·克里斯蒂娜·斯克玛佐恩

同时，让他们感到惊喜的是这座城市极其活跃的商业活动。在应邀参观了一个机械展②之后，这个展览成了军官们最喜欢的观光项目。他们对“在展览会入口处受到特别接待怎么能不感到惊讶啊”③。

然而，在这段时间，还是有几位舰员死去，其中一次发生在8月23日。《舰

① 《圣保罗邮报》，圣保罗，1881年1月27日。
② 指机械展览会（A Mechanic's Fair）。《上加利福尼亚日报》（Daily Alta California），1880年8月31日。
③ 《圣保罗邮报》，圣保罗，1881年1月27日。

员登记册》是这样记录的："为悼念佩德罗·皮雷斯，默哀、熄灯。"[1]

加尔迪诺医生指出，这里土壤非常肥沃，"有大量矿藏……粮食、蔬菜、葡萄、橄榄、烟草、橘子等种植业相当发达；还有各种毛皮动物、野味、水鸟、鱼、软体动物、甲壳类动物，等等；正在开采的矿物有铅、银、汞、铁、锡、煤，等等；还有沥青泉和矿泉"[2]。

据诺罗尼亚舰长说，这里的海湾有一个"大型的优良港口，强大炮兵阵地守护着它的入口"[3]。造船厂的码头上，停泊着待修理的"彭萨科拉"号（Pensacola）护卫舰和正在建造中的两艘军舰——一艘木壳舰和一艘铁甲舰。

诺罗尼亚舰长在其报告中说，麦克道尔将军（MacDowell），即"西部军总指挥，在他位于普雷西迪奥（Presidio）的司令部热情接待了我们"[4]。他同时还回忆说，造船厂巡视员埃德蒙·R. 科隆准将（Edmund R. Colhoum）"不仅在他的办公室、在他显赫的家里以最友好、最热情的方式接待我们，还在我们离港的时候，按照我们的级别精心安排了鸣炮致意"[5]。

巴西军舰的军官们还应邀在鲍德温剧院观看了喜剧《上层社会》（*The Upper Crust*）。据1880年8月23日《上加利福尼亚日报》（*Daily Alta California*）报道，当他们走进剧场的时候，人们对他们报以热烈的欢呼声。

中国城

关于加利福尼亚的中国移民，加尔迪诺一反曾在报告中对华人赞誉有加的态度，发表了措辞严厉的评论。"在旧金山，很大一部分居民是华人……他们与其他居民完全分开，生活在为他们设定的街区，并且保留着与在中国一样的生活习

---

① 《舰上人员登记册》,《值班日志》和《舰上人员登记册》手稿档案 2020（IVM 2020）。
② 舰队首席外科医生加尔迪诺·西塞罗·德·马加良斯提交的《环球航行期间"维塔尔·德·奥利维拉"号护卫舰医学报告》，国家印务所，里约热内卢，1881 年，第 69 页。
③ 《巴西历史地理学会学报》，第 174 册，1939 年，里约热内卢，国家出版局，第 424 页。
④ 《巴西海军杂志》，第 1 年，第 2 册，1882 年 1 月—6 月刊，第 334 页。
⑤ 《巴西海军杂志》，第 1 年，第 2 册，1882 年 1 月—6 月刊，第 335 页。

俗……定居在旧金山的华人超过3万人，专门以贸易和其他一些职业为生。他们与其他国家的人进行着恶性竞争，甘愿为了最低廉的薪水而提供各种服务。

“通常，人们都憎恨他们；我们听到来自不同国家的人对这些移民口出不逊。缺乏文明生活的必需品、成群结伙生活在一起、没有家人的消息、独特的饮食习惯使他们不得不为了哪怕是低得可怜的薪水而工作，并以这种方式打败外国人和当地人。因为在外国人和当地人看来，如果工作只能使他们赚取如此微薄的薪水，他们会饿死。中国人不建设、不造福这个国家；他们将赚到的一切都攒起来，为的是返回故乡。他们的衣服、鞋子，所有使用的物品，甚至大米，都让人从天朝帝国运来。”

加尔迪诺不满地继续写道：“真正的吸血鬼，他们吸干国家的一切，却不给予相应回报。这样一来，所有好处都是他们的，接受他们、给他们工作、让他们富裕起来的国家却受到伤害。他们的某些产出无法弥补给国家造成的深深伤害。极其不满的意见上达至总统，国会投票通过了禁止华人移民的法律。若干委员会对人们的不满给出了支持意见，目前，只待已经开始的与中国政府的谈判做出决定。作为劳动力，华人满足于低廉的报酬，可是，他们没有为这个国家贡献出外国移民的活力和能量。特殊的习俗使他们不擅社交，无论在哪个城市定居，他们都会毁掉所有当地人或外国人的工作。”①

弥撒

在旧金山停留14天是天意使然。时间“足以改变事件的面貌。脚气病患者们近来开始明显好转”②。例如，8月23日下午，一艘小艇载着留在舰上的患

① 舰队首席外科医生加尔迪诺·西塞罗·德·马加良斯提交的《环球航行期间“维塔尔·德·奥利维拉”号护卫舰医学报告》，国家印务所，里约热内卢，1881年，第71页。
② 舰队首席外科医生加尔迪诺·西塞罗·德·马加良斯提交的《环球航行期间“维塔尔·德·奥利维拉”号护卫舰医学报告》，国家印务所，里约热内卢，1881年，第72页。

者和获得批准的未成年人上岸观光。[①] 两天后，即 8 月 25 日晚上，记录显示从脚气病康复的帝国水兵卡内罗・达・丰托拉和士兵若泽・莱亚尔没有与其他同伴一起返回舰上。[②] 第二天上午，舰上全体能出席的人员尽数出席了为死者在天之灵举行的弥撒。同一天上午，一等兵费利佩・佩雷拉・马丁斯在医院去世。[③] 当时，根据舰长的命令，决定"在每天的早班时间，为病患洗澡"[④]。他们还在 9 月 1 日早上远远目睹了一场城市火灾。据上尉若泽・马蒂诺・德・托莱多在《值班日志》中报告的说法，幸运的是，它很快被扑灭了。[⑤] 除了煤炭，护卫舰还收到了其他补给，包括 6 桶黄油、3 桶朗姆酒、23 罐饼干、8 桶葡萄酒、6 桶猪肉、6 桶白糖、2 桶醋、4 箱橄榄油、56 箱硬饼干、1 桶沥青、46 桶牛肉、3 袋盐、20 箱鳕鱼、53 袋白豆、5 个手电筒、厨用叉子和勺子各 6 把、1 瓶墨水、8 盒干果、6 袋咖啡、9 袋大米、5 袋土豆、10 袋沙子。[⑥] 9 月 2 日下午，他们收到了"3 头活牛和 4 捆草料"[⑦]。第二天下午，第三艘小艇来到舰旁，大副和财务官带来了 35757 美元，放进了军舰的保险箱。

9 月 4 日，"我们离开了旧金山，不少舰员恢复了健康，有 16 名士兵（12 名帝国水兵和 4 名海军陆战队士兵）留在了医院。下一个目的地是经阿卡普尔科前往瓦尔帕莱索，这样做是为了避免长途航行，以免再次出现可怕的天灾人祸，造成护卫舰上本已可怜的人手减员"[⑧]。

---

① 《值班日志》和《舰上人员登记册》手稿档案 2020（IVM 2020），第 109 页。
② 《值班日志》和《舰上人员登记册》手稿档案 2020（IVM 2020），第 111 页。
③ 《值班日志》和《舰上人员登记册》手稿档案 2020（IVM 2020），第 111 页。
④ 《值班日志》和《舰上人员登记册》手稿档案 2020（IVM 2020），第 115 页。
⑤ 《值班日志》和《舰上人员登记册》手稿档案 2020（IVM 2020），第 116 页。
⑥ 《值班日志》和《舰上人员登记册》手稿档案 2020（IVM 2020），第 117–118 页。
⑦ 《值班日志》和《舰上人员登记册》手稿档案 2020（IVM 2020），第 119 页。
⑧ 《巴西历史地理学会学报》，第 174 册，1939 年，里约热内卢，国家出版局，第 422–423 页。

墨西哥阿卡普尔科港
图片来源：玛丽·克里斯蒂娜·斯克玛佐恩

墨西哥　阿卡普尔科

15天航行之后，“维塔尔·德·奥利维拉”号在阿卡普尔科停泊了4天。此次航程中没有人生病。[①] 然而，灾难并未远去。就在9月19日抵达墨西哥城后，军舰因地震晃动起来。诺罗尼亚舰长描述道：“1880年9月19日晚上8时30分，发生了地震。护卫舰的锚链抖动起来，令我们产生类似龙骨在海底拖行时舰的颤抖感觉；晃动的时间不长。奇怪的是，我们听到从地球深处发出的像遥远雷声一样的声音。”[②]

在整个航行过程中，天气非常好，《舰员登记册》用各种形容词进行了描述，例如“天气阳光明媚”或“绝佳的天气、晴朗的星空、波涛起伏的大

① 舰队首席外科医生加尔迪诺·西塞罗·德·马加良斯提交的《环球航行期间“维塔尔·德·奥利维拉”号护卫舰医学报告》，国家印务所，里约热内卢，1881年，第106页。
② 《巴西海军杂志》，第1年，第2册，1882年1月—6月刊，第338页。

海”。[①] 第4天，即9月7日，舰上宰杀了3头牛中的第一头。[②] 同一天，舰员们发现了瓜达卢佩岛（ilha de Guadalupe），这说明军舰已经到达了墨西哥。在整个航程中，护卫舰没有遇到任何其他船只，只在航程即将结束的时候遇到了一艘邮轮。[③] 9月8日午饭后，舰上举行了已故士兵遗物拍卖会。第二天下午，帝国水兵们收到了八月份的薪水。

9月11日，人们看到了阿利霍斯岩（rochas Alijos）。诺罗尼亚在报告中写道：“这是4个岛礁，发现于1791年，其中最大的一个高达34米。像这些地方几乎所有的岩石一样，它们被鸟粪覆盖着，远远望去像两艘帆船。”[④] 同一天，另一头牛被宰杀。[⑤]

在接下来的几天里，他们遇到了大量花冠植物。“根据莫里（Maury）的说法，这种植物被认为是抵达加利福尼亚海岸的良好标志。如果它们处于水平状态随波逐浪，从它们中间穿过不会有危险，但是，当它们处于垂直状态时，则应该避开它们，因为这表明水下有它们赖以生长的岩石。[⑥] 14日，舰上开展了一项与以往不同的活动：我们看到许多海龟，并成功叉到了一只。”

终于，1880年9月19日上午11点50分，平静的海水退潮的时候，“我们在水深10英寻、泥沙底的阿卡普尔科港抛锚了”[⑦]。天气酷热。晚上8点，发生了地震，“舰上有震感”[⑧]。

---

① 《舰员登记册》,《值班日志》和《舰上人员登记册》手稿档案2277（IVM 2277）。
② 《值班日志》和《舰上人员登记册》手稿档案2020（IVM 2020），第131页。
③ 《巴西历史地理学会学报》，第174册，1939年，里约热内卢，国家出版局，第427页。
④ 《巴西海军杂志》，第1年，第2册，1882年1月—6月刊，第335页。
⑤ 《值班日志》和《舰上人员登记册》手稿档案2020（IVM 2020），第139页。
⑥ 《值班日志》和《舰上人员登记册》手稿档案2020（IVM 2020），第139页。
⑦ 《值班日志》和《舰上人员登记册》手稿档案2020（IVM 2020），第337页。
⑧ 《值班日志》和《舰上人员登记册》手稿档案2020（IVM 2020），第159页。

海啸

阿卡普尔科，即从前的圣雷伊斯城（Ciudad de los Santos Reys），“曾经是太平洋地区唯一的菲律宾贸易中转站，一个富裕、人口众多、繁荣的城市，墨西哥获得独立后，日渐萧条”[①]，舰长说。然而，在“维塔尔·德·奥利维拉”号访问经过时，这里“没有商业活动，毫无生气，有2400名极其懒散的居民，只有需要燃料以便穿越太平洋的船只才会造访这里。这座城市没有一座纪念性建筑，其昔日繁荣的唯一遗存、曾经为西班牙人引以为豪的圣迪奥戈堡（S. Diogo）如今被完全拆除，只剩断壁残垣；100位士兵是阿卡普尔科的全部军事力量。由于地震频发，城市多次被毁，似乎已经放弃了所有重要设施的建设”，诺罗尼亚补充道。[②]在1820年的一次地震中，该地区遭受重创，“海水先是退去，海港的一些地方露出了海底，然后返回冲进这座城市，没过了广场上矗立的教堂顶部，结果是所到之处皆为废墟”[③]。

开采金矿和银矿是混血居民唯一的收入来源。“他们有棕褐色皮肤、黑色直发、中等身材、发达的躯体，人较懒散……穿白色帆布裤、下摆松散的衬衫，戴宽边草帽。妇女们着装也极其简单……披巾很常见，她们用它来抵御狂风，防止烈日灼伤脖颈。居民们非常干净，每天都在海滩或河流、溪流中洗澡”，加尔迪诺医生说。他还建议舰员们谨慎：“吃水果要小心，只可购买熟透的水果。”[④]这里盛行赌博，“人们甚至在街上和广场公开聚赌”[⑤]。军官们与港务局上校局长保持着友好的联系。墨西哥医生奥尔蒂斯（Ortiz）也曾登舰。[⑥]护

① 菲律宾和墨西哥曾经是西班牙殖民地。阿卡普尔科曾是西属菲律宾的贸易中转站。墨西哥于1824年宣布完全独立。——译者注

② 《值班日志》和《舰上人员登记册》手稿档案2020（IVM 2020），第338页。

③ 迪迪奥·A. 达·科斯塔：《海军上将儒利奥·塞萨尔·德·诺罗尼亚》，海军出版社，里约热内卢，1944年，第203页。

④ 舰队首席外科医生加尔迪诺·西塞罗·德·马加良斯提交的《环球航行期间“维塔尔·德·奥利维拉”号护卫舰医学报告》，国家印务所，里约热内卢，1881年，第74页。

⑤ 《圣保罗邮报》，圣保罗，1881年1月27日。

⑥ 《值班日志》和《舰上人员登记册》手稿档案2020（IVM 2020），第162页。

卫舰还得到了美国领事的帮助，他甚至与护卫舰首席轮机长一起去选购煤炭。[①]舰上有5名戴铁铐的禁闭者；22日，司炉托马斯·德·阿基诺（Thomás de Aquino）因对见习生大卫缺乏尊重而被罚加入了他们的行列。当天晚上，酷热难耐，舰员们在舰首洗澡。这一天，他们除收到了20桶白酒之外，还收到了3头活牛。[②]

9月23日早上6点40分[③]，护卫舰启程前往瓦尔帕莱索。

---

① 《值班日志》和《舰上人员登记册》手稿档案2020（IVM 2020），第162页。
② 《值班日志》和《舰上人员登记册》手稿档案2020（IVM 2020），第163页。
③ 《圣保罗邮报》，圣保罗，1881年1月27日。

智利瓦尔帕莱索港
图片来源：玛丽·克里斯蒂娜·斯克玛佐恩

智利　瓦尔帕莱索

这是此次环球航行中最长的一段航程，用时 54 天。[①] 就恶劣天气而言，护卫舰在这段航程中遇到的天气是最糟糕的天气状况之一。[②] 10 月 22 日，恰好是离开阿卡普尔科整整一个月之后，又一场海上葬礼令舰员们感到害怕："贪得无厌的太平洋成了一个见习生、勤务兵的坟墓。" 这次是患了肺结核的勤务兵维尔吉利奥·博诺里诺。[③] 他被用 5 米长的帆布包裹起来，放置在艏楼甲板上一夜之后于10月23日上午抛入海中[④]。同一天，舰长在他的航行报告中指出："我们遇到了高 2.5 米、长 199.6 米的涌浪"[⑤]。4 天后，即 10 月 26 日，军舰在经过复活节岛（ilha de Páscoa）时看到了 3 只鹈鹕。在这一天，不知道帝国水兵丹尼尔·卡纳瓦罗是如何搞到了酒，他被发现喝醉了。于是，他因醉酒而受罚

① 《巴西历史地理学会学报》，第 174 册，1939 年，里约热内卢，国家出版局，第 432 页。
② 《圣保罗邮报》，圣保罗，1881 年 1 月 27 日。
③ 《巴西历史地理学会学报》，第 174 册，1939 年，里约热内卢，国家出版局，第 430 页。
④ 《值班日志》,《值班日志》和《舰上人员登记册》手稿档案 2277（IVM 2277），第 59 页。
⑤ 《值班日志》,《值班日志》和《舰上人员登记册》手稿档案 2277（IVM 2277），第 59 页。

戴上了铁铐，[①] 直到 11 月 1 日才被解除处罚。

但是，最坏的情况还没有到来。10 月 30 日，“开始刮起强劲的风，驾驶困难。护卫舰张挂起前中帆和中桅帆快速前进。大海波涛汹涌，掀起七八米高的巨浪。军舰剧烈地摇摆。可是，它挺住了，却也有损失：它失去了舰首桅杆上帆桁的系缆羊角，其桅座开始晃动；甲板、舷缘板、侧栏和侧舷出现了裂缝；横梁的一些销钉受损；由于两个艉柱之间缺少捻缝，舰尾再次出现水流”[②]。一个星期以后，新的问题出现了。那是 11 月 6 日星期六，航程的第 45 天，整个下午大家都在与惊涛骇浪搏斗，浪有时高达 8 米[③]。

加尔迪诺医生还报告了航行中遇到的恶劣天气和舰上糟糕的状况。“葡萄酒没有了，取而代之的是分发朗姆酒。在加利福尼亚购买的防水服在几天来的阴雨寒冷天气中派上了用场，起到了很好的保护作用，既舒适又可防寒并保持衣服干燥。” 10 月 11 日，“新鲜食品” 吃完了，26 日，茶叶也没有了。“寝室、物资仓库、底舱、厕所等都用干草烟熏和石炭酸消毒。每天都用火药和醋制成的火球点着进行消毒。”[④]

11 月 13 日早上，终于可以稍微放松一下。凌晨 4 点，大家看到了马斯阿富埃拉岛（ilha de Más Afuera），它看上去相当高。同一天，护卫舰遇到了一艘船和一些体形硕大的鲸鱼。[⑤] 14 日，胡安 · 费尔南德斯群岛（ilhas de Juan Fernandes）遥遥在望。首先看到的是圣克拉拉岛（ilhote de Santa Clara）。该岛于 1653 年被发现，闻名于世是因为一个名叫亚历杭德罗 · 塞尔柯克（Alejandro Selkirk）的水手被抛弃在岛上，他于 1704 年至 1709 年独自一人在孤岛生

---

① 《值班日志》和《舰上人员登记册》手稿档案 2277（IVM 2277），第 60 页。

② 迪迪奥 · A. 达 · 科斯塔：《海军上将儒利奥 · 塞萨尔 · 德 · 诺罗尼亚》，海军出版社，里约热内卢，1944 年，第 204–205 页。

③ 《值班日志》和《舰上人员登记册》手稿档案 2277（IVM 2277），第 50 页。

④ 舰队首席外科医生加尔迪诺 · 西塞罗 · 德 · 马加良斯提交的《环球航行期间“维塔尔 · 德 · 奥利维拉”号护卫舰医学报告》，国家印务所，里约热内卢，1881 年，第 108，111 页。

⑤ 《巴西海军杂志》，第 1 年，第 2 册，1882 年 1 月—6 月刊，第 407 页。

活。根据这段历史，丹尼尔·笛福（Daniel Defoe）创作了《鲁滨逊漂流记》（Robinson Crusoé）。这个小岛与马斯阿富埃拉岛一样都是火山岛，相当高，但是，并非寸草不生。在军舰的东北方位，是圣若昂·巴蒂斯塔湾（Bahia de S. João Batista），那里由于水过深并且完全暴露在冬季频繁的北风影响之下而不便停泊。“在胡安·费尔南德斯群岛，与在太平洋的其他群岛一样，可以看出暴露在极地风中的南部比北部更贫瘠。从前，这片土地是监狱，如今，它变成了牧场。”①

违纪行为

在这段航程中，舰上实施了多起处罚。在航程第 3 天，司炉塞萨雷·卡斯蒂略被鞭挞 50 下，因为他不尊重帝国海军军士长，并且抗拒大副对他的处罚。那天晚上，即 9 月 26 日，星期日，晚上 9 点，军舰的桅杆上出现了“圣艾尔摩火”。② 天气渐凉，护卫舰一直航行到晚上 9 点 30 分。“从那时到晚上 11 时 10 分，军舰失控，我们启用了两个锅炉，开始靠蒸汽机航行军舰才恢复如初。午夜，记录显示我们航行了 37 海里。”③

两天以后，“因操练期间在众目睽睽之下赌钱，帝国海军上等兵罗森多、马尔塞罗·达·科斯塔、从三等兵降级为一等兵的马诺埃尔·德·奥利维拉、达马西奥、路易斯·沙维斯·博尔巴、弗朗西斯科·若泽·达·席尔瓦、海军陆战队士兵若昂·达·席尔瓦、马诺埃尔·欧弗拉西奥，每人被鞭挞 25 下”。

1880 年 11 月 16 日，护卫舰终于停靠在瓦尔帕莱索港，眼前是令人难以置信的白雪皑皑的阿空加瓜山在群山中巍然屹立的景象。作为对此前所有付出的

---

① 《巴西海军杂志》，第 1 年，第 2 册，1882 年 1 月—6 月刊，第 407–408 页。

② 《值班日志》和《舰上人员登记册》手稿档案 2020（IVM 2020），第 172 页。[圣艾尔摩火（fogos de São Telmo）指一种自然现象，经常发生于雷雨中，在如船只桅杆顶端之类的尖状物上，产生如火焰般的蓝白色闪光。——译者注]

③ 《值班日志》,《值班日志》和《舰上人员登记册》手稿档案 2020（IVM 2020），第 175 页。

回报，护卫舰在智利受到了在此次环球航行中受到的最热烈的迎接。据诺罗尼亚舰长说，“智利给我们留下了充满感激和怀念的记忆”[①]。当时，进入瓦尔帕莱索港虽然未遇到困难，但是，护卫舰“需要特别注意一件事：无数停泊于此的舰船出现过丢锚现象，由于这种情况非常普遍，以致出现了一家专门负责拖船和捞锚的公司”[②]。“维塔尔·德·奥利维拉”号也做出了“贡献”，在此丢了一只锚。“后来，我们不辞辛苦的领事将锚捞起并出售了。”[③]

战事在即

护卫舰抵达智利港之际，正是智利与巴西外交关系紧密并准备建立“战略联盟”的时候。智利出于政治利益提出建立联盟的建议，目的是加强自己的力量以对抗阿根廷。“随着太平洋战争（1879—1883）爆发，智利采取的外交政策是努力与巴西建立联盟，以此制衡阿根廷，降低在战争中该国与秘鲁和玻利维亚结盟的可能性。……智利人认为，自己示好的态度将会弱化阿根廷人在巴塔哥尼亚采取的带有更为明显意图的动作的影响。”[④]

诺罗尼亚很清楚这一点并表明了立场：“智利决心与玻利维亚和秘鲁大战一场，组建了一支军队。尽管秘鲁人占据有利的战略位置并有埋藏在地下的硝石为支撑，但是，无法阻止智利军队凭借其价值观、英雄气概及其儿女的爱国主义，一步步凯歌高奏地走向洛斯雷耶斯城（Cidade de Los Reis）[⑤]，并在毫无重

① 《巴西海军杂志》，第 1 年，第 2 册，1882 年 1 月—6 月刊，第 413 页。
② 《巴西海军杂志》，第 1 年，第 2 册，1882 年 1 月—6 月刊，第 408 页。
③ 《巴西海军杂志》，第 1 年，第 2 册，1882 年 1 月—6 月刊，第 409 页。
④ 拉斐尔·卡纳韦泽（Rafael Canaveze），《巴西与太平洋战争：战略联盟与外交关系（1879—1883）》（O Brasil e a guerra do Pacífico: alianças estratégicas e relações diplomáticas (1879—1883)）；圣保罗州立大学阿西斯科学与文学院（Faculdade de Ciências e Letras de Assis–UNESP (Universidade Estadual Paulista) 历史学硕士论文，第 94–95 页。https://repositorio.unesp.br/bitstream/handle/11449/93359/canaveze_r_me_assis.pdf?sequence=1。2018 年 10 月登录。
⑤ 指秘鲁现首都利马。——译者注

大损失的情况下占领了这座城市。”[①]

智利对巴西人的盛情接待引起了巴西新闻界的重视。报界的一系列文章详细报道了护卫舰在智利的活动。人们不禁要问，如此大张旗鼓原因何在。帕拉省的一家报纸指出：“我们不知道圣地亚哥（Santiago）和瓦尔帕莱索大张旗鼓地对‘维塔尔·德·奥利维拉’号极尽谄媚是否因为巴西和智利之间业已达成的承诺，也不知道这是否会是（智利）博取同情的有效手段，从而影响圣克里斯托弗（São Cristóvão）[②]内阁的判断标准，以评估拉丁美洲各国面对（智利）对秘鲁的胜利不得不采取的态度。”[③]

1880 年的瓦尔帕莱索，当时这里有大约 97000 居民。
图片来源：玛丽·克里斯蒂娜·斯克玛佐恩

① 《巴西历史地理学会学报》，第 174 册，1939 年，里约热内卢，国家出版局，第 438 页。
② 圣克里斯托弗宫为当时巴西皇室居住地。此处代指巴西政府。——译者注
③ 《宪法报》，帕拉省，1881 年 1 月 17 日。

火灾

1880年，瓦尔帕莱索是当时人口众多的城市，分为两部分：一部分在平地，另一部分在山上。商业区在平地，这里“是上层社会居住区，最著名的建筑都在这里，街况通常比较好，并有照明设施。另一部分是社会的最弱势居民居住区，这里街道狭窄、曲折，卫生状况欠佳；房屋是用木头和土坯建造的，建造质量差，没有卫生条件。瓦尔帕莱索火山活动非常频繁，每年都会发生许多次地震”①。

瓦尔帕莱索有居民97000人，“几乎都是欧洲白人后裔；阿劳卡诺人（araucano）和维利切人（huilliche）是当地土著民族，人数少，生活在山区，从事狩猎和采矿工作”②。

对于游客们来说，智利人与众不同。加尔迪诺医生认为：“他们特别勤奋，讲义气，是政府的朋友，为自己的民族感到骄傲，热爱和平劳动带来的进步。”③

卖淫是自由的，无须做身体检查，这也许就是为什么“梅毒是瓦尔帕莱索传播最快、最具破坏性的疾病之一”，医生评论道。他还指出：“肺结核病在贫困阶层的发病率惊人。天花是这座城市的灾难之一。”④

巴西人在瓦尔帕莱索停留了两个星期，目睹了这里发生的几起城市火灾。“在瓦尔帕莱索，最大的祸害莫过于经常不断的火灾，其来势凶猛，无法扑灭；在短短14天内，我们看到化为灰烬的建筑物数量不断攀升。”⑤

① 舰队首席外科医生加尔迪诺·西塞罗·德·马加良斯提交的《环球航行期间“维塔尔·德·奥利维拉”号护卫舰医学报告》，国家印务所，里约热内卢，1881年，第75页。
② 舰队首席外科医生加尔迪诺·西塞罗·德·马加良斯提交的《环球航行期间“维塔尔·德·奥利维拉”号护卫舰医学报告》，国家印务所，里约热内卢，1881年，第75页。
③ 舰队首席外科医生加尔迪诺·西塞罗·德·马加良斯提交的《环球航行期间“维塔尔·德·奥利维拉”号护卫舰医学报告》，国家印务所，里约热内卢，1881年，第76页。
④ 舰队首席外科医生加尔迪诺·西塞罗·德·马加良斯提交的《环球航行期间“维塔尔·德·奥利维拉”号护卫舰医学报告》，国家印务所，里约热内卢，1881年，第78页。
⑤《巴西海军杂志》，第1年，第2册，1882年1月—6月刊，第413页。

甫一到港，军舰就补充了37000升水，[①] 每天购买186份面包、肉类和蔬菜。[②] 此外，每天早上都有15名工人负责给舰艇捻缝，并用驳船运来数吨煤炭。例如，11月21日上午，一艘驳船运来了910升白酒、27桶咸肉、113袋饼干、40公斤用于舰艇密封的蜡、200公斤肥皂、425公斤生石灰、13罐亚麻籽油、100块英式砖、10块松木板，16罐木薯粉、3袋盐、4袋豆子，以及其他很多东西。[③] 11月24日下午，舰艇收到了6个灯具、15公斤棉线、4桶罐头、一桶精糖和一根卫生间用的铅管。[④] 同一天下午，另一艘驳船“运来瓦尔帕莱索省长送的各种补给品”[⑤]。

海军陆战队士兵本雅明·弗朗西斯科·拉莫斯和文书奥古斯托·阿韦利诺·塞尔帕都得了肺结核病，住进了城市医院，“以便被送往里约热内卢”[⑥]。在瓦尔帕莱索的药店买到了500克橙花水、12公斤精糖、1个量杯、3公斤蓖麻油、6瓶拉巴拉克溶液、3公斤妥鲁香脂糖浆、6瓶松脂糖浆。

晚会

瓦尔帕莱索有一条铁路与智利首都圣地亚哥相连，通过这条铁路，舰员们进行了几次旅行。智利人的好客令游客们吃惊，当地人的热情也让他们感到惊讶。圣保罗的一家报纸写道：“每天晚上，军官们都应邀出席俱乐部或私人家庭的社交聚会（soirées），有时因为邀请太多而应接不暇。”

舰长和军官们应邀参加一个盛大舞会，智利方面为他们安排了火车和多辆汽车。“这是在首都最早举办的舞会之一。以美丽著称的智利性感美女闪亮登

① 《值班日志》和《舰上人员登记册》手稿档案2277（IVM 2277），第74页。
② 《值班日志》和《舰上人员登记册》手稿档案2277（IVM 2277），第66页。
③ 《值班日志》和《舰上人员登记册》手稿档案2277（IVM 2277），第70页。
④ 《值班日志》和《舰上人员登记册》手稿档案2277（IVM 2277），第74页。
⑤ 《值班日志》和《舰上人员登记册》手稿档案2277（IVM 2277），第74页。
⑥ 舰队首席外科医生加尔迪诺·西塞罗·德·马加良斯提交的《环球航行期间“维塔尔·德·奥利维拉”号护卫舰医学报告》，国家印务所，里约热内卢，1881年，第112页。

场；外交使团、政界、商界、艺术和文学界、新闻界的头面人物都聚集到了爱乐俱乐部大厅里。大厅装饰华丽，交叉在一起的巴西和智利国旗随处可见。双方的兴致达到了高潮，彼此相互致以热情问候和热烈掌声。舞会于晚上 10 时开始，直到清晨 6 时人们还在跳华尔兹！而军官们准备在居住的宾馆结账返回瓦尔帕莱索时，却被告知他们并不欠费。”①

军官们还拜会了共和国总统安尼巴尔・平托（Annibal Pinto），同时在座的有内务部长、外交部长，以及圣地亚哥市市长。

诺罗尼亚没有忘记感谢“我们的代办庞特・里贝罗（Ponte Ribeiro）先生、领事路易斯・皮雷斯・加西亚（Luiz Pires Garcia）先生和副领事奥古斯丁・维奥利耶（Augustin Viollier），以及他们尊贵的家人不知疲倦地给予我们最周到的关注和关爱”②。他还请求佩德罗二世皇帝对几位智利人表示感谢，其中包括“瓦尔帕莱索市市长托马斯・伊斯门（Thomaz Eastman）先生、圣地亚哥市市长塞农・弗莱雷（Zenon Freire）先生、何塞・马利亚・内科切亚（José Maria Necochea）先生、吉列尔梅・克拉罗（Guilherme Claro）先生和胡里奥・普列托・乌里奥拉（Julio Prieto Urrióla）”③。

火热情谊

在离开瓦尔帕莱索的前一天，11 月 29 日，诺罗尼亚舰长和军官们在智利报纸上发表了一封信，感谢智利给予的款待。感谢信说：“智利人民对我们的接待、无微不至的关怀、友谊，以及他们张开双臂给予我们兄弟般的拥抱所表现出的火热情谊，使我们在离开这个港口时写了这封信，请务必把它刊登在贵报的专栏上。

“在狂风暴雨中艰难航行了 54 天之后，我们于本月 16 日抵达这里。抵

① 《圣保罗邮报》，圣保罗，1881 年 1 月 27 日。
② 《巴西历史地理学会学报》，第 174 册，1939 年，里约热内卢，国家出版局，第 439 页。
③ 《巴西海军杂志》，第 1 年，第 2 册，1882 年 1 月—6 月刊，第 414 页。

达的当天，我们的领事皮雷斯·加西亚先生和副领事维奥利耶先生就来看望我们。

“皮雷斯·加西亚在他下榻的酒店举行晚宴招待我们。17日，舰长收到了公使庞特·里贝罗先生的电报。公使先生向他表示祝贺并邀请他和军官们20日去他家共进晚餐，并一起去一家农场散步。18日，瓦尔帕莱索代理市长托马斯·伊斯门登舰来访，无意中得知了我们公使发出的邀请，立即安排了往返火车。19日，这位杰出绅士还热情地在家中设晚宴招待舰长和大副。

“20日，在总领事加西亚先生、副领事维奥利耶先生和瓦尔帕莱索市议会委员、周到的绅士萨托·阿吉亚尔（Sato Aguilar）的陪同下，几名军官乘坐预定的火车前往圣地亚哥。当天，舰长因偶感不适未能成行。

“维塔尔·德·奥利维拉”号访问过的智利瓦尔帕莱索
图片来源：玛丽·克里斯蒂娜·斯克玛佐恩

“在圣地亚哥，副领事巴尔博萨（Barbosa）和公使先生在车站迎接我们。公使先生带我们去了他家，将我们介绍给他可爱的家人，并为我们提供了美味的午餐。然后，我们去市内散步，傍晚6点半，回到了公使先生家中，等待我们的是丰盛的晚餐。第二天，我们全体去火车站接舰长……在公使家吃过午饭后，舰长去拜会总统、政府官员和圣地亚哥市市长塞农·弗莱雷。在所有这些访问中，我们的公使全程陪同舰长。当天，我们仍然在公使先生家用了晚餐。晚上，我们去了剧院。虽然我们穿着便服，但还是被认了出来，来自智利上层社会的年轻人用疯狂的欢呼声向巴西和巴西海军致意，对此，我们也为智利及其繁荣报以欢呼。无法用语言描述这些杰出的先生见到我们是多么高兴，对我们是多么热情。每个人都邀请我们出席舞会、共进晚餐、共同漫步、将我们介绍给他们的家人。但是，我们都一一婉拒了，因为我们必须在 23 日早上返回瓦尔帕莱索去参加一场舞会。22 日全天我们在一个叫作纽纽亚（Nhonhoa）的种植园与我们公使先生的全家共进了晚餐。晚上，当我们回到酒店时，圣地亚哥的市长先生……来见舰长，代表圣地亚哥社会表示将为我们专门组织一场舞会。鉴于这样的请求和如此盛情……舰长不得不同意，于是，双方决定这场舞会于 27 日举行。

“25 日晚上，副领事维奥利耶先生在他的家中宴请我们……舰上的乐队在晚餐时助兴……大家跳舞到午夜。

“27 日，舞会在圣地亚哥市圣地亚哥爱乐乐团举行……舞会现场装饰豪华，到处是智利和巴西国旗。……扇形的舞会请柬在抬头旁边有交叉在一起的智利和巴西国旗。5 点钟……大家互相为巴西、智利、堂·佩德罗二世、巴西海军和智利海军祝酒。早上 7 点，汽车将我们送到基尔霍塔火车站（estação Quilhota）……许多人前往车站为我们送行。火车开动，军乐队奏响了智利国歌，一些陆军和海军军官向我们热情地欢呼着。……今天，军官们在舰上为总领事和副领事举办了晚宴。”①

① 《累西腓报》，伯南布哥省，1881 年 1 月 6 日。

洛塔

11 月 30 日上午 10 点 40 分，护卫舰启程开始穿越巴塔哥尼亚航道，由此进入麦哲伦海峡（estreito de Magalhães），最终回到 11 个月未见的大西洋。3 名帝国水兵和 1 名上等兵留在了瓦尔帕莱索。①

“维塔尔·德·奥利维拉”号停靠智利沿海小城洛塔补充煤炭。
图片来源：玛丽·克里斯蒂娜·斯克玛佐恩

在到达巴塔哥尼亚航道之前，为了补充煤炭，“维塔尔·德·奥利维拉”号在洛塔做短暂停留。这是一个智利小城，拥有煤矿和优秀的铜铸造业。② 在途中，帝国水兵佩德罗因擅自松舵而受到“戴铁镣”的处罚。③

护卫舰于 12 月 2 日到达洛塔，停留时间短暂，仅仅 2 天，而且，这一次，好运气再一次与他们同在：就在护卫舰抵达的前一天，“12 月 1 日晚间，洛塔发生了持续 40 秒的强烈地震。这场地震除了让全体居民受到惊吓之外，并没有造成任何其他后果”④。12 月 3 日晚上，舰员们第一次看到了雪。

---

① 《值班日志》和《舰上人员登记册》手稿档案 2277（IVM 2277），第 79 页。
② 《圣保罗邮报》，圣保罗，1881 年 1 月 27 日。
③ 《值班日志》和《舰上人员登记册》手稿档案 2277（IVM 2277），第 83 页。
④ 《巴西海军杂志》，第 1 年，第 2 册，1882 年 1 月—6 月刊，第 415 页。

他们参观了煤矿、铸造厂和一个公园。公园“位于山顶上，从那里可以俯瞰海港和城市；它是一位寡妇的财产，据说她是智利财富最雄厚的人。……城市中心贫瘠的土地为沙质黏土，或许由于这个原因，这里非常热。……呼吸道疾病很常见……特别是在矿工中间，他们在工作中完全暴露在造成这类疾病的环境中。……这里很少看到老人，采矿工作会在几年之内耗尽他们的生命”[①]。

① 舰队首席外科医生加尔迪诺·西塞罗·德·马加良斯提交的《环球航行期间“维塔尔·德·奥利维拉”号护卫舰医学报告》，国家印务所，里约热内卢，1881年，第80页。

关布林岛　奥特韦港　巴塔哥尼亚航道

“维塔尔·德·奥利维拉”号是巴西海军第一艘穿越巴塔哥尼亚航道的舰艇。这是一段艰难的航程。军舰在穿过狭窄的航道时，总是被恶劣天气所困扰，每晚都需抛泊，因为夜间航行十分危险。在大约3℃的温度下，历时8天的复杂航行，停靠了7个港口之后，它终于成功进入了麦哲伦海峡。

离开洛塔的第3天，即12月7日凌晨4点30分，海面上白浪掀天，海浪高达8米，“维塔尔·德·奥利维拉”号不得不改变方向，前往关布林岛（Huamblin或Guamblin），即索科罗岛（ilha Socorro）寻求庇护。“这样做，可以使我们本来正常情况下都显不足的舰上人手（77人）得到稍许休息，避免迷航或舰艇受到严重损坏。”① 前3天天气恶劣，影响了航行，诺罗尼亚舰长对此有详细描述。“12月5日、6日和7日，狂风暴雨肆虐，在我们抵达关布林岛之前的最后18小时内，达到了登峰造极的地步。强劲的西风迫使我们将中桅杆的帆收到最小，军舰与8米高的巨大涌浪搏斗着，其激烈程度从饱经天气和海水摧残的舰体的破损程度便可一目了然。由于铁制角码销钉松动或折断，一些横梁出现晃动，主甲板后部和甲板的舷缘板、舷缘扶手、甲板和舷顶列板出现了裂纹，对外艉柱上部起加强作用的铁制肘板和前帆EB型索具绞盘都松动了，一些索具绞盘的支撑结构损坏，在汹涌的波涛中，从舰尾涌进来的水越来越多，甚至需要动用水泵进行排水，当时，舰上只有在香港购置的一台可用水泵。”②

关布林岛上无人居住，也没有可供给的物资。“当时，环绕该岛的海域仍

① 《巴西历史地理学会学报》，第174册，1939年，里约热内卢，国家出版局，第442页。
② 《巴西历史地理学会学报》，第174册，1939年，里约热内卢，国家出版局，第442–443页。

然是惊涛骇浪，并不具备良好的停靠或在此抛泊的条件，同时，受岛上山势的影响，阵风猛烈且风向不定，但是，护卫舰安全地进入到了最佳位置。”

12 月 8 日，由于恶劣天气并未缓解，军舰继续抛锚停泊，并借此机会研究一下海湾的情况。“我们希望了解海湾，使我们的初步计划奏效，并将这项工作交给了上尉塞拉·平托（Serra Pinto）。他以极大的热情迅速完成了任务。”

12 月 9 日，天气好转，军舰起锚前往佩尼亚斯湾（golfo de Peñas），继续向麦哲伦海峡入口进发。但是，中午，强风再起，“气压计显示气压急速下降；海况骤变，降雨使天空变得黑压压，陆地变得模糊起来。3 时，我们看不清陆地，20 分钟以后，我们认出了加雷格斯角（cabo Galegos①），一个贫瘠、陡峭、险峻的海角。

新的死亡病例

从那里，护卫舰继续绕过海岸，行驶一小段距离之后到达了奥特韦港（Port Otway），并于晚上 9 点 45 分抛锚。不久之后，一场巨大风暴来临了，所幸护卫舰已经安然入港。“港口很大，可以容纳许多船只；对于那些遭遇佩尼亚斯湾司空见惯恶劣天气的船只来说，这里是一个很好的避风港。”12 月 10 日上午，3 号小艇被放下，14 名舰员和两名木匠上岸去砍柴。② 在那里，航海的人们在一块石头上刻下了护卫舰的名字。

12 月 11 日拂晓，护卫舰继续前往阿亚乌塔乌岛（ilha Ayautau），这里是梅西耶航道（canal Messier）的入口。中午，军舰抵达了梅西耶航道。途中，他们将鸡舍里死去的 7 只鸡扔进了海里。③

“我们进入梅西耶航道是为了通过巴塔哥尼亚航道进入麦哲伦海峡；下午 4

① 《巴西历史地理学会学报》，第 174 册，1939 年，里约热内卢，国家出版局，第 444 页。此页写作“Cabo Gallego”。——译者注

② 《值班日志》，《值班日志》和《舰上人员登记册》手稿档案 2277（IVM 2277），第 98 页。

③ 《值班日志》，《值班日志》和《舰上人员登记册》手稿档案 2277（IVM 2277），第 99 页。.

时，我们将在哈伯岛（Harbour Island①）外锚地20英寻深的水中抛锚。……通过从山上流到港口深处的一条溪流很容易辨识出哈伯岛。”

不久之后，舰上又发生了死亡事件。“晚上9时15分，海军陆战队士兵曼努埃尔·贝内迪克托死亡；凌晨4时，他被埋葬在陆地上。”②他死于“溃疡性肠炎”③，6名海军陆战队士兵和一名海军上等兵将他埋葬在哈伯岛。④

一个小时以后，“维塔尔·德·奥利维拉”号继续在梅西耶航道航行，并于中午12时15分在格雷港（Gray Harbour⑤）锚地抛锚。据诺罗尼亚说，“天气开始变坏；风刮得很大；下起了倾盆大雨，气压计汞柱在7小时内下降了6毫米。海面基本保持平静。”中午时分，军舰在格雷港深15英寻的水中抛锚，港口水下是泥底。……“这个港口是极好的避风港，并提供优质木柴。”他们将3号小艇放下，12名士兵登陆砍柴。⑥

舰长是这样解释宁愿停靠在格雷港而不是距离不远的哈伯岛的原因的：“这里方便在英吉利狭航道（English Narrows⑦）等待涨潮的时间，这是穿越此隘口的最佳方式，从而避免在狭窄、曲折的航道中大幅回转带来的不便，并且在朔望日，受洋流的影响，航速可达6节”⑧。

再次留名

12月13日上午，刮起了南风，军舰离开格雷港前往格拉普勒港（porto Grappler）。“海潮正高，洋流减小。尽管刮着南风，护卫舰仍以9节的速度平

① 指Puerto Island 。——译者注
② 《圣保罗邮报》，圣保罗，1881年1月27日。
③ 《巴西历史地理学会学报》，第174册，1939年，里约热内卢，国家出版局，第447页。
④ 舰队首席外科医生加尔迪诺·西塞罗·德·马加良斯提交的《环球航行期间“维塔尔·德·奥利维拉”号护卫舰医学报告》，国家印务所，里约热内卢，1881年，第114页。
⑤ 参考Puerto Gray 。——译者注
⑥ 《值班日志》和《舰上人员登记册》手稿档案2296（IVM 2296），第2页。
⑦ 即Angostura Inglesa。——译者注
⑧ 《值班日志》和《舰上人员登记册》手稿档案2296（IVM 2296），第448页。

稳地航行。大型船只多选择西侧航道或西侧峡谷，而不是东侧峡谷。因此，我们毫发无损地通过了这条被认为是航道中最难航行的隘口。10 时 15 分，我们顺利到达亚当岛（ilha Adão）；11 时 05 分，我们经过了里奥弗里奥港（porto Rio Frio）；我们想确认科瓦东加岩石（pedra Covadonga）的航标时，发现它已经不存在了……中午，我们经过了托罗岛（ilhote Toro），在此之前，看到了沃德勒伊岩（rocha Vaudrevil）的大片马尾藻；凌晨 1 时 30 分，我们顺利抵达富特岛（ilha Foot）；2 时 20 分，军舰在格拉普勒港抛锚。”[①]

格拉普勒港周围是山顶覆盖着皑皑白雪的高山，相当安全而舒适。据诺罗尼亚说，“在那些幽暗和偏僻的地方，在荒野的自然环境中，有人类活动的遗迹：岩石上刻着 Astreé、Chasseur、Christoforo Colombo 等先于我们经过此地的船只的名字，而我们也像在奥特韦港那样，刻下了护卫舰的名字，即第一艘穿越巴塔哥尼亚航道的巴西军舰”。天气寒冷，气温 2.5℃。那天晚上，舰员们领到了一份白酒，举行了曼努埃尔遗物拍卖会。[②]

12 月 14 日凌晨 3 点 30 分，护卫舰冒雨启程前往布埃诺港（porto Bueno）。下午 2 点 35 分，到达了吉亚狭航道（Guia Narrow[③]）北口的瓜达岛（ilha Guarda）。“这里的航道非常窄。陆地在大雨的笼罩中时隐时现。风从西北北方向吹来；尽管舰上采取了所有措施，但汹涌的水流仍使护卫舰不可避免地出现了偏航。”[④] 在穿越吉亚狭航道时，军舰避开东岸，以远离欧洲角（Ponta Europa）不远处一块位置可疑的礁石。下午 5 点 15 分，军舰停靠在布埃诺港。

布埃诺港是避风良港，港口水深适中，“有 2 个锚地、优质的瀑布水和优质木柴”。第二天，即 12 月 15 日，由于风很大，护卫舰决定留在港口。12 月 16 日早上，尽管天气仍然糟糕，军舰还是起锚出发了，“以尽可能争取多一点时间航行。温度计显示 4℃，天气很冷。白雪从山顶一直覆盖到山脚，在第一缕

① 《巴西海军杂志》，第 1 年，第 2 册，1882 年 1 月—6 月刊，第 495 页。

② 《值班日志》和《舰上人员登记册》手稿档案 2296（IVM 2296），第 4 页。

③ 即 Angostura Guía 。——译者注

④ 《巴西历史地理学会学报》，第 174 册，1939 年，里约热内卢，国家出版局，第 449 页。

阳光的照耀下，呈现出奇异的景象。不久之后，气压表下降了 1 毫米，温度计下降到 2℃，一场来自西方的夹杂着冰雹和雪的暴风雨使陆地陷入了漆黑之中，以至于航行无法继续下去……我们决定停靠到梅恩港（porto Mayne），并于 12 月 16 日早上 8 时在那里抛锚”。这个港的锚地“对于比护卫舰大的舰船来说十分狭小”。资源也缺乏，“野味、木柴和贻贝是仅有的资源”。①

赤身裸体

第二天早上，天气仍然不好，雪夹冰雹不停地下着。护卫舰起锚前往长岛（Long Island）锚地，并决定放弃奥特湾（baía Otter）。“早上 6 时 35 分，我们经过温哥华岛（ilha Vancouver）；8 时，经过了阿密尔顿角（cabo Hamilton）；11 时，进入了连接萨米恩托海峡（canal Sarmiento）和史密斯海峡（canal Smyth）的科灵伍德海峡（estreito Callingood②）。中午，军舰到达了卡塔利娜岛（ilha Catalina）；45 分钟后，我们穿过维多利亚山口（passo Victoria），看到了几乎被淹没的科罗因礁（recifes Cloyne）和露在水面之上大约 4 米的贝瑟尔岩（rocha Bessel）。风越刮越大，从纳尔逊海峡（estreito de Nelson）吹来的阵阵强风预示着太平洋恶劣的天气。中午 1 时，我们到达了奥斯普里角（ponta Osprey）；2 时 40 分，到达了地峡湾（baía do Isthmo）；3 点 50 分，进入梅恩海峡（canal Mayne）”，并于 4 时 50 分停泊在“萨默岛（ilha Summer）和长岛（ilha Longa）之间的长滩上……下午，军舰附近出现了一只印第安人的独木舟，尽管气温只有 3℃，完全赤身裸体的印第安人却似乎并不在意。他们受到友好而善意的对待，很快收到许多件衣服，并立刻穿在了身上”。③

12 月 18 日凌晨 4 点，天下着雨，护卫舰驶向麦哲伦海峡。“5 时 35 分，我们穿过了由辛普森岛（ilha Simpson）、理查兹岛（ilha Richards）和雷努阿德

① 《巴西海军杂志》，第 1 年，第 2 册，1882 年 1 月—6 月刊，第 497 页。
② 原文如此。应为 estrecho Collingwood。——译者注
③ 《巴西历史地理学会学报》，第 174 册，1939 年，里约热内卢，国家出版局，第 450–451 页。

（ilha Renouard）形成的航道；7 时 40 分，穿过了费尔维群岛（ilhas Fairway）西部航道；8 时，我们经过史密斯海峡（canal Smyth）入口西侧的菲利普角（cabo Phillippe[①]）并开始穿越麦哲伦海峡。至此，我们完成了在佩尼亚斯湾（golfo de Peñas）和巴塔哥尼亚航道 408 海里的航程。”[②]

不久，还是在上午，“9 时 30 分，我们到达了托马尔角（cabo Tomar），一路上，航行十分小心，免得被洋流拖向博福特湾（baía Beaufort）；中午，我们经过了阿普莱特角（cabo Upright），这时，刮起了西北偏西风。尽管下着大雨，我们还是很容易看到了海峡西口南端的皮拉尔角（cabo Pillar）和威斯敏斯特岛（Wesminster Hall）；中午 12 时 30 分，我们已经来到朗利奇隘口（Long Reach）入口的科尔多瓦岛（ilha Córdova）；1 时，到了曼戴角（cabo Monday）；3 时，到了塞特勒岛（ilha Settler）；4 时 17 分，我们继续向北来到了诺奇角（cabo Notch）。然后，我们经过了斯沃洛湾（Swallow Bay）和斯诺湾（Snow Sound[③]）。当经过了北侧阔德角（cabo Quod）西侧的小岛之后，5 时 40 分，我们进入了克鲁克德隘口（Crooked Reach[④]），晴朗天气时，这里航行容易，但是，当雾天在此航行的时候，则需要小心克鲁克特礁（Crooked Rock），因为礁石不大，探测仪扫过的时候其水下深度不超过 1 米。…… 5 时 45 分，航向西南 22 度，莫里翁角（cabo Morion），它的显著标识是无论从东面还是从西面都可以在很远的地方看到的一片白色；下午 6 时 20 分，我们在博尔哈湾（Borja Bay）深 17 英寻的水中抛锚……水下是泥底……天下着瓢泼大雨，西南风带来阵阵凉意”[⑤]。

第二天，即 12 月 19 日，护卫舰前往蓬塔阿雷纳斯，并于下午 5 点 55 分抵达蓬塔阿雷纳斯，在那里度过了 1880 年的圣诞节。

---

① 参考 cabo Phillip 。——译者注

② 《巴西历史地理学会学报》，第 174 册，1939 年，里约热内卢，国家出版局，第 451 页。

③ 参考 Seno de las Nieves 。——译者注

④ 参考 paso Tortuoso 。——译者注

⑤ 《巴西海军杂志》，第 1 年，第 2 册，1882 年 1 月—6 月刊，第 499 页。

智利蓬塔阿雷纳斯港
图片来源：玛丽·克里斯蒂娜·斯克玛佐恩

智利　蓬塔阿雷纳斯

在蓬塔阿雷纳斯港停留的时间比过去几周在经过的各个港口停留的时间稍长：从 12 月 19 日到 26 日。据《值班日志》的记载，在蓬塔阿雷纳斯，凌晨 2 点开始天亮。[①] 在这个港口，每天早上需购买 176 份面包和肉。[②] 当时，蓬塔阿雷纳斯只不过是位于麦哲伦海峡的一个稍大一些的居民点。它在 1868 年之前一直是一座监狱。这里可以供应优质的加的夫煤。[③] 在“维塔尔·德·奥利维拉”号经过的那一年，这里有2000名居民[④]，他们从事海狮捕

① 《值班日志》和《舰上人员登记册》手稿档案 2296（IVM 2296），第 18 页。
② 《值班日志》和《舰上人员登记册》手稿档案 2296（IVM 2296），第 24 页。
③ 《巴西海军杂志》，第 1 年，第 2 册，1882 年 1 月—6 月刊，第 453 页。
④ 《巴西海军杂志》，第 1 年，第 2 册，1882 年 1 月—6 月刊，第 453 页。

捞业，“其利润十分令人垂涎”[①]。这里还可以买到“原驼（*camelus hisanacus*）、鸵鸟和企鹅皮”[②]。

根据加尔迪诺医生的说法，当地居民巴塔哥尼亚人“高大、强壮，甚至可以说健壮；长相英俊，身材匀称。女人们也健硕而美丽。他们的衣着保持着当地的习俗，却是回不到潘帕斯草原的文明土著人。1877 年的军事革命令这个居民点受损，那时，起义者焚烧了砖石建筑”[③]。也许因为这个原因，城市看上去局促，“街上到处是沙子、木屋，新鲜食品并不丰富”[④]。

12 月 22 日，帝国水兵法里亚斯·多·阿马拉尔因醉酒返舰而被罚戴铁镣。3 号艇的负责人、上等兵莱昂纳多受到了戴铁镣示众的处罚，罪名是带领阿马拉尔却未加提醒以致其大醉。[⑤]

远航的人们受到了与在瓦尔帕莱索一样热情的接待。当地行政长官弗朗西斯科·罗德里格斯·德·桑帕约（Francisco Rodrigues de Sampaio）将自己家的房子提供给军官们使用，“为他们提供马匹，并为他们提供夜宵、举办文学讲座”[⑥]。

军官们举行了一场弥撒，并为当地教会做出捐献。1880 年 12 月 25 日圣诞节这天，他们在护卫舰上设午宴回请行政长官，感谢他的接待。[⑦] 那天，煤炭在甲板、主甲板后部和舷壁上留下的污垢都被冲洗或擦拭干净。军舰还接收了 3 头牛，作为舰上人员的给养。[⑧]

次日，即 1880 年 12 月 26 日，凌晨 4 点，护卫舰起锚，继续在麦哲伦海

① 《巴西海军杂志》，第 1 年，第 2 册，1882 年 1 月—6 月刊，第 453 页。

② 舰队首席外科医生加尔迪诺·西塞罗·德·马加良斯提交的《环球航行期间“维塔尔·德·奥利维拉”号护卫舰医学报告》，国家印务所，里约热内卢，1881 年，第 82 页。

③ 舰队首席外科医生加尔迪诺·西塞罗·德·马加良斯提交的《环球航行期间“维塔尔·德·奥利维拉”号护卫舰医学报告》，国家印务所，里约热内卢，1881 年，第 82 页。

④ 舰队首席外科医生加尔迪诺·西塞罗·德·马加良斯提交的《环球航行期间“维塔尔·德·奥利维拉”号护卫舰医学报告》，国家印务所，里约热内卢，1881 年，第 82 页。

⑤ 《值班日志》和《舰上人员登记册》手稿档案 2296（IVM 2296），第 24 页。

⑥ 《圣保罗邮报》，圣保罗，1881 年 1 月 27 日。

⑦ 《圣保罗邮报》，圣保罗，1881 年 1 月 27 日。

⑧ 《值班日志》和《舰上人员登记册》手稿档案 2296（IVM 2296），第 31 页。

峡航行；晚上 7 点 35 分，护卫舰终于在经历了 11 个月之后重新进入了大西洋水域，开始向蒙得维的亚进发。[①] 那天下午，30 公斤烟草被分发给舰上人员。[②]

台风再袭

如若不是 12 月 30 日至 31 日晚上的台风令舰艇颠来簸去，从蓬塔阿雷纳斯到蒙得维的亚的航程本可以极其顺利。“风雨交加，电闪雷鸣，持续了 4 个小时，海面波浪滔天，海浪高达 6 米。风先是转为西风，然后逐渐平息，继而转为西北风；入夜，风雨交加，雷声不断，风向完全转为东北风”[③]。为庆祝 1 月 1 日，舰员们吃掉了一头牛。[④]

1881 年 1 月 3 日黎明时分，刮起了大风，同时伴有雨，海面上浓雾弥漫。“我们沿着圣安东尼奥角（cabo Santo Antônio）纬线低速航行，由于不确定正以每小时 3 海里的速度向西北方涌动的洋流影响，我们需要等待风力减弱以便确定我们的位置。最后，我们通过下午 3 点钟太阳的高度纠正了航线；晚上 10 时，军舰已经在向马尔多纳多灯塔（farol de Maldonado）前进，此时，风不似早上那般猛烈，海面也不似早上那般波涛汹涌……1 月 4 日凌晨 5 时，我们看到了洛沃斯岛（ilha dos Lobos），35 分钟之后，标记为东北 3 度……8 时 30 分，我们抵达了蓬塔内格拉（Ponta Negra）子午线；11 时，我们看到了弗洛雷斯岛（ilha de Flores）；下午 2 时 40 分，我们在蒙得维的亚港 4 英寻深的水中抛锚。在这一段西风如家常便饭的航程中，除了一场西北偏北的台风和一次强劲的东南风，以及随后出现的浓雾之外，多变的风和风平浪静的天气占主导地位。在 9 天中，我们航行了 1386 海里。”[⑤]

---

① 《值班日志》和《舰上人员登记册》手稿档案 2296（IVM 2296），第 31 页。
② 《值班日志》和《舰上人员登记册》手稿档案 2296（IVM 2296），第 50 页。
③ 《巴西海军杂志》，第 2 年，第 1 册，1882 年 7 月刊，第 12 页。
④ 《值班日志》和《舰上人员登记册》手稿档案 2296（IVM 2296），第 51 页。
⑤ 《巴西海军杂志》，第 2 年，第 1 册，1882 年 7 月刊，第 12–13 页。

乌拉圭蒙得维的亚港
图片来源：玛丽·克里斯蒂娜·斯克玛佐恩

乌拉圭　蒙得维的亚

当护卫舰于1月4日下午2点40分抵达蒙得维的亚之后，远航到此的人们在港口首先看到的是巴西“特拉雅诺”号（Trajano）护卫舰。长时间离家在外的人们遇到了战友，何其乐哉。同时在这里停泊的还有美国“雪兰多”号（Shenandoah）护卫舰和若干不同国家的炮艇。诺罗尼亚舰长特别提到了英国舰队，称该舰队“在海军少将克拉姆威廉（Cramwilliam）的指挥下应当正在做环球航行。在拜访海军少将时，我们饶有兴趣地参观了‘无常’号（Inconstant），它是英国最古老和最重要的巡洋舰之一”[1]。

① 《巴西海军杂志》，第2年，第1册，1882年7月刊，第13页。

乌拉圭政府为庆祝巴西护卫舰航行成功设午宴招待舰上军官时的菜单（菜单外面）
图片来源：国家历史博物馆

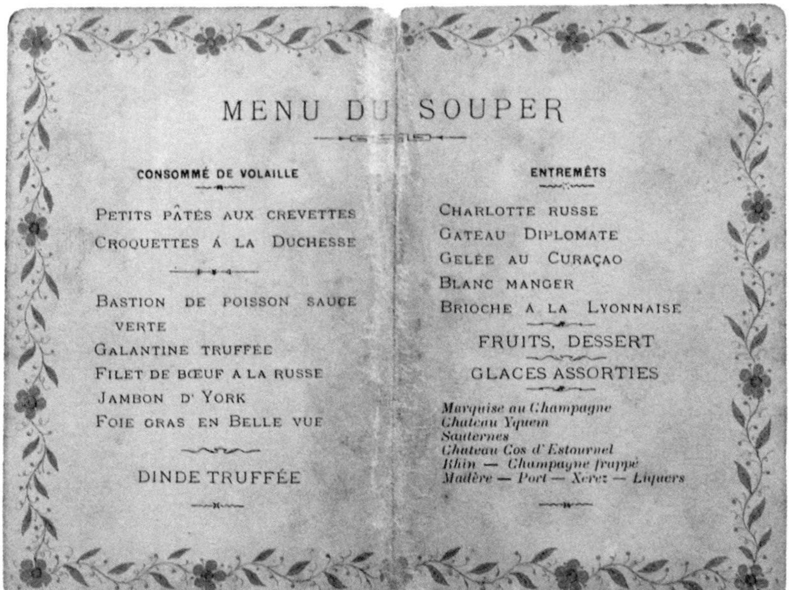

MENU DU SOUPER

CONSOMMÉ DE VOLAILLE

PETITS PÂTÉS AUX CREVETTES
CROQUETTES Á LA DUCHESSE

BASTION DE POISSON SAUCE VERTE
GALANTINE TRUFFÉE
FILET DE BŒUF A LA RUSSE
JAMBON D' YORK
FOIE GRAS EN BELLE VUE

DINDE TRUFFÉE

ENTREMÊTS

CHARLOTTE RUSSE
GATEAU DIPLOMATE
GELÉE AU CURAÇAO
BLANC MANGER
BRIOCHE A LA LYONNAISE

FRUITS, DESSERT

GLACES ASSORTIES

Marquise au Champagne
Chateau Yquem
Sauternes
Chateau Cos d'Estournel
Rhin — Champagne frappé
Madère — Port — Xerez — Liquers

乌拉圭政府为庆祝巴西护卫舰航行成功设午宴招待舰上军官时的菜单（菜单里面）
图片来源：国家历史博物馆

为出席舞会的嘉宾提供的扇子。为此特别制作的扇子上是舞会的曲目单。
图片来源：国家历史博物馆

在这里与在智利一样，乌拉圭政府同样对第一艘完成环球航行的南美洲军舰给予了极大关注。按照计划，护卫舰应在此停留到1月8日，然后继续航行。据诺洛尼亚舰长在回忆这次航行时所说，“尽管护卫舰已准备好在8日出发，但是，根据上级命令，出发被推迟到了1月18日”①。

接下来的那些天像节日一样，它以“特拉雅诺”号护卫舰的战友们设午餐并举办日场舞会开始。战友们搭建了一个“占据半个舰身的遮阳棚，棚下摆放着各个国家的旗帜，用椅子和大花篮围成一个美丽的‘舞厅’。舞会于下午2时开始。作战室里有一张大桌子，上面摆满了丰盛的冷盘、精致的甜品、水果、葡萄酒、鲜花，等等。餐桌上，菜过三四道，二层甲板下，侍者们端着托盘跑来跑去，端来香醇的烧酒、饮料和冰淇淋。在场的女士们、先生们着装简洁大方，公使洛佩斯·内图（Lopes Netto）等150余位先生出席了舞会。……一些法国、美国和意大利的海军军官也来到舞会。……在所有的桌子上，人们频频举杯祝贺‘维塔尔·德·奥利维拉’号的水兵们远航成功……他们的乐队演奏了好听的舞曲。舞会直到晚上8时才结束”②。

宴会

1月7日，乌拉圭政府设午宴招待远航的人们。据诺罗尼亚说，“我们成了乌拉圭东岸共和国（República Oriental do Uruguay）政府溢美之词的目标，他们甚至慷慨地设丰盛午宴招待我们，以纪念我们航行成功。乌拉圭新闻界还称这次环球航行成功是南美洲的光荣。停泊在蒙得维的亚的所有军舰上的军官都身着最庄严的礼服出席了活动”③。

为了各位嘉宾能如约出席活动，政府派出总统府上校传令官和司仪用港务

① 《巴西海军杂志》，第2年，第1册，1882年7月刊，第14页。
② 《先驱报》（El Heraldo），乌拉圭，1881年1月18日。
③ 《巴西海军杂志》，第2年，第1册，1882年7月刊，第13页。

局的小艇来接客人，然后，让他们乘坐 8 辆政府的马车前往宴会现场。[①]

引起包括新闻界在内的人们注意的是呈半圆形的主桌。桌子中央摆放着“一个完全用花制作的 3 米长的‘维塔尔·德·奥利维拉’号护卫舰模型。舰艇的桅杆上挂着两国国旗，舰尾有用小花组成的护卫舰的名字”[②]。

宴会结束后，用花制作的军舰模型被赠予护卫舰的全体军官留作纪念。“招待会非常精彩，前所未有，不愧是高级官员组织的，他们竭诚相待，以体面而友善的方式欢迎我们”，诺罗尼亚这样说，“席间，两国人员热情地互相祝酒，向巴西皇帝和共和国总统致敬。”[③]

几天后，护卫舰迎来了智利公使德梅特里奥·拉斯塔里亚（Demetrio Lastarría），诺罗尼亚向他回忆起智利人的盛情款待，并在舰上设午宴招待他。就在大家举杯祝酒的时候，一道闪电击中了护卫舰。[④] 闪电劈中了“主桅杆的导线，没有造成其他影响，只是正站在被闪电击中位置旁边的一位轮机兵剧烈抖动了一下”。[⑤]

来访并未就此停止。蒙得维的亚《祖国报》（A Pátria）[⑥] 在报道中称，“维塔尔·德·奥利维拉”号已变成了旅游景点。“前去参观护卫舰的人络绎不绝，并受到舰长先生和舰上军官们彬彬有礼的接待和款待。今天，我们社会中有许多家庭正准备登舰参观。”这家报纸还报道说，“在‘维塔尔·德·奥利维拉’号离开里约热内卢时所载的 200 名舰员中，只有 179 人来到这个港口。”

护卫舰之到来引发了巨大的轰动效应。在众多庆祝活动中，由萨苏埃拉公司（Compaia Zarzuela）在蒙得维的亚的西布莱剧院（Teatro Cibele）举办的活动成了乌拉圭媒体报道的热门话题。该公司为“维塔尔·德·奥利维拉”号的

① 《理性报》（La Razon），乌拉圭，1881 年 2 月 6 日。
② 《新闻报》，里约热内卢，1881 年 1 月 20 日。
③ 《圣保罗邮报》，圣保罗，1881 年 1 月 27 日。
④ 《新闻报》，里约热内卢，1881 年 1 月 18 日。
⑤ 《巴西历史地理学会学报》，第 174 册，1939 年，里约热内卢，国家出版局，第 460 页。
⑥ 《祖国报》，乌拉圭，1881 年 1 月 6 日。

军官们奉献了一场演出，军官们“坐满了 7 个包厢”[①]。

舞会

也许“维塔尔·德·奥利维拉”号在蒙得维的亚的长时间停留与巴西驻乌拉圭公使费利佩·洛佩斯·内图（Felippe Lopes Netto）于 1 月 14 日举行的社交聚会有关。[②] 那天，甚至乌拉圭共和国总统弗朗西斯科·安东尼奥·比达尔（Francisco Antonino Vidal）及其内阁全体成员，美国、奥地利、匈牙利、英国、意大利、西班牙、阿根廷公使，以及法国、意大利和巴西海军的军官都出席了活动。

热闹的舞会从晚上 10 点开始，直到早上 6 点才结束。许多来自邻国首都、拉普拉塔河（rio da Plata）对岸的布宜诺斯艾利斯的女士和先生也参加了舞会。

“服务很棒。”[③] 自助餐由巴黎大酒店（Grand Hotel de Paris）的知名厨师帕斯卡尔负责。[④] 晚宴从凌晨 2 点开始供应饮食，并补充了 8 次。为舞会伴奏的乐队由 35 位著名的乌拉圭教师组成。庭院里的“维塔尔·德·奥利维拉”号军乐队也经常加入演奏。[⑤] 舞会配有 24 首不同的乐曲，这些乐曲写在戈德尔印务（Litografia Godel）制作的带黄丝线的扇形“舞会曲目单”上。每一位参加舞会的女士都收到了这样一份曲目单。

1 月 17 日，护卫舰启程前夕，“军舰被装饰一新”，东岸共和国总统及其内阁全体成员莅临舰上，“约 400 位女士和先生共进丰盛午餐。舞会持续到晚上 7 时。护卫舰上彩灯高挂。午宴使用的餐具和物品，包括食品，均来自巴黎大酒店。‘特拉雅诺’号提供了国旗和信号旗。舰上没有被关禁闭的人”[⑥]。甲板上铺

① 《祖国报》，乌拉圭，1881 年 1 月 9 日。
② 《新闻报》，里约热内卢，1881 年 1 月 25 日。
③ 《圣保罗邮报》，圣保罗，1881 年 1 月 27 日。
④ 《人民论坛报》（La Tribuna Popular），蒙得维的亚，1881 年 1 月 14 日。
⑤ 《午报》，里约热内卢，1881 年 1 月 25 日。
⑥ 《值班日志》和《舰上人员登记册》手稿档案 2296（IVM 2296），第 89 页。

着的“华丽”地毯也引起了人们的兴趣。[①]

巴西作曲家为“维塔尔·德·奥利维拉”号创作的肖罗钢琴曲曲谱
图片来源：玛丽·克里斯蒂娜·斯克玛佐恩

午宴时，人们为皇帝陛下、共和国总统比达尔先生、护卫舰的军官们、巴西海军、巴西和东岸共和国军队、为两国的繁荣和良好关系频频举杯。“如果不是因为恶劣天气的威胁迫使女士们不无遗憾地退场，舞会将一直持续到很晚。”[②]活动结束后，舰上收到了 2 头活牛。[③]

---

① 《铁路报》(El ferro-carril)，蒙得维的亚，1881 年 1 月 17 日。
② 《圣保罗邮报》，圣保罗，1881 年 1 月 27 日。
③ 《值班日志》和《舰上人员登记册》手稿档案 2296（IVM 2296），第 90 页。

干净的城市

在“维塔尔·德·奥利维拉”号经过的那个时代，蒙得维的亚有大约9万居民，“主要是法国人、西班牙人、意大利人，等等。街道干净，若干绿树掩映的广场令城市非常美丽。这里气候温和，与意大利的气候相当”①，加尔迪诺医生这样描述。

在医生看来，它“是我们见过的建设得最好的城市之一；整个城市坐落于向港口略微倾斜的砂质坡地上；宽阔的街道横平竖直；微风从四面八方吹过，卫生状况令人赞叹。不过，这里夏季酷热，冬季寒冷；尽管温度变化快……空气湿度大，但是，当有风吹过的时候，气候宜人，体感舒适，流行病在这种环境中不易发生。这样的防护措施应当归功于首都在卫生设施和房屋建设之初遵循的良好观念。许多建筑物内部带有一个中心区域，在一些住宅中，这样的区域里种着花花草草，还有自己的储水箱，住宅的各个房间围绕在中心区域周围，门窗朝向中心区，这种安排有利充足的采光和通风”。

在蒙得维的亚，护卫舰每天购买179份口粮。

1月18日中午12点40分，护卫舰起航了。“维塔尔·德·奥利维拉”号的乐队奏起了乌拉圭国歌。② 舰上还有2位平民：马利亚斯·菲略和若泽·弗朗西斯科·德·西凯拉。③

前往巴西的航行很快，用时5天18小时。据中尉弗朗西斯科·万德内（Francisco Wanderley）在《值班日志》中的记录，④抵达巴西的前一天，军舰发生了一起严重故障：“艉柱摇晃，舵头的底盘错位，致使舰艇剧烈晃动并进水”，底舱积水9英寸。

---

① 舰队首席外科医生加尔迪诺·西塞罗·德·马加良斯提交的《环球航行期间“维塔尔·德·奥利维拉”号护卫舰医学报告》，国家印务所，里约热内卢，1881年，第83页。

② 《先驱报》，乌拉圭，1881年1月19日。

③ 《值班日志》和《舰上人员登记册》手稿档案2296（IVM 2296），第91页。

④ 《值班日志》和《舰上人员登记册》手稿档案2296（IVM 2296），第107页。

“午夜 12 时 20 分，舰首桅杆瞭望员发现了灯塔；凌晨 1 时，舰员们从艄楼看到了拉萨岛（ilha Rasa）的灯塔；3 时 30 分，护卫舰经过了雷东达岛（ilha Redonda）；4 时，经过拉萨岛；4 时 39 分，我们经过了圣克鲁斯（Santa Cruz）。”①

1881 年 1 月 24 日早上 5 点 30 分，护卫舰在里约热内卢抛锚。“我们结束了环球航行。即使此次航行乏善可陈，但我们始终怀着良好的愿望工作着，以不辜负帝国政府对我们的信任和赋予我们的光荣使命。”诺罗尼亚舰长总结道，②“这艘军舰用 430 天完成了环球航行，其中航行 268 天，泊港 162 天，历程 35045 海里。”③

凯旋

由于舰上人员的健康状况，“在穿越印度洋时出现脚气病和其他疾病，1879 年在里约热内卢登舰的 162 人（126 名水兵、15 名司炉和 21 名海军陆战队士兵）中，有 73 名水兵和司炉，以及 10 名海军陆战队士兵，于 1881 年返回”④。当他们最终停泊在里约热内卢时，“舰上只有 5 名病人”，医生加尔迪诺说。⑤

在新闻界的报道中，值得一提的是蒙得维的亚《祖国报》的报道中的这段话⑥：

即将结束的勇敢航行是舰长和全体军官的荣誉勋章，也是巴西海

① 《值班日志》和《舰上人员登记册》手稿档案 2296（IVM 2296），第 114 页。

② 《巴西海军杂志》，第 2 年，第 1 册，1882 年 7 月刊，第 15 页。

③ 《圣保罗邮报》，圣保罗，1881 年 1 月 27 日。

④ 诺罗尼亚·桑托斯：《海军上将儒利奥·塞萨尔·德·诺罗尼亚诞辰一百周年（1845—1945）》，Livraria Editora Zélio Valverde 出版，里约热内卢，1945 年，第 61–62 页。

⑤ 里约热内卢帝国医学院通讯员、舰队首席外科医生加尔迪诺·西塞罗·德·马加良斯提交的《环球航行期间“维塔尔·德·奥利维拉”号护卫舰上脚气病病程》，里约热内卢，国家印务所，1882 年，第 35 页。

⑥ 《祖国报》，乌拉圭，1881 年 1 月 6 日。

军历史上不容置疑的胜利……有多少愉快和新奇的感受勇敢的航海者们不曾体验？……军舰是祖国领土的一部分，是移动的领土，它将成为一种规范，一种与其他社会和民族沟通的方式，成为连接并发展各国之间友好关系的纽带，服务于千辛万苦的探索，以及文明世界中物质或精神创造带来的思想、产物的交流。……在这个真正的启蒙世纪，“维塔尔·德·奥利维拉”号的航行将永远铭刻在巴西人民的心中并载入史册。……回到祖国的安适生活中，不但感受到家人的爱抚和社会的赞扬，还享受着为我们的国家提供卓越服务、使其在美洲进步进程中超群拔类带来的成就感。

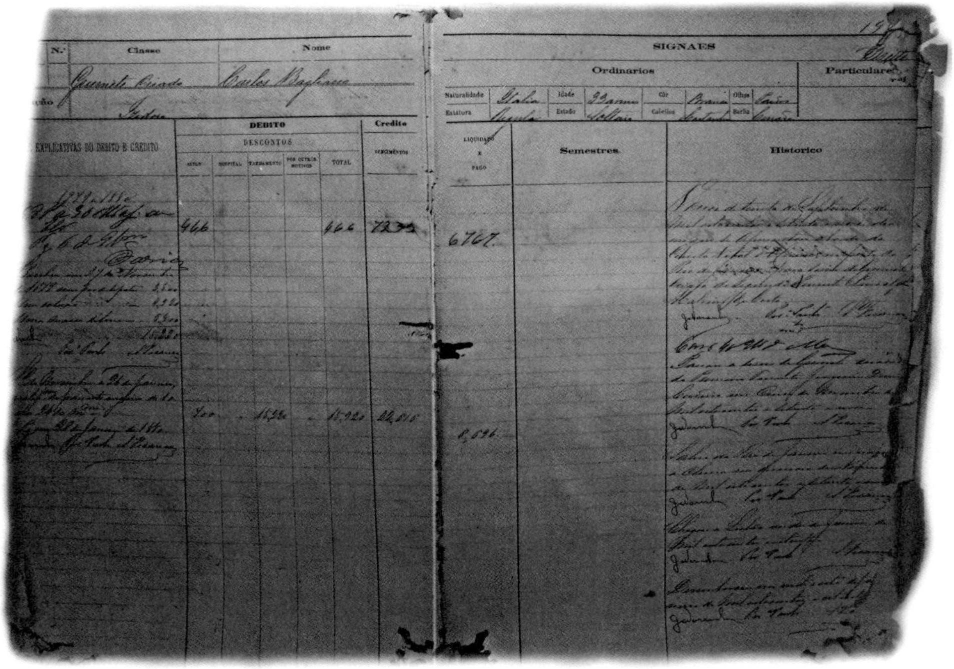

《舰上人员登记册》的两张残页。《舰上人员登记册》按照登舰顺序记录在舰员和乘客中发生的各类事情。
图片来源：国家档案馆

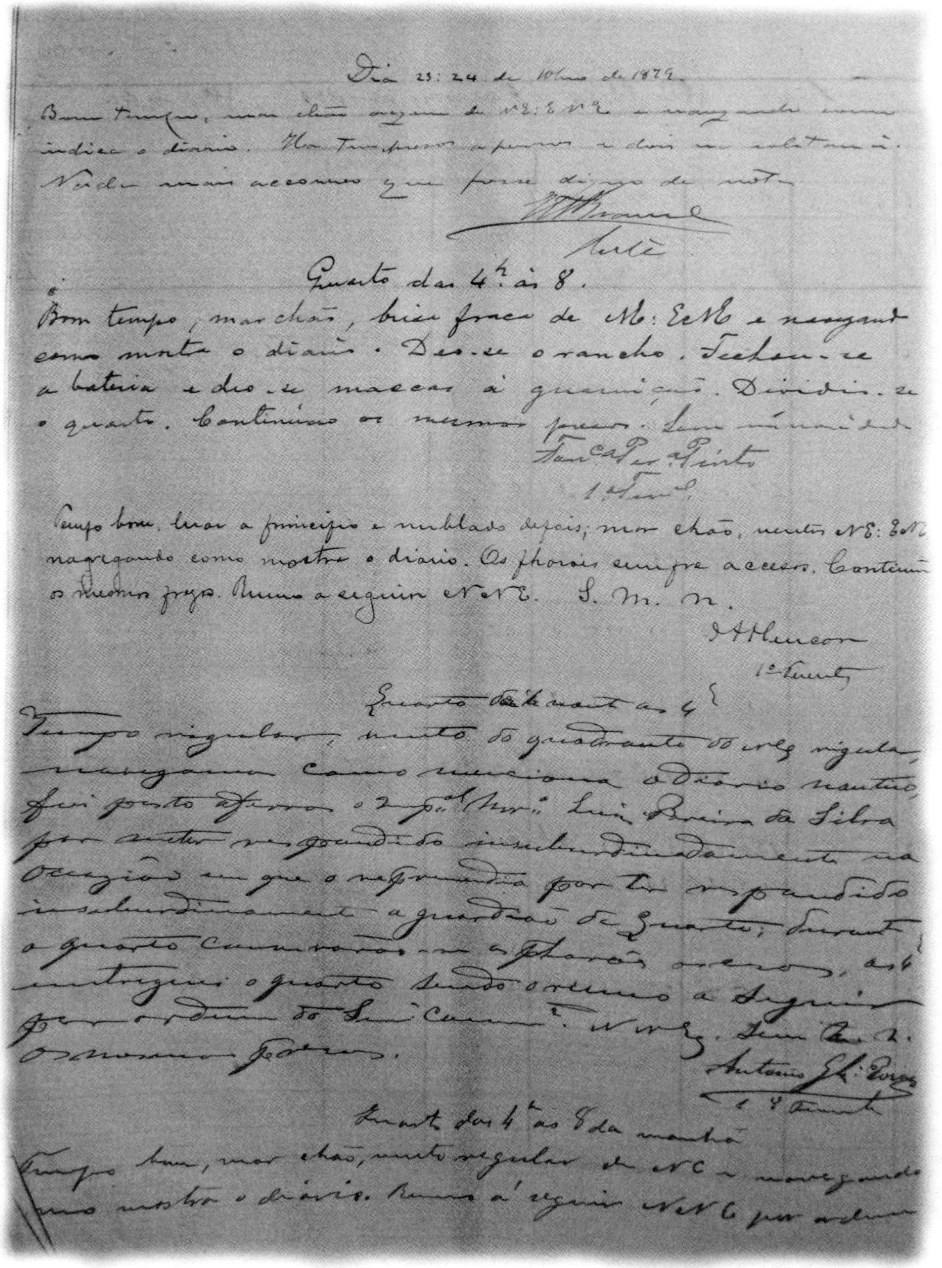
Dia 23: 24 de 10bro de 1872.

[illegible]

Quarto das 4h. às 8.

Bom tempo, mar chão, brisa fraca de N: E e N e navegando como mostra o diario. Deo-se o rancho. Fechou-se a bateria e deo-se maccas à guarnição. Dividio-se o quarto. Continuão os mesmos [illegible]. Sem novidade.

[illegible]

Tempo bom, claro a principio e nublado depois; mar chão, ventos N E: E N navegando como mostra o diario. Os pharoes sempre accesos. Continuão os mesmos [illegible]. Rumo a seguir N N E. S. M. N.

[illegible]

[illegible]

《值班日志》中一页的复制件。该页记录了每班四小时期间发生的事情，例如天气、海况、风，等等。
图片来源：国家档案馆

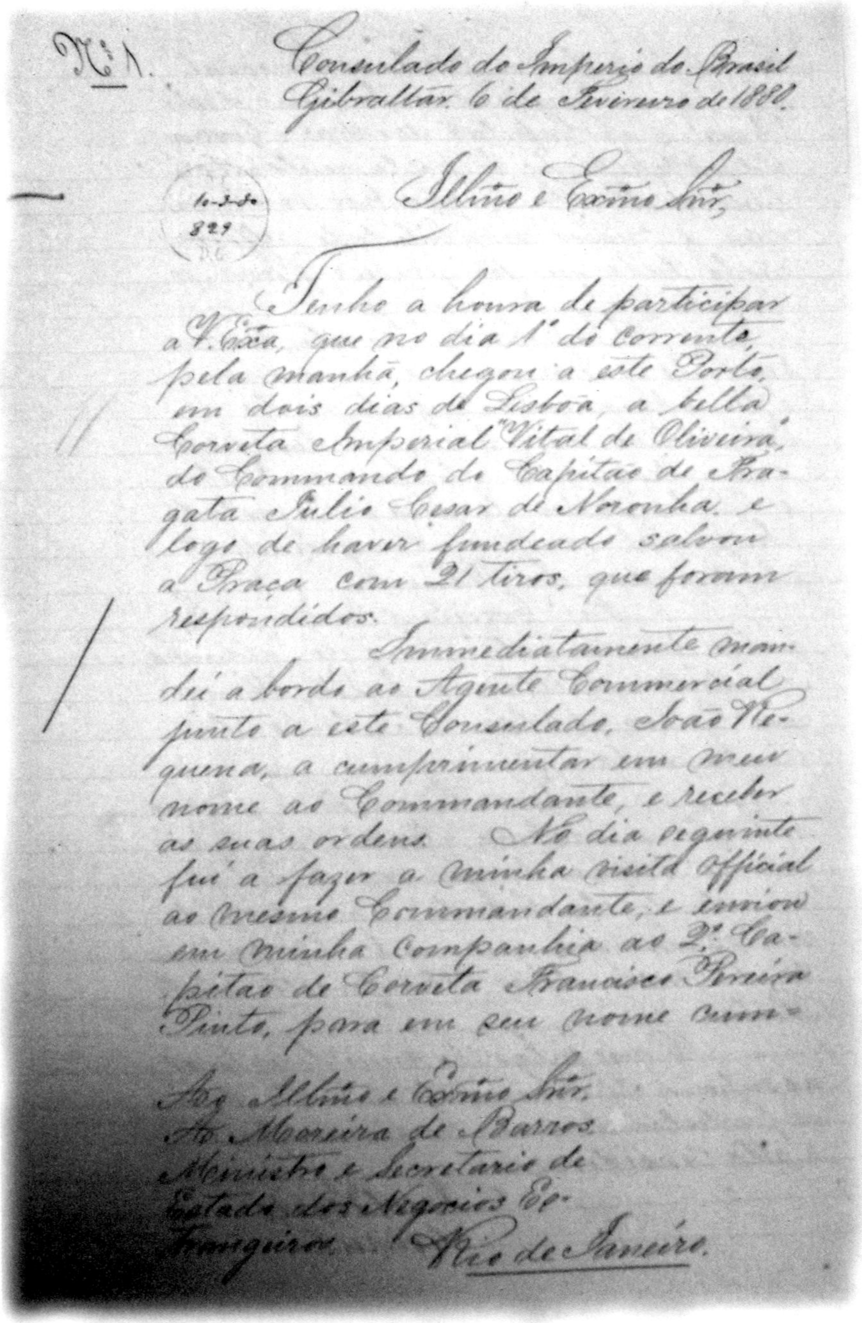

N.º 1.

Consulado do Imperio do Brasil
Gibraltar, 6 de Fevereiro de 1880.

14-3-80
829

Illmo e Exmo Snr,

Tenho a honra de participar a V. Exa. que no dia 1º do corrente, pela manhã, chegou a este Porto, em dois dias de Lisboa, a bella Corveta Imperial "Vital de Oliveira", do Commando do Capitão de Fragata Julio Cesar de Noronha, e logo de haver fundeado salvou a Praça com 21 tiros, que foram respondidos.

Immediatamente mandei a bordo o Agente Commercial junto a este Consulado, João Requena, a cumprimentar em meu nome o Commandante, e receber as suas ordens. No dia seguinte fui a fazer a minha visita official ao mesmo Commandante, e enviou em minha Companhia o 2º Capitão de Corveta Francisco Pereira Pinto, para em seu nome cum-

Ao Illmo e Exmo Snr.
Ao Moreira de Barros
Ministro e Secretario de Estado dos Negocios Estrangeiros
Rio de Janeiro.

致巴西驻直布罗陀领事馆关于帝国海军“维塔尔·德·奥利维拉”号护卫舰即将抵达的公函
图片来源：伊塔马拉蒂历史档案馆

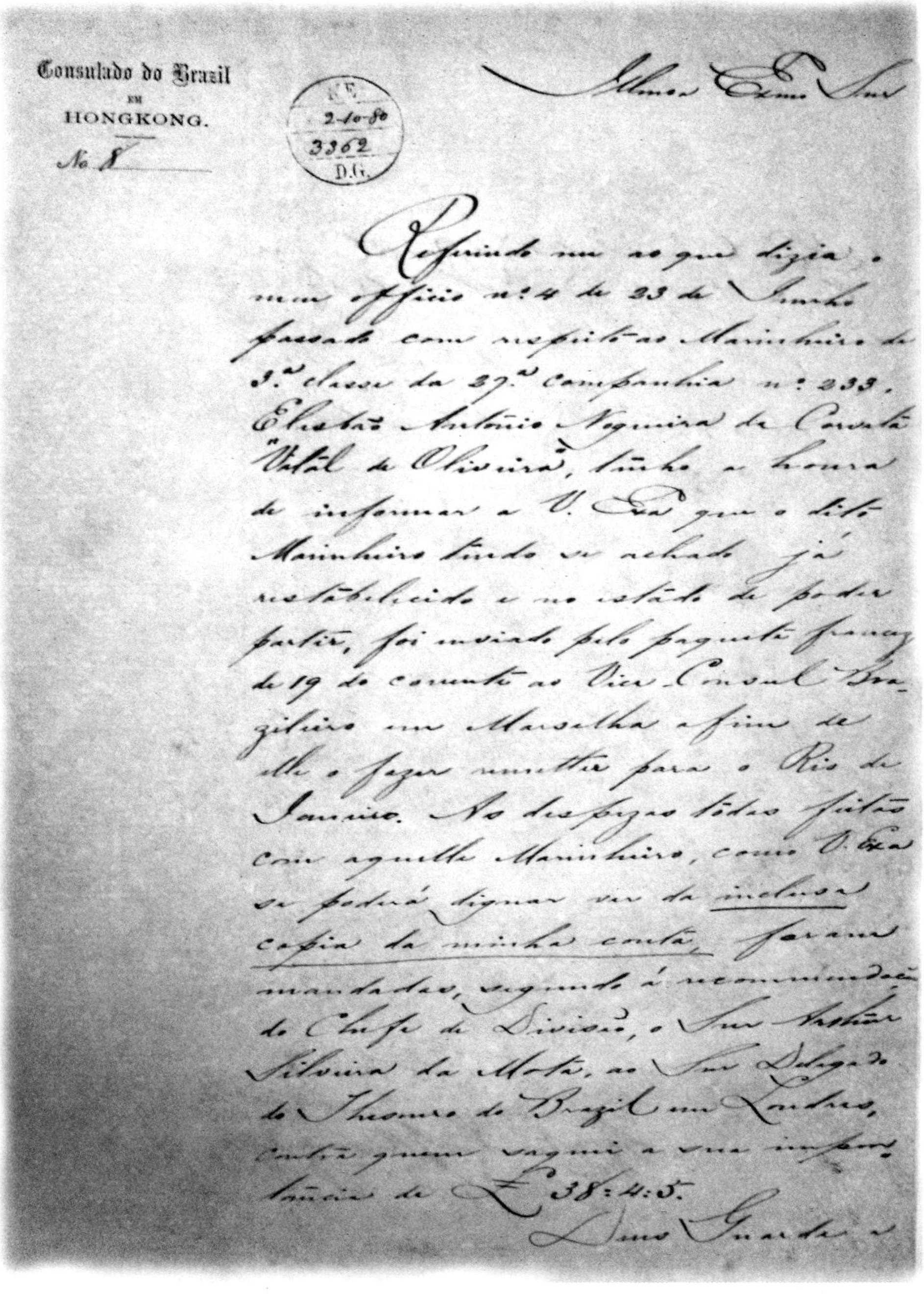

Consulado do Brazil
em
HONGKONG.
No. 8

N.E.
2-10-80
3362
D.G.

Illmo e Exmo Snr

Referindo-me ao que dizia o meu officio nº 4 de 23 de Junho passado com respeito ao Marinheiro de 3ª classe da 37ª companhia nº 233, Estevão Antonio Nogueira da Costa Vital de Oliveira, tenho a honra de informar a V. Exa que o dito Marinheiro tendo se achado já restabelecido e no estado de poder partir, foi enviado pelo paquete francez de 19 do corrente ao Vice Consul Brazileiro em Marselha afim de elle o fazer remetter para o Rio de Janeiro. As despezas todas feitas com aquelle Marinheiro, como V. Exa se poderá dignar ver da inclusa copia da minha conta, foram mandadas, segundo a recommendação do Chefe de Divisão, o Snr Arthur Silveira da Motta, ao Snr Delegado do Thesouro do Brazil em Londres, contra quem saquei a sua importancia de £38:4:5.

Deus Guarde a

巴西驻香港领事馆关于在中国住院
的一名巴西护卫舰水兵情况的传真信函
图片来源：伊塔马拉蒂历史档案馆

巴西第一个外交使团前往中国

巴西第一个外交使团前往中国（1879—1882）的时候，国内关于“中国问题”的论战正酣。当时，奴隶制的日子屈指可数。1850 年，巴西颁布了“欧塞比奥·德·凯罗斯法”（Lei Eusébio de Queiroz），宣布禁止奴隶贸易。1871 年，《新生儿自由法》（Lei do Ventre Livre）获得通过，规定该法律通过之日以后出生的奴隶的子女将获得自由。压力增大、逃奴增多、废奴派势力增强、英国要求废除奴隶制……谁能取代国内大型种植园中的黑奴是巴西共和制之前的时期内一个具有很大不确定性的问题。随着咖啡种植园的生产规模扩大，咖啡种植园主们迫切需要新的劳动力来维持生产。

对于许多人来说，温顺又便宜的亚洲劳工是最稳妥的选择。此外，鉴于华人在古巴、美国和秘鲁的表现，比起欧洲移民，他们已经证明了其工作效率。

然而，反对者，特别是主张从欧洲移民的人们，却认为华工将会成为新的奴隶，并警告称，引入华工可能导致巴西“蒙古化”。在他们看来，引入华人非但不能解决巴西的问题，反而会对社会构成威胁，认为华人会带来“堕落”风气，例如吸食鸦片的陋习、散布对天主教信仰的不信任。除此之外，华人不能成为非洲劳工和欧洲移民之间的过渡，而是沦为“新的奴隶”。

当时的政坛和新闻界为此陷入了激烈争论之中。支持引入华人移民的人士强调，这只是一项应急措施，表示华工之于巴西只是暂时的，以便国家做好引入“高级人种，即欧洲人”的准备[①]。巴西驻美国总领事萨尔瓦多·门东

① “‘不受欢迎的中国人’:《新闻报》上的中国移民（1879）”（Os Indesejáveis Chins: a imigração chinesa nas páginas do Jornal Gazeta de Notícias (1879)），卡米拉·克泽普拉（Kamila Czepula）。参见 http://www.encontro2016.sp.anpuh.org/resources/anais/48/1467761499_ARQUIVO_TEXTOcompletoANPUH.pdf。2019 年 2 月登录。

萨（Salvador Mendonça）表示，总之，“无论何种立场，现实是我们的劳动力紧缺”①。他曾应巴西农业部的要求，对美国的华人移民问题进行了为期4年的研究，只是在其研究著作中，在巴西的“中国问题”上却表现得首鼠两端。他详细阐述了华工的能力、聪明才智和节俭②，强调他们“是各种手艺的行家，有精工细作的本领……他们也许可以把亚马孙河（vale do Amazonas）和圣弗朗西斯科河（vale do São Francisco）河谷变成比密西西比河（vale do Mississipi）和伊利诺伊河（vale de Illinois）河谷更富裕的生产中心。他们将开发新的作物和产业，创立我们的制造业，提供廉价而聪明的劳动。总之，不可否认，中国人具有创业精神”③。但是，他同时提醒说，“华人多疑、不忠诚、爱撒谎、贪婪，并且不热爱移居的土地。疑心使他们不相信任何人”④。在萨尔瓦多·门东萨看来，造成这种情况的主要原因是华人移民中存在两类人：“一类是真正意义上的华工，他们自发并自愿在有条约和协议保障的情况下移民；另一类是苦力（kulis 或 coolies，在印度斯坦语中，kuli 意为‘负重的人’，通常用来指印度劳力。这个词也可能源于中国——*ku* 意为‘痛苦、苦难’，*li* 表示‘力量’），是被强行抓来并塞到船上的移民，或者是愿意为了招募者支付给他们的几个先令从而摆脱贫困的乞丐。”⑤实际上，这不过是“非洲奴隶贸易的延续”。

“被引诱到英国和西班牙殖民地、印度、波利尼西亚（Polinésia）及澳大利亚，以及后来被运往加利福尼亚、英属圭亚那、古巴、秘鲁等地的最早的华人移民（是）那些被排除在天朝帝国的官方人口登记之外的人，因为他们除了做海盗，从来都没有一份职业。中国没有种姓制度：城市或农村的最卑微无产者的子女，无论其身处何地，都可以通过科举考试获得高官职位；但是，沿海居

① 萨尔瓦多·门东萨:《亚洲劳工》(Trabalhadores Asiáticos)，纽约,《新世界》出版公司(Typographia do “Novo Mundo”)，1879年，第18页。
② 萨尔瓦多·门东萨:《亚洲劳工》，纽约,《新世界》出版公司，1879年，第225页。
③ 萨尔瓦多·门东萨:《亚洲劳工》，纽约,《新世界》出版公司，1879年，第156页。
④ 萨尔瓦多·门东萨:《亚洲劳工》，纽约,《新世界》出版公司，1879年，第221页。
⑤ 萨尔瓦多·门东萨:《亚洲劳工》，纽约,《新世界》出版公司，1879年，第21–22页。

民……以及大城市的街头艺人，则被禁止参加考试。”①

在中国，没有世袭贵族制度。各个阶层的人通过科举考试被招募到政府官员阶层。科举考试设连续三级，授予类似学士、硕士和博士称号。所有的人，在正规考试合格以后，都可以获得学士称号；硕士是从获得学士称号的人中通过考试选拔的；以同样的方式，博士从硕士中选拔。所有的官员，甚至最高级别的官员，都是选自硕士或博士。“因此，中国是由非世袭的阶层管理并治理的，该阶层的官员是通过尽可能彰显才能的定期考试制度从民众中选拔而来。”②

巴西部长会议主席兼农业贸易和工务部长锡宁布通过出版《亚洲劳工》一书，力促引入亚洲移民。1878 年，他提出举行农业会议，召集巴西中南部的大种植园主探讨如何通过自由劳动力替代奴隶。③ 锡宁布利用自己的所有威望，希望众议院支持并批准第一个赴华使团之行。此行的初步预算经费为 120 康托④，过后增加了 41 康托，除此之外，还申请了追加经费支持。反对派认为款项数额巨大。⑤ 锡宁布认为，华工是当时情形下最合适的选择，因为欧洲移民对当雇佣劳动力并不感兴趣，他们希望的是拥有土地。无论如何，锡宁布都认为，华工只是劳动机器，而非拥有永久定居、落叶生根权利的移民。

---

① 阿图尔·雅塞圭：《从海军少尉到将军——我的职业信仰（1870—1900）》，第 2 版，海军总文献部，里约热内卢，1985 年，第 380 页。

② 皮埃尔·拉菲特（Pierre Laffite）：《关于中国文明及西方与中国关系的思考》（Considerações gerais sobre o conjunto da civilização chinesa e sobre as relações do Ocidente com a China），热内里诺·多斯·桑托斯（Generino dos Santos）翻译，里约热内卢，《商报》出版社（Typografia do Jornal do Comércio），罗德里格斯公司（Rodrigues e Cia），1938 年，第 111 页。

③ 《巴西杂志》，第 2 年，第 12 卷，1897 年 10 月至 12 月刊，阿图尔·雅塞圭，第 74 页。

④ 《圣保罗邮报》，圣保罗，1879 年 10 月 30 日。《盎格鲁 - 巴西时报》（The Anglo-Brazilian Times），里约热内卢，1879 年 11 月 9 日。

⑤ 《新闻报》，里约热内卢，1882 年 7 月 15 日。“赴华使团花费了 161 康托 445 887 雷亚尔，可能还有其他小额支出。为此，申请经费为 120 康托，需从‘境外特别支出’项下另外拨款 41 康托，但由于这笔经费仍然不够，后又申请追加经费。”

中国在巴西

在巴西，华人人数虽少，然而他们的影响却年代久远。似乎是在 1810 年前后，最早一批华人踏上了巴西的土地。当时，在利尼亚雷斯伯爵（conde de Linhares）的倡议下，300 名华人来到里约热内卢植物园（Jardim Botânico do Rio de Janeiro）[①]、圣克鲁斯种植园（Fazenda de Santa Cruz），以及戈韦纳多岛（ilha do Governador）[②] 等地从事茶叶种植。不久之后，又有“数百名华人来到巴西。据恩里克·坎西奥（Henrique Câncio）回忆说，来了 200 人；罗伯特·康拉德（Robert Conrad）说，约 500 人；或如佩雷雷卡神父（padre Perereca）所说，只是‘大量’而已。这些华人中的一些师傅负责指导种植、采摘、筛选和炮制茶叶”。罗伯特·康拉德注意到，在 19 世纪，总共有 2947 名华工到达巴西。[③] 1810 年前后，约有 500 人；1856 年，360 人；1859 年至 1866 年期间，612 人；1874 年，1000 人；1893 年前后，475 人。如果我们考虑到 19 世纪初引进 200 万华人的计划，那么，实际到达的人数简直少得可笑。[④]

---

① 若泽·罗伯特·特谢拉·莱特（Jose Roberto Teixeira Leite）:《中国在巴西：中国对巴西社会和艺术的影响及其遗存》（A China no Brasil: influências, marcas, ecos e sobrevivências chinesas na arte e na sociedade do Brasil），艺术史博士论文，坎皮纳斯州立大学（Unicamp），1992 年，第 210 页。

② 由于无法适应工作环境，许多人融入当地社会，还有一些人成了烟花商贩或制造商。《巴中关系起源：1879 年的特别使命》（Origens das Relações Entre o Brasil e a China: a Missão Especial de 1879），法比奥·拉法耶特·丹塔斯（Fábio Lafaiete Dantas），Liber Gráfica 出版，累西腓，2006 年，第 67 页。

③ 罗伯特·康拉德:《1850—1893 年期间巴西种植园主阶级与巴西引进华人移民的争论》（The Planter class and the debate over chinese immigration to Brazil, 1850—1893），《国际移民评论》（International Migration Review），第 9 卷，第 1 期，春季刊，1975 年，第 42 页。

④ 若泽·罗伯特·特谢拉·莱特:《中国在巴西：中国对巴西社会和艺术的影响及其遗存》，艺术史博士论文，坎皮纳斯州立大学，1992 年，第 247 页。

很多欧洲人在其游记中都曾提及居住在里约热内卢的华人。[①] 1821 年至 1825 年间，鲁根达斯（Rugendas）曾访问里约热内卢，并记录下里约热内卢植物园中国茶园的情况。约翰·勒科克（John Luccock）则提到，王室到达里约热内卢后不久，就大胆地想向整个欧洲市场提供里约热内卢生产的茶叶。德国人徐毕克斯（Spix）和马齐乌斯（Von Martius）认为，尽管里约热内卢的茶叶口感并不是最好的，但是在他们看来，其芳香却极为浓郁。

英国人玛丽亚·格雷厄姆（Maria Graham）认为，茶叶种植之所以未能在巴西继续下去，是因为堂·佩德罗一世皇帝认为出售咖啡更划算。1823 年 8 月 24 日，玛丽亚·格雷厄姆写道："我去了茶叶种植园。它坐落在一座到处都是石头的小山丘上，占地数英亩。正如我以为的那样，这里的环境适合中国植物生长。堂·若昂六世国王（d. João VI）十分赞赏巴西的引种茶叶计划，为此花费巨资从中国引进茶树和茶农。这里和植物园生产的茶叶堪称上品，但是，其产量有限，以致到目前为止丝毫不能抵消生产费用。不过，茶树长得枝繁叶茂，有望在不久之后扩散开来，还可能会像本土植物那样生长呢，对此我毫不怀疑。国王陛下修建了中式大门和房舍，与茶园相得益彰。……道路两旁种着橙树、玫瑰，还有含羞草组成的美丽篱笆墙。然而，皇帝却认为，用卖咖啡的钱买茶叶比花费巨资种茶叶更划算，因此放弃了茶叶种植。"[②] 除此之外，我们也不要忘记埃伯利（Eberle）、马维（Mawe）、马克西米利安（Maximiliano），以及其他许多对中国在巴西的影响怀有好奇心的人。[③]

---

① 《南十字星帝国与天津天庭：19 世纪的中巴关系》（O Império do Cruzeiro do Sul e a Corte Celeste de Tien-Tsin: apontamentos sobre as relações sinobrasileiras no século XIX），露西娅·玛丽亚·巴斯托斯·佩雷拉·达斯·内维斯（Lúcia Maria Bastos Pereira das Neves）、露西娅·玛丽亚·帕绍阿尔·吉马良斯（Lucia Maria Paschoal Guimarães）、塔尼亚·贝索内·达·克鲁斯·费雷拉（Tânia Bessone da Cruz Ferreira），第 3 页。参看 http://livrozilla.com/doc/1027154/。2018 年 9 月 15 日登录。

② 若泽·罗伯特·特谢拉·莱特:《中国在巴西：中国对巴西社会和艺术的影响及其遗存》，艺术史博士论文，坎皮纳斯州立大学，1992 年，第 212 页。

③ 若泽·罗伯特·特谢拉·莱特:《中国在巴西：中国对巴西社会和艺术的影响及其遗存》，艺术史博士论文，坎皮纳斯州立大学，1992 年，第 30 页。

在殖民时期，登陆巴西的所有来自中国的众多产品中，瓷器也是16世纪中期最早进入巴西的商品之一，并且至19世纪最初几十年间，一直有大量进口。据估计，在三个世纪的时间里，瓷器进口数量达到一千万件。[①] 究其原因，是因为葡萄牙人几乎在同一时期抵达了巴西和中国。“葡萄牙殖民当局的高层官员在被派来巴西之前多有过在印度、中国、马鲁古群岛（Molucas）、帝汶（Timor），以及亚洲的其他遥远葡属地区任职的经历。这样的例子不胜枚举。需要说明的是，由于当时澳门隶属于葡属印度的果阿，因此，管辖印度同时也意味着管辖葡属中国地区事务。”[②]

开端

中巴关系开始于巴西的殖民时期，这不仅是中国和葡属美洲之间产品贸易往来的结果，“也是商人、宗教人士、军人、法官和冒险家们在葡萄牙海外领地之间频繁往来的结果”[③]。1511年，葡萄牙成为第一个与中华帝国建立直接关系的欧洲海上强国。[④]

因为旅途十分漫长，从远东而来的船只通常会在巴西海岸，特别是伯南布哥、巴伊亚和里约热内卢辖区停泊，以便补充水和给养，并维修船只。尽管这些船只会受到处罚，但是有记录显示，仍有一些冒险家和船员躲过行政当局登岸并向当地居民出售东方产品，从而形成有利可图的地下贸易。根据特谢

① 若泽·罗伯特·特谢拉·莱特:《中国在巴西：中国对巴西社会和艺术的影响及其遗存》，艺术史博士论文，坎皮纳斯州立大学，1992年，第31页。

② 若泽·罗伯特·特谢拉·莱特:《中国在巴西：中国对巴西社会和艺术的影响及其遗存》，艺术史博士论文，坎皮纳斯州立大学，1992年，第17页。

③《南十字星帝国与天津天庭：19世纪的中巴关系》，露西娅·玛丽亚·巴斯托斯·佩雷拉·达斯·内维斯、露西娅·玛丽亚·帕绍阿尔·吉马良斯、塔尼亚·贝索内·达·克鲁斯·费雷拉，第2页。

④ 杰弗瑞·莱瑟（Jeffrey Lesser）:《国家身份的谈判：巴西移民、少数族裔和种族渊源之争》（A Negociação da Identidade Nacional, Imigrantes, Minorias e a luta pela etnicidade no Brasil），圣保罗，圣保罗州立大学出版社（Editora UNESP），2001年，第38页。

拉·莱特（Teixeira Leite）所述，就这样，越来越多的人喜欢上了丝绸和刺绣织物、珐琅盒、饰品、扇子和遮阳伞、南京和广州的蓝碗、漆器家具，以及泉州的餐具。

吉尔贝托·弗莱雷（Gilberto Freyre）认为，政府官员、宗教人士、军人和法官在葡萄牙海外领地之间流动造成的间接接触是许多中国风俗习惯得以在父系制度下的巴西扎根的原因。[①] 我们在巴西土地上看到的体现中国风俗的有：取代了土著人作为交通工具——吊床的独杠肩舆和椅轿、烟花、（16 世纪初被葡萄牙人引入欧洲、彰显使用者身份的）扇子、（"中国自公元 4 世纪就在使用的被葡萄牙人带到欧洲的现代、便携、可折叠的"）遮阳伞[②]、纸鸢、斗鸡、凉亭或宝塔、丝绸、茶、（体现社会地位，表示不需要从事重体力劳动的）富翁们留的长指甲。

巴西使团

1879 年，巴西第一个赴华外交使团之行在一片争议声中获得了批准。外交官喀拉多[③] 和海军少将穆达，即后来的雅塞圭男爵，被任命为外交使团的全权

① 《南十字星帝国与天津天庭：19 世纪的中巴关系》，露西娅·玛丽亚·巴斯托斯·佩雷拉·达斯·内维斯、露西娅·玛丽亚·帕绍阿尔·吉马良斯、塔尼亚·贝索内·达·克鲁斯·费雷拉，第 3 页。

② 若泽·罗伯特·特谢拉·莱特:《中国在巴西：中国对巴西社会和艺术的影响及其遗存》，艺术史博士论文，坎皮纳斯州立大学，1992 年，第 144 页。

③ 1832 年，喀拉多，若昂·克里索斯托莫·喀拉多将军（João Chrysostomo Callado）之子，出生于蒙得维的亚，于1914年在里约热内卢去世。他的外交生涯开始于（1856 年）驻委内瑞拉公使馆随员，（1857 年）调至伦敦，（1859 年）调至巴黎，（1862 年）再次调至伦敦；曾担任巴西驻南美洲多国的公使。在中国之行，他除了将妻子恩里克塔·泽巴洛斯·喀拉多（Henriqueta Zeballos Callado）和两个女儿莱昂内尔·奥雷利娅·喀拉多和卡罗琳娜·喀拉多（Leonor Aurélia Callado 和 Carolina Callado）带在身边之外，还带了一位法国厨师。

公使和特使[①]。此外，任命帝国驻马德里公使馆随员李诗圃为特别使团秘书[②]；任命穆达的秘书、海军少校路易斯·费利佩·德·萨尔达尼亚·达·伽马和海军上尉亚历山德里诺·法里亚·德·阿伦卡尔为武官。[③]

在法国政府的帮助下，使团在巴黎聘用了一位翻译。“法兰西共和国外交部部长夏尔·德·弗雷西内（C. de Freycinet）先生以极大的善意和礼貌满足我们的请求，将政府的这位翻译让给我们，他就是微席叶先生。”这位翻译还得到了清政府驻伦敦、俄国和巴黎的公使曾侯（marquês Tseng）[④]的认可，开始在这项任务中为巴西人提供周到的服务。[⑤]

穆达，雅塞圭男爵，是将军、巴拉圭战争的英雄，也是历史学家。他的父亲是参事若泽·伊纳西奥·西尔韦拉·达·穆达（José Inácio Silveira da Mota）。穆达在维多利亚中学（Colégio Vitória）完成初等教育之后，15 岁时成为里约热内卢海军学院（Escola Naval do Rio de Janeiro）的海军准尉，并于 1860 年毕业。巴拉圭战争结束时，年仅 26 岁的他已是海军大校。穆达随后被任命为当时巴西

① 外交部长 1879 年 12 月 6 日批示。

② 李诗圃，雅普拉男爵米格尔·马利亚·利斯博阿（Miguel Maria Lisboa）之子。1847 年生于里约热内卢，巴拉圭战争期间在海军服役；1866 年，完成海军学院的课程，参加了舰队在普拉塔河的行动；作为海军中尉退役后，开始担任帝国驻美国公使馆随员；曾任乌拉圭公使馆秘书，后转到巴拉圭。获得过玫瑰骑士团和葡萄牙基督骑士团勋章、巴拉圭战役奖章。1920 年 7 月 8 日去世。著作有（1888 年）《中国与中国人：旅行回忆录》（A China e os chins: recordações de viagem）、（1894 年）《“地打杜士”号上的华人：中国与中国人（续）》（Os Chins de Tetartos: continuação d'a China e os Chins）、（1892 年）《面对仲裁法庭的使团问题：确认巴西权利的新要素》（A questão Missões perante o Tribunal Arbitral: novos elementos para a confirmação dos direitos do Brasil）、（1908 年）《和平时期的外交功能》（Fonctions diplomatiques en temps de paix）、（1906 年）《外交诉求》（Les réclamations diplomatiques）。曾担任驻东京和巴拉圭公使。

③ 1880 年 1 月 17 日公文。AHI 271/01/20，中央组，nº.1，历史和外交文献中心辑录（Cadernos do Centro de História e Documentação Diplomática–CHDD），第 11 年，nº. 20，2012 年第 1 季度，第 41 页。

④ 指曾纪泽，因其在光绪三年（1877 年）袭父曾国藩一等毅勇侯爵，故被称“曾侯”。——译者注

⑤ 1880 年 2 月 20 日公文。AHI 271/01/20，中央组，nº.5，1879—1880，历史和外交文献中心辑录，第 11 年，nº. 20，2012 年第 1 季度，第 46 页。

法国政府提供的为巴西使团服务的翻译微席叶与清朝最有权势大臣之一李鸿章的秘书罗丰禄
图片来源：维基共享资源

穆达，雅塞圭男爵，也是历史学家。
图片来源：维基共享资源

总督李鸿章
图片来源：维基共享资源

舰队中最大的军舰“尼泰罗伊”号（navio Niterói）的舰长，率领海军少尉和军官沿巴西北部海岸进行长途教学航行。曾被任命为巴西驻各欧洲宫廷公使馆的海军武官，专职研究这些国家的海军建设。1878 年 12 月，穆达晋升为海军少将，次年，被任命为赴华特别使团特使和全权公使。回国后，受命重组里约热内卢海军造船厂。1882 年，晋升为舰队司令，相当于海军中将，并获封雅塞圭男爵。

喀拉多（1831—1914）是当时巴西外交界的元老级人物、杰出的官员，时任驻巴拉圭公使。1849 年，喀拉多进入里约热内卢佩德罗二世学院（Colégio Pedro II）学习，后于 1854 年进入圣保罗法学院（Faculdade de Direito de São Paulo）学习。1855 年，喀拉多开始其外交生涯，曾在欧洲和拉丁美洲多个国家工作。

李诗圃（1847—1920），雅普拉男爵之子，出生在巴西有悠久外交传统的贵族之家。巴拉圭战争（1864—1870）期间，在帝国海军服役。在赴华使团成立时，在马德里公使馆工作。

初次接触

自法国土伦登上护卫舰启程前往中国之前，巴西使团便开始努力打破中国政府阻止向西方输出劳工所设置的壁垒。穆达和喀拉多竭尽全力寻求赢得与中国驻欧洲公使曾侯的友谊。然而，这项任务并不容易。由于中方的反感，巴西官方声称其访华目的是寻求缔结和好通商通航条约，但是，实际上，是希望获准向巴西输送华工。曾侯曾经多次接见巴西使团，并两次为外交官们设晚宴，巴西使团也为感谢其盛情在巴黎举办了一场答谢晚宴。

于是，曾纪泽向护卫舰将经过的中国各口岸当局写了推荐信，并致函总理衙门（*Tsungli-Yamen*，中国外交部）任命的与外国代表接洽的李鸿章总督本人。李将是巴西使团的对话者。谈判将在距离北京不远的天津[①]举行。

在与巴西人接触之前不久，曾侯曾经致函巴西驻英国公使，提醒称：“鉴

① 中国北方商业重镇，紧邻北京市。1860 年至 1946 年期间，中国政府出让该市部分土地建立主要包括英国和法国租界地在内的欧洲租界地。1880年，该市外国居民不足200人。

于中国移民在其他国家所遭受的过分不公和残酷待遇……中国政府决意坚决反对任何形式的移民提议”，并强调：“任何试图改变这一决心的尝试都注定会失败。”①

更糟糕的情况是，巴西使团的外交家们还必须面对来自反奴隶制协会（Anti-Slavery Society）和巴西实证主义者的谴责。1879 年，在萨尔瓦多·门东萨于里约热内卢发表了支持华人移民的讲话之后，米格尔·莱莫斯（Miguel Lemos）和其他里约热内卢实证主义学会（Sociedade Positivista do Rio de Janeiro）的成员组织了一场签名活动，“作为人类和巴西人愤怒”抗议门东萨宣扬和捍卫的原则，并向中国驻欧洲公使发了一封信，其中包含了门东萨演讲摘要经过认证的译文。② 反奴隶制协会③ 则向公使曾纪泽发出了抗议书——这份抗议书被欧洲报刊转载——反对向巴西输出华工，据他们说，巴西是一个仍然实行奴隶制的国家并企图通过输入华工延续这一制度。中国驻伦敦公使馆于 1879 年 11 月 6 日对此做出回应，表示“中国政府与该协会持有完全同样的立场，断不会以任何方式讨论中国移民问题”。英国和巴西的媒体均转载了中方的答复。④

反对

巴西赴华使团遭遇了国内强烈的政治掣肘。帝国国会首先发难抵制，若阿金·纳布科（Joaquim Nabuco）、阿丰索·佩纳（Afonso Pena）等议员表示强烈谴责。此外，陶奈子爵（visconde de Taunay）、若泽·多·帕特罗西尼奥（José do Patrocínio）、卡尔·科塞里兹（Karl Koseritz）等公众人物也反对输入

① 阿图尔·雅塞圭：《从海军准尉到将军——我的职业信仰（1870—1900）》，第 2 版，海军总文献部，里约热内卢，1985 年，第 380-381 页。

② 若泽·罗伯特·特谢拉·莱特：《中国在巴西：中国对巴西社会和艺术的影响及其遗存》，艺术史博士论文，坎皮纳斯州立大学，1992 年，第 241 页。

③ 反奴隶制报告，英国和外国反奴隶制协会（BFASS）发表，1879 年。

④ 《新闻报》，里约热内卢，1879 年 12 月 14 日。

华人移民。年轻的废奴主义议员纳布科谴责锡宁布部长企图将国家“蒙古化”并以“种族混合”的方式制造恐怖。

堂·佩德罗二世也反对输入华工。穆达说，每当涉及中国事务，这位皇帝就会变得“非常执拗”。“他对中国人的鄙视令人相信，他心中对这个有趣的国家及其勤劳国民的唯一印象来自1854年至1856年引入巴西的那些出身低贱的华人的陋习。”①

若泽·多·帕特罗西尼奥时常在报纸上用笔名“能人”（Proudhomme）对这个问题进行调侃，甚至在一篇文章中讽刺巴西赴华使团的唯一目的是为皇帝的肉汤提供大米。②

华人移民可划分为1870年以前与1870年之后两个时期。界定两个时期的是英国在贩卖苦力问题上态度的变化，即英国变身为贩运华工的头号反对者。英国这样做一方面是希望阻止替代奴隶的一种劳动力形式的出现，另一方面也是迫于来自其国内反奴隶制团体的压力。因此，1873年，英国禁止华工离开其领地（香港），同时对葡萄牙施压，以便澳门也禁止苦力离澳，并在翌年得偿所愿。从那时起，可以使华工流动的唯一办法只有与中国政府达成直接协议，然而，中国政府对此问题，特别是华工在古巴、秘鲁等国遭遇不公待遇之后，愈加讳莫如深。这使得寻找问题的解决办法只能通过与中国的直接外交关系，而通过私商运输华工已无可能。③

支持

在欧洲期间，巴西两位公使向法国、英国和美国寻求支持。据雅塞圭男爵

① 《巴西杂志》，第2年，第12卷，1897年10月至12月刊，阿图尔·雅塞圭，第76页。

② 《新闻报》，里约热内卢，1879年9月8日。

③ 外交部，《文汇》（Caderno de Ensaios），第1期，白河外交学院（Instituto Rio Branco），2015年。参看 http://www.institutoriobranco.itamaraty.gov.br/images/pdf/publicacoes/Caderno-de-%20Ensaios/caderno-de-ensaios-I_FINAL.pdf.。2018年9月7日登录。

所说，英国政府原则上反对契约华工移民，并在香港明令禁止。因此，他们与英国外交部的谈判实际没有取得积极结果。法国政府很友善，承诺通过其驻北京使团提供帮助，但是在雅塞圭男爵看来，法国虽有承诺，但实际上爱莫能助，因为“越南东京（Tonquim）问题的争端已经使得中国外交界不再信任法国”。华盛顿政府虽表示全力支持巴西，但其自身立场矛盾，因为在同一时期，正有一个美国使团访问北京，其目的是阻止中国移民前往美国，以满足美国对欧洲移民，特别是爱尔兰移民的需求，他们认为中国移民带来了不公平竞争。[①]

无论如何，当巴西使团抵达中国时，他们发现当时对北京朝廷影响最大的欧洲政府是德国政府，这在很大程度上要归功于德国外交官巴兰德（Herr von Brandt）的卓越才能。“德国公使巴兰德先生的善意和他与总督的私人关系使他成为我们在遇到较大困难时能真正引以为援的唯一的人。因此，这位同人在天津短暂逗留期间自愿为我们提供的帮助应当得到帝国政府的感谢。”[②]

在巴黎

中国公使曾侯来往于英国和法国之间。巴西使团在欧洲期间，曾侯全部时间都在巴黎。在中国，曾是一位备受尊敬的知识分子。他穿着中式服装，举止言行却是欧洲人做派，“为人坦率，善交际。我们在巴黎时，侯爵对待我们如同国宾。巴黎媒体报道了他为我们严格按照中式风格举办的一场宴会，菜单上不乏用采自中国和印度沿海悬崖上的燕窝做的经典燕窝汤……以及鱼翅、竹笋和腌制年代越久越受中国人喜爱的皮蛋等美味佳肴”[③]。席间，侯爵赠予两位巴西使节精美的扇子，扇面上是侯爵创作并亲笔题写的诗句。尽管仅邀请了 18 位客人，

① 萨尔瓦多·门东萨：《亚洲劳工》，纽约，《新世界》出版公司，1879 年，第 22 页。

② 1880 年 9 月 15 日公文。AHI 271/11/20，中央组，nº.1，历史和外交文献中心辑录，喀拉多和雅塞圭致外交部信件，1880 年 9 月 15 日。

③ 阿图尔·雅塞圭：《从海军准尉到将军——我的职业信仰（1870—1900）》，第 2 版，海军总文献部，里约热内卢，1985 年，第 384 页。

但是，宴毕之时，“一场盛大的招待会随之展开。按照天朝帝国风俗，男士们在一间大厅欣赏公使的音乐作品，女士们则在另一间，男女宾客完全分开”[①]。

巴西人在巴黎大酒店（Grand Hotel de Paris）为侯爵及随行人员举办了一场盛大答谢晚宴。

在巴黎期间，巴西人还结交了西班牙驻华公使伊巴里（D. Carlos Antonio de España y Gómez de Humearam）。这位公使已在中国工作 4 年，不久前他刚刚与中国政府签订了一份新的向古巴输出移民的条约。[②] 他向巴西人提供了宝贵信息，这使得巴西人期待他在未来的谈判中发挥重要作用，便邀请他乘坐“维塔尔·德·奥利维拉”号重返中国。伊巴里立刻接受了邀请。[③] 然而，这竟是他最后一次旅行。在抵达中国后的一天，他骑马时从马上坠落身亡。[④]

穆达和喀拉多在与曾纪泽多次会面后认为，他们已经赢得了这位中国人的好感，但是，仍然对“我国外交部死板的指示”[⑤] 心存疑虑。此外，曾侯本人已经将总理衙门的一份公函交给了两位巴西人。在这份公函中，中国外交部指示其官员削减在华外国人治外法权（即免受当地法律管辖）并寻求废除若干西方国家享有的“最惠国待遇”（鸦片战争后，英国强加给中国的条款）。在鸦片战争中，中国战败，被迫对外开放口岸，割让领土给英国和法国。《南京条约》（1842）、《天津条约》（1852）和《北京条约》（1860）令中国陷入苦难。

正当喀拉多和穆达准备启程前往中国时，他们接到了巴西外交部发来的态度僵硬的指示：“外交部不但要求坚持‘最惠国待遇’条款，还禁止我们当中国政府作为签订新的国际契约的必要条件要求我们让步时做出让步，并且只允许对条约

① 《坎皮斯塔观察》，里约热内卢，1880 年 4 月 11 日。

② 《使徒》，里约热内卢，1880 年 1 月 23 日。

③ 1879 年 12 月 5 日公文。AHI 271/01/20，第 4 组，nº.3，1879—1880，历史和外交文献中心辑录，第 33 页，喀拉多致参事、外交部长和国务秘书安东尼奥·莫雷拉·德·巴罗斯（Antônio Moreira de Barros）的信。

④ 《商报》，里约热内卢，1880 年 12 月 24 日。

⑤ 《巴西杂志》，第 2 年，第 12 卷，1897 年 10 月至 12 月刊，阿图尔·雅塞圭，第 80 页。

草案文本做出修改，限制或扩允某些规定，但不得改变其实质性内容。”①

巴西外交部起草的文本第八款明确规定：“中国皇帝陛下之政府将允许自愿前往巴西的移民在帝国所有对外国开放的口岸登船；承诺不对其臣民自由移民设置任何障碍并禁止上述口岸当局，尤其是海关道台，阻碍租赁或提供用于运输中国乘客的船只，不论其悬挂何种国籍旗，以及船主、承运人和代理商的活动，只要他们遵守本条约之规定。”② 第九款规定：“开放口岸之海关道台和其他中国当局”将有权自行查验“移民是否符合本条约之精神和文本”并可“指定中国代表查验乘客是否为自愿登船”。③

1879 年 10 月的第二个星期，虽然巴西使团尝试进一步接触，曾侯却对此持谨慎态度。他从英国和巴西的废奴主义者那里收到了巴西众议院、参议院辩论会会议记录的副本，以及已经出版的农业大会会议纪要。1879 年 11 月 6 日，他对反奴隶制协会抗议巴西引入华工一事做出回应，指出中国公使馆“坚决拒绝以任何形式讨论此议题”④。

中国公使馆的拒绝在巴西国内引起的反响无异于“一记耳光”。（1879 年 12 月 15 日）《新闻报》对曾侯的拒绝做了这样的评论：“对于天朝帝国外交官的答复，我们和所有认为政府企图靠不切实际的承诺发展国家农业只是一项权宜之计的人并不感到意外。我们已经预料到了。然而，出乎我们意料的是，他的答复暗示了巴西的特殊国情，这在我们看来似乎并不令人愉快。这个特殊国情不是别的，正是巴西将继续保持奴隶制。因此，除了引入华工的计划落空之外，热衷于通过给我们的种族增加某些黄色来对其进行改良的现政府还受到了严厉谴责。我们的国家已经不仅在欧洲受到冷遇，甚至中国人也顾及我们的特殊国情，坚称不愿与巴西谋事，而关于华工问题，甚至连谈都不愿

① 《巴西杂志》，第 2 年，第 12 卷，1897 年 10 月至 12 月刊，阿图尔·雅塞圭，第 79 页。
② 历史和外交文献中心辑录，第 11 年，第 20 号，第 30 页。
③ 《巴中关系起源：1879 年的特别使命》，法比奥·拉法耶特·丹塔斯，Liber Gráfica 出版，累西腓，2006 年，第 124 页。
④ 《马拉尼昂日报》，马拉尼昂省，1880 年 1 月 4 日。

谈！……该来的都来了。先有欧洲废奴主义者的冷嘲热讽，后有阻止农民移民到黄热病国家的海报宣传，现在，来的是中国政府，他们宣布绝不与巴西就移民问题展开谈判！”①

中国的防范

华人对外国人的戒心及其在世界各地的存在由来已久。14 世纪时，里斯本已有很多华人奴隶。1578 年前后，菲利波·萨赛提（Fillipo Sasseti）访问里斯本时发现，华人奴隶数量仅次于非洲奴隶，② 其中许多人是在孩童年纪就被拐卖或被父母卖掉的。“尽管无论是中国还是葡萄牙都颁布法律明令禁止并不时试图用严厉的惩处加以遏制，但是，向葡萄牙人贩卖幼童的活动仍然在（15、16）两个世纪长期存在。1595 年，果阿副王（vice–rei de Goa）下令对所有买卖华人的葡萄牙人处以重罚；1624 年 2 月 19 日，费利佩四世国王（Felipe IV）颁布法律宣布，‘华人不能也不应做奴隶’。该法律还规定，‘不再对华人实行包括若干年间临时性的奴隶制度，而是相反，所有华人，不分性别，一律为自由人’。然而，几十年以后的 1700 年，葡萄牙人依然经常在澳门购买华人幼童，将他们在澳门或在葡萄牙变为‘阿大’（*atai*）和‘阿妹’（*amui*），即男仆和婢女，或（像中国人怀疑的那样）摘掉这些幼童的眼球，将其研成粉末，用作当时那个时代令人恐怖的医疗所需的药剂。”③

“1717 年，堂·若昂五世国王（d. João V）命令印度副王禁止任何葡萄牙船只将‘妹仔’（*mui chai*）运离澳门。瓦斯科·费尔南德斯·塞萨尔·德·梅

① “‘不受欢迎的中国人’:《新闻报》上的中国移民（1879）”，卡米拉·克泽普拉，第 11 页。参看 http://www.encontro2016.sp.anpuh.org/resources/anais/48/1467761499_ARQUIVO_TEXTOcompletoANPUH.pdf。2018 年 10 月 1 日登录。

② 若泽·罗伯特·特谢拉·莱特:《中国在巴西：中国对巴西社会和艺术的影响及其遗存》，艺术史博士论文，坎皮纳斯州立大学，1992 年，第 26 页。

③ 若泽·罗伯特·特谢拉·莱特:《中国在巴西：中国对巴西社会和艺术的影响及其遗存》，艺术史博士论文，坎皮纳斯州立大学，1992 年，第 27 页。

内塞斯（Vasco Fernandes César de Menezes）回禀国王时指出，至少有一些情况表明，如果不许贩卖幼童，这些孩子的父母只会杀掉他们。[①] 30年后，即1747年，澳门主教罗沙修士（Hilário de Santa Rosa）还在对国王抱怨，在澳门，许多帝汶人成为奴隶；除此之外，以低价购买的当地中国女童（声称将使她们成为基督徒）在接受洗礼和成年之后，仍然遭到拘禁并成为奴隶长达40年之久，在没有法律允许的情况下被买卖，像奴隶那样遭到野蛮的处罚（甚至被戴上铁链）。”[②]

1744年，乾隆皇帝下令禁止在澳门的任何中国人贩卖子女。1750年，广东总督重申这项禁令。尽管如此，贩卖幼童仍然屡禁不止。1755年，澳门主教孟定士（Manuel Mendes dos Reis）再次请求葡萄牙国王采取禁止措施。直到1759年，这个问题才得到解决。[③]

19世纪80年代，悲剧再次上演，这次是西方将成年人视为廉价劳动力对他们进行奴役。巴西使团成员李诗圃在《中国和中国人》一书中的描述令人回味："其他给人更加心酸印象的废墟是那些棚屋，直到1874年，它们还被用来集中那些将出口到古巴和秘鲁的可怜苦力。在那里，可恶投机行为的受害者们流下了多少眼泪、多少鲜血？从麻木不仁的葡萄牙统治者到贪婪的招募者，他们瓜分了所有利润，正是他们常在偏远省份以虚假信息诱骗人们成为古巴种植园或加那利群岛（ilhas Canárias）鸟粪场未来的烈士。"[④]

1882年4月22日，里约热内卢《巴西日报》(Diário do Brazil）在一篇报道中称，像在接收苦力的其他国家发生的情况一样，许多华人因不满在巴西受到的待遇而自缢身亡。在巴拿马，每天都有自杀事件发生。据说所有华人的最大愿望之一是自己配得到一口好棺材。由此可以想象，那些在远离祖国、在

① 若泽·罗伯特·特谢拉·莱特：《中国在巴西：中国对巴西社会和艺术的影响及其遗存》，艺术史博士论文，坎皮纳斯州立大学，1992年，第28页。

② 若泽·罗伯特·特谢拉·莱特：《中国在巴西：中国对巴西社会和艺术的影响及其遗存》，艺术史博士论文，坎皮纳斯州立大学，1992年，第28页。

③ 若泽·罗伯特·特谢拉·莱特：《中国在巴西：中国对巴西社会和艺术的影响及其遗存》，艺术史博士论文，坎皮纳斯州立大学，1992年，第28页。

④ 李诗圃：《中国和中国人》，Typ. a vapor A. Godel 出版，蒙得维的亚，1888年，第119页。

连一个可以安放灵魂的适当角落都没有的地方自杀的华人绝望到了何种程度。“当一个遭受极大不公的人穷尽各种常规手段都无法讨回公道时，其最终采取的讨公道和报复做法便是在其压迫者的庄园自缢，这样的情况并不鲜见。亲属们会拿着死者留下的绝笔立刻前去告官，控告死者的敌人犯谋杀罪，其他人则哀号着将人们引向疑似犯罪现场，以防止死者的尸体被抛入河中或以其他方式失踪。在中国的官司中，如果被告因地位高贵并向死者家属支付了赔偿金而死罪得免的话，颜面扫地则是无一例外地在劫难逃，同时，对被告来说，官方庇护也派不上用场，因为事关孝道，而死者的以命相搏总能引起广泛的同情。因此，在巴西或其他国家自缢的华人所寻求的不仅仅是以死亡的方式逃离苦海，更是寻求以其个人牺牲给刽子手制造沉重的道德压力。”①

1850 年前后，西班牙人开始从（中国南方的）厦门向古巴输出华工。“该港口周边地区到处张贴着海报，吸引男性前往甘蔗种植园务农、放牧，合同期限为 5 至 8 年，每月可得 4 比索薪酬，是他们在家乡收入的两倍。此外，还可以得到两套衣服、医疗服务，以及包括大米或面粉、牛肉、猪肉或鱼、糖、茶在内的足够口粮、种植蔬菜的土地，星期天可以休息，妻子儿女免票登船，并且当孩子们达到工作年龄时也可以参加工作并得到报酬，甚至如果他们愿意，可以在一年之内终止合同。沿海港口的许多中国人被这样诱骗并被关进棚屋，直到被逼迫登船。堕落女人、酒和赌债都是诱骗华工的手段。一旦登船，他们就会遭受虐待、像罪犯一样被关押，缺少食物。在一批 506 名华工中，有 228 人死亡；另一批 293 人中，有 163 人因饥饿、疾病或虐待而丧生。幸存的人抵达古巴后，一般会以 80 万雷亚尔卖给种植园主或其他买家；这才是新的真正奴隶生活的开始。如果他们能在合同期内幸存下来，便会被迫续约。举目无亲、无依无靠……有的人因此走上了自杀之路。”②

① 李诗圃:《中国和中国人》，Tipografia da Empresa Democrática Editora 出版，里约热内卢，1894 年，第 288 页。摘自若泽・罗伯特・特谢拉・莱特,《中国在巴西：中国对巴西社会和艺术的影响及其遗存》，第 104–105 页。

② 萨尔瓦多・门东萨:《亚洲劳工》，第 184–185 页。

最惨无人道的事是始于1849年的向秘鲁和钦查群岛（ilhas Chinchas）的苦力贩运，“其性质足以令文明国家蒙羞，因为正是在他们之中有人犯下如此罪行。群岛岩石上堆积着可用于肥料的海鸟粪，其厚度达100—200英尺（30到60米）。挖鸟粪的苦力们被迫天亮前吃罢早饭，天蒙蒙亮开始工作。他们每人每天必须挖5吨鸟粪，运到200米开外的地方，没有完成任务的人就要遭受野蛮鞭打。他们没有星期天，也没有休息日。许多人因鸟粪在腿上造成的伤口生病或致残。绝望之中，大量工人自杀，有些人投海自尽，有些人在工作时站在即将塌落的鸟粪层下，因此可以说，他们是被活埋的”①。

这些奴隶被各种谎言诱骗。“他们置身茫茫大海，不知道自己将被带往何处，命运完全掌握在外国水手手中，忍受着饥饿、病痛，看不到一丝希望，陷入穷困潦倒。绝望中只有拼死一搏。运送苦力的船上时常发生一些可怕的事情。1855年10月，美国‘韦弗利’号（Waverley）在菲律宾群岛马尼拉靠岸，安葬死于痢疾的船长。船在海湾抛锚，临时担任指挥的大副安排将船长的遗体下放到一艘小艇上。这时，或因为一些人想上岸，或因为迷信，船上的华人试图阻止他。大副在人群中开了一枪，打死了一个人，船员们立刻拿起武器，把所有华人关进底舱，钉上了舱口，大副带着船长遗体继续前往陆地。晚上，大副回到船上，却没有过问关在既不通风又无光线的底舱里的华工情况。第二天早上，当舱口打开时，251名华人已全部死亡！”② 1865年冬天，运送华人苦力的意大利“拿破仑·卡纳韦罗”号（Napoleão Canavero）的船长为了镇压暴动，将华人全部锁进底舱。“华人知道自己的处境是在等死，便放火烧船。意大利人见无法扑灭大火，弃船而逃，却没有打开底舱的舱门，船上所有华人都被烧死。”③ 1847年到1874年期间，接收此类劳动力数量最多的国家是古巴

① 萨尔瓦多·门东萨：《亚洲劳工》，纽约，《新世界》出版公司，1879年，第187页。
② 萨尔瓦多·门东萨：《亚洲劳工》，纽约，《新世界》出版公司，1879年，第187页。
③ 萨尔瓦多·门东萨：《亚洲劳工》，纽约，《新世界》出版公司，1879年，第187页。

（143000 人）和秘鲁（120000 人）。[①]

旅程

巴西使团从土伦到香港的旅程历时三个月，但却不是一次愉快的旅程。连雅塞圭少将本人也认为："由于舰上住宿条件差，旅程十分辛苦。团队 20 名军官超过舰上接纳能力两倍之多，连军官餐厅里也住进去使团的两名秘书，分别是一名文职秘书和一名军事秘书，即在巴黎聘请的中文翻译和我的传令兵。我把房间让给了喀拉多一家和返回岗位的西班牙驻华公使先生，[②] 我和舰长只好挤进军官餐厅和机房之间的两个窄小舱房。可以想见，军舰这个位置的居住条件，机器的温度有时高达 40℃。总之，经过 74 天旅行，其中有 56 天在海上航行，其余 18 天在马耳他、塞得港、伊斯梅利亚、苏伊士、亚丁、锡兰（加勒角）和新加坡停泊，我们冒着进入红海以后一直如影相随的酷热高温从土伦到达了香港。"[③]

但雪上加霜的是，使团在马耳他收到了他们最有影响力的支持者锡宁布内阁下台的消息。当使团到达苏伊士时，得知了新内阁的组成情况，新任外交部长是似乎并不把使团此行目的放在眼里的佩德罗·路易斯·佩雷拉·德·索萨（Pedro Luís Pereira de Souza）。

---

① 《巴西现代主义文本中日本人的形象》（As representações dos japoneses nos textos modernistas brasileiros: Mário de Andrade, Oswald de Andrade e Juó Bananére），雪莉·丽卡·桥本市里（Shirlei Lica Ichisato Hashimoto），获奖学术作品系列，巴西圣保罗大学文学哲学和人文科学学院，2015 年。参看 http://spap.fflch.usp.br/sites/spap.fflch.usp.br/files/DO_Shirlei%20Lica%20I%20Hashimoto_04-04-final.pdf。第 96 页。2018 年 6 月 15 日登录。

② 西班牙公使伊巴里因紧急事务需更快赶往中国而在亚丁离舰。

③ 阿图尔·雅塞圭：《从海军准尉到将军——我的职业信仰（1870—1900）》，第 2 版，海军总文献部，里约热内卢，1985 年，第 385 页。

香港——向卡蒙斯致敬

1880 年 6 月 16 日，巴西赴华外交使团抵达香港。喀拉多和穆达继续前往广州，然后去上海。返回香港后，他们见到了里约热内卢《新闻报》的业主之一埃利西奥·门德斯，他加入了使团的队伍。[①] 在这位记者的笔下，“香港是一座有趣的岛屿，有高峰和狭窄的山谷。土地似乎并不十分肥沃，但是，英国人成功地对它进行了改良。维多利亚城很大，好像是沿着维多利亚峰的山坡向上攀缘而建。在欧洲人居住区，房屋很大，建设得很好、很豪华；相比之下，在中国人居住区，人口更为稠密，街道具有英国城市的一般特点”[②]。

使团在香港期间的活动安排十分繁忙。当时，香港正在隆重纪念卡蒙斯逝世 300 周年。活动由葡萄牙人社区组织，其居民大部分出生在澳门。在澳门，他们拜谒了传奇性的贾梅士洞。在活动的当天晚上，全体人员前往葡萄牙人办的西洋会馆出席在那里举行的诗歌音乐晚会，接着，出席晚宴和舞会。“维塔尔·德·奥利维拉”号护卫舰的乐队来到现场助兴。[③] 西洋会馆的大厅里摆放着与贾梅士洞那尊诗人像一样的半身雕像。

葡萄牙在中国

澳门之行令旅行者们因其浓郁的葡萄牙特色而开始思念家乡。李诗圃说：“那些起起伏伏的街道、酷似里斯本古老人行便道的阶梯路、错落有致的房屋、阿拉伯风格的绿色木制阳台或带栅栏的窗户、众多教堂、落满灰尘的修道院、那些意识到自己的影响身着宽大袍服面色凝重地在街上为行人祈福的神父的住所、不断响起的钟声、守军的隆隆鼓声，一切都赋予了澳门独特的

① 《巴西杂志》，第 2 年，第 12 卷，1897 年 10 月至 12 月刊，阿图尔·雅塞圭，第 84 页。
② 《观察者》（O Monitor），里约热内卢，1880 年 8 月 31 日。
③ 《坎皮斯塔观察》，里约热内卢，1880 年 8 月 21 日。

城市风貌。”①

根据现有文献记载，1554 年，葡萄牙通过建立自由贸易货栈在澳门建立了拓居地。该地区合法让与葡萄牙帝国是在 1557 年。该项让与是由广东省当局完成的，并得到了明代世宗皇帝（imperador Chi-Tsung）批准。……17 世纪到 19 世纪中叶，澳门一直是对国际航行开放的主要口岸，也是中国与西方国家交往的重要转口埠。自由贸易货栈孕育了富有的商业资产阶级，直至建立了一种市政当局——议事公局（Senado da Câmara）②。

英国人占领香港以后，澳门开始衰落并转而致力于博彩业，这引起了使团成员的极大兴趣。澳门曾垄断欧洲与中国之间的贸易交往达几百年之久，但是，在巴西使团抵达澳门的那个时代，它已经沦为一个靠赌场生存的过气的殖民地。“中国法律禁设赌场，葡萄牙却从这些场所获得了一笔重要收入，将其殖民地变成了真正的中国摩纳哥。广东及沿海城市乃至上海的赌徒们蜂拥而至，其中大多数是中国人，也有一些欧洲人。在澳门，从充斥着鸦片和烟草烟雾、散发着米酒和威士忌的酒气，以及来自其他文明国家的进口货物味道的赌档，到漂亮的娱乐城，面向不同经济实力和社会地位的赌徒开设的博彩场所种类齐全。下层民众在夜晚用白天挣到的几枚肮脏的硬币（相当于两个雷亚尔的铜钱）在赌档赌骰子，腰缠万贯的官员和商人在娱乐城一掷千金寻求刺激。”③

在澳门，葡萄牙总督贾沙拉正式招待了巴西赴华使团。“澳门总督府是一座大型建筑，其建筑风格并不引人注目。然而，里面的家具却值得古董家具爱好者注意，其中一些肯定会在巴黎或伦敦卖出好价钱。在那里，我见到了珍贵

---

① 李诗圃：《中国和中国人》，Tipografia da Empresa Democrática Editora 出版，里约热内卢，1894 年，第 110 页。

② 《南十字星帝国与天津天庭：19 世纪的中巴关系》，露西娅·玛丽亚·巴斯托斯·佩雷拉·达斯·内维斯、露西娅·玛丽亚·帕绍阿尔·吉马良斯、塔尼亚·贝索内·达·克鲁斯·费雷拉，第 2 页。参见 http://livrozilla.com/doc/1027154/。2018 年 9 月 15 日登录。

③ 李诗圃：《中国和中国人》，Tipografia da Empresa Democrática Editora 出版，里约热内卢，1894 年，第 112 页。

的中国古瓷餐具，总督贾沙拉用这套餐具亲切招待我们使团全体人员。”[①] 那天整个晚上，总督府灯火通明。翌日，葡萄牙军舰在主桅杆升起了巴西国旗，步兵仪仗队在码头欢送两位公使（穆达和喀拉多）登舰。[②]

上海

在抵达中国之行的最终目的地之前，使团最后访问的城市是上海。上海之前，他们经过了距离香港仅几小时路程的中国大城市广州。[③] 上海是一座五光十色、躁动的大城市。李诗圃数次在这个城市漫步，寻找“那些较为安静的街巷，让我们的目光进入到木工、铁器、锡器作坊的深处，当我们的祖辈还生活在丛林里的时候，那些作坊已经在生产最普通的日常家什用品了。就让我们驻足片刻，观看绸缎鞋的制作吧。鞋底是用压实的纸板制成，它启发了欧洲工业家们用经济型材料替代铁轨、瓦片或建造了沿着漫长的美国海岸从加拿大抵达墨西哥的‘杨基·毕晓普’号（Yankee Bishop）。让我们看一看制作翡翠耳环和银质手镯的珠宝首饰作坊。藏在达官贵人豪宅的园林和亭台里的贵族少女佩戴着这些珠宝，或衬得她们绯红的面颊十分美丽，或佩戴在她们修长的手臂和纤细的手指上，她们把长指甲精心保存在银盒中。就这样，我们一边看，一边赞叹，每一步都有意想不到的新奇事，感受着中国南方和北方工业和风俗的不同，竟来到了豫园的湖边（Lago dos Prazeres）。夕阳西下的时候，这里的岸边和有美丽小桥相连的小岛上，戏楼、餐馆、杂技艺人和街头歌手在建筑物漂亮的曲线和五颜六色装饰的衬托下组成了独特的画面”[④]。

使团在上海有一场约定的公务活动。“我又一次在这座城市漫游的时候，是

---

① 李诗圃：《中国和中国人》，Tipografia da Empresa Democrática Editora 出版，里约热内卢，1894 年，第 118 页。

② 《新闻报》，里约热内卢，1880 年 8 月 21 日。

③ 《巴西杂志》，第 2 年，第 12 卷，1897 年 10 月至 12 月刊，阿图尔·雅塞圭，第 85 页。

④ 李诗圃：《中国和中国人》，Tipografia da Empresa Democrática Editora 出版，里约热内卢，1894 年，第 182–183 页。

坐在轿子里，它与我在广州坐过的轿子一样非常舒服。使团成员和法国领事应邀出席在上海道台或称大清都督家中举行的午宴。我们走了半小时，进入道台衙门，这时，三声礼炮和着并不好听的锣、鼓、钟和其他乐器声响了起来，报告我们的到来。我们被引进客厅，在翻译的帮助下，与当地官员进行了一场有意思的交谈。他们对巴西及其机构的好奇心并不亚于西方人对中国的好奇心。持续了近 3 小时的午宴很热闹，道台谈吐幽默，常常彬彬有礼地谈起西方人和中国人之间某些不同习俗，令我们非常开心。他向我们解释中国人之所以以左为尊，是因为心脏在左边，而我们应当把朋友放在心的旁边。他还很有分寸地批评我们浆洗过的衣服和衣领，在这位不开化的官吏看来，我们的衣服和衣领一定让我们很不舒服，不如宽松而柔软的中式服装那样让人行动自在。”①

李诗圃对午宴进行了详细描述：“宴会共上了 26 道不同的菜肴，其中不乏价格不菲的珍馐，例如燕窝、鱼翅、两款用大米和玫瑰叶酿制的酒，这让我有机会见识了中国人都是美食家，或者说是大胃王。我们这些食客以惊人的速度吃掉一盘又一盘美味，每个人都敞开肚子大快朵颐。与官僚们的饕餮形成对比的是劳动阶层众所周知的节衣缩食，这可以解释为统治阶层的虚荣心。在富人们经常光顾的酒楼，当客人结账离开时，为其服务的侍者会高声报出其所点菜肴的清单和支付的餐费总额，这使得每一位官员不但在胃口上要有兼人之量，还要有雄厚的财力打败同僚们，同时也令酒楼老板笑逐颜开。我的兴趣不在餐桌上的美味佳肴，而是那些摆在面前的奇特小吃。说实话，此前的步行令我饥肠辘辘，若不是善良的道台事先考虑到我们野蛮的品位还不习惯中餐的雅致而特别准备了英式牛排和柔和的波尔多酒的话，我可能早就悻悻然抽身离开餐桌了。酒足饭饱之后，我们终于恢复了体力来应付中方复杂并颇有仪式感的告别。翻译们开始用华丽而夸张的措辞翻译我们对热情款待表示感谢时使用的西方人简单的礼仪用语。‘与尊贵的各位共同度过的短暂时光将作为美好回忆用

① 李诗圃：《中国和中国人》，Tipografia da Empresa Democrática Editora 出版，里约热内卢，1894 年，第 183 页。

金字刻在我们心中。’道台回应道：‘各位大德之士，鄙人绵薄之请，不成敬意，何须挂齿。’一声声珍重之中，你谦我让，挤眉弄眼地表达着臣服或热情，直至客人在视野中消失。穿过衙门与马路之间宽阔的门庭，我最后看了一眼这座奇特的建筑，只见善良的道台仍然一边抱拳高声说着‘tchin–tchin, tchin–tchin’（再见，再见），一边在门庭跳来跳去，身上穿的华丽而宽松的绸缎长袍飘动着，让他看上去活像一出古怪闹剧里的舞者。”①

天津

1880 年 6 月 8 日，使团抵达天津。按照惯例，中国政府会指派一位总督与有意与帝国建交的国家使团进行谈判。在巴黎，曾侯已经告知使团，其好友、北洋通商大臣、总督李鸿章可能被指派与使团进行谈判，并“以与尊敬的公使对我们表达的极大热情同样的热情”致函李鸿章。②

当时，由于中国拒绝签署早先在圣彼得堡（São Petersburgo）商定的一项条约，中俄战争即将爆发。巴西人担心中国朝廷会让外国人远离北京而安排使团前往较远的城市，③因此，穆达和喀拉多在没有知会中国政府的情况下直接前往天津。据他们所说，“选择在天津开始我们的使命还有其他重要原因。首先，我们相信曾侯向李鸿章总督引荐我们时的诚意，并相信他的引荐比其他任何外交手段都更能使天朝帝国的权臣接受我们的建议。其次，虽然我们不指望法国和美国政府承诺的在与中国政府打交道方面提供有效的帮助，但是，我们还是希望他们驻北京代表的善意至少可以化解某些意料之外的困难，因此，需要保持与他们的联系。在北京附近谈判还可以避免中方谈判代表向政府请示时

① 李诗圃：《中国和中国人》，Tipografia da Empresa Democrática Editora 出版，里约热内卢，1894 年，第 184–185 页。

② 阿图尔·雅塞圭：《从海军准尉到将军——我的职业信仰（1870—1900）》，第 2 版，海军总文献部，里约热内卢，1985 年，第 388 页。

③ 1880年7月19日公文。AHI 271/01/20，中央组，nº.6，历史和外交文献中心辑录，第53页。

耽误过长时间”[①]。除此之外，“李鸿章总督是中国最具声望的政治家，我们确信与他进行谈判会比与任何远离北京的其他官员谈判更加顺利”[②]。

天津距北京 100 公里，从贸易角度看，是中国北方最重要的城市，因为它是通往中国首都的口岸。1859 年和 1860 年，被英法远征军占领。[③] 1880 年，外国居民不到 200 人，此外，还有长期驻扎这里的英国、法国、美国军舰上的人员。根据李诗圃的说法，在此逗留期间，他甚至组织了“一个愉快的社交圈，举办一般俱乐部才能提供的娱乐活动，例如舞会、晚餐会、赛马、赛船、打猎，或其他消闲活动，冬天，在白雪皑皑的旷野滑雪橇，在覆盖着厚厚冰层的白河（Pei-ho）[④] 滑冰”[⑤]。

外国人居住区有宽阔的林荫路。“滨河大道风景如画，并且因为不时有船只在那里停泊装卸货物而显得十分热闹。天津坐落在河上游约 3 公里处，是白河与大运河的交汇处。城市分两个区：城墙内的老城区，这里曾是军事要塞，现在是道台府邸所在地；另一个是充满生机的热闹郊区。环绕原始居民点的城墙不足 3 英里……现在，这两个区的人口估计已经达到 95 万。人口众多！”[⑥]

在天津，使团成员分成两部分，一部分租房子住，另一部分住在外国人居住区的一家酒店里。[⑦] 在这家留着小辫的老板经营的酒店里发生了一件有趣的事情：穆达先生的房间价格高于价格表上的标价。

“为什么？”穆达先生不解地问。

“因为您是公使。”酒店老板回答。

埃利西奥·门德斯说：“我们都喜欢酒店老板的坦率，为他鼓掌。在我看

---

① 阿图尔·雅塞圭：《从海军准尉到将军——我的职业信仰（1870—1900）》，第 2 版，海军总文献部，里约热内卢，1985 年，第 388 页。

② 1880 年 7 月 19 日公文。AHI 271/01/20，中央组，nº.6，历史和外交文献中心辑录，第 53 页。

③ 《伯南布哥日报》，伯南布哥省，1880 年 10 月 14 日。

④ 指天津市海河。——译者注

⑤ 李诗圃：《中国和中国人》，Tipografia da Empresa Democrática Editora 出版，里约热内卢，1894 年，第 234 页。

⑥ 《伯南布哥日报》，伯南布哥省，1880 年 10 月 14 日。

⑦ 指环球宾馆（Globe Hotel）。《伯南布哥日报》，伯南布哥省，1880 年 10 月 14 日。

来，这种坦率是中国人与生俱来的。”[①]

喀拉多先生一家（妻子和两个女儿）住进了法国领事为他们安排的住宅里，这里同时也是巴西使团的办公地点。[②]

李诗圃不但在外国人居住区和中国区的交界处租到了房子，还坚持在穿着上与房东一样。让我们看看他是怎么说的：“这所房子有唯一一扇通向街道的大门，走过宽宽的门便进入了院子。院子里有一圈连廊，所有房间的门和窗都朝向它。……这所房子有6个房间，我把其中3间最大的留给自己用，分别作客厅、餐厅和卧室。其余的房间，最好的一间留给我的助理、一间留给中国用人，最后一间做卫生间兼暗房。此外，这里有一个不错的厨房和一个马厩。……在这里住下来并吃过了中餐之后，我在我们的翻译帮助下，买了一套中式服装，让自己至少在内心或在天津街头漫步的时候融入这里的生活。……这套用精制绸缎做成的衣服包括两条蓝色长裤、一件白色长衫和一件咖啡色短衫，短衫上有金色纽扣和可以当作衣袋的肥大长袖；还包括一双有厚厚纸鞋底的绣花缎鞋，以及一顶带真发辫的丝绸帽子。天知道那根发辫是从哪个死者身上得来的。”[③]

归宿

部分使团成员与曾搭乘“维塔尔·德·奥利维拉”号的西班牙驻华公使伊巴里先生住在同一家酒店。此时，公使先生却在生死线上挣扎。据记者埃利西奥·门德斯所说，“他从马上摔落，现在痛苦不堪一动不动地躺在床上。这场不幸事故就发生在我们到达的前一天。最初的2天，还有可能避免致命的后果。尽管病情危急，但是还不至于让人彻底失去希望。这位身份显赫的病人身体强壮，特别是他在备受折磨、痛苦不堪时所表现的精神，让人有了那样的信心。

---

① 《新闻报》，里约热内卢，1880年9月23日。

② 《伯南布哥日报》，伯南布哥省，1880年10月14日。

③ 李诗圃：《中国和中国人》，Tipografia da Empresa Democrática Editora出版，里约热内卢，1894年，第236–237页。

“然而，一切都不过是转瞬即逝的幻觉、渺茫的希望之光。事故发生后的第5天早晨，伊巴里先生离开了人世。外国人居住区陷入了悲痛之中……他凭借个人禀赋赢得了人们的同情和尊敬。

“葬礼在一座葡萄牙人的古老天主教堂（igreja da Mantang）举行。拉撒路会传教士们表示沉痛哀悼。……教堂里挤满了皈依天主教的中国人……按照中国传统，灵柩被放在一个大型舁床上，四周围着红色床幔。64名苦力扛起了这个奇特而硕大的灵柩，送葬的人们有的骑马，有的乘轿跟在后面。

“队伍经过古老的耶稣会神父墓地附近，通常，人们称它为葡萄牙人墓地。

“正福寺（*Cheng fu-ssé*），即现在的天主教墓地，距离北京较远……在其周围，还能看到毁于1858年禁教时期的一片废墟。如今，在原来的位置修建了一座简陋的小教堂。送葬的人们聚集到教堂里。”①

初次会晤

巴西使团抵达天津的第2天，立即致函李鸿章总督，请他确定日期和时间，以便前往拜会，并且很快得到了复函。在约定的当日，使团全体人员按照一切应有的礼节如约前往总督官邸，受到了殷勤周到的接待。

李鸿章被认为是“中国最博学、最睿智的人之一。他的影响力，甚至在某种程度上对外国人有利，在政治天平上与他的对手左宗棠的较量中占有举足轻重的分量。我们认识他的时候，他权倾朝野，大有对北京朝廷发号施令之势。据说他在不久前被内阁（Conselho Nui–ko）召唤进京时，早已预料到会有埋伏，但是，他毫不犹豫答复说可以进京，但是需要一些时间准备，以便带6万亲兵随行。这样的答复似乎足以重建摄政王的青睐和信任”②。

① 《贝伦日报》（Diário de Belém），帕拉省，1881年1月21日。

② 李诗圃：《中国和中国人》，Tipografia da Empresa Democrática Editora出版，里约热内卢，1894年，第255–256页。

欢迎仪式于1880年7月11日举行，公使们受到各种（包括鸣炮、仪仗队等）礼宾待遇。互致问候之后，总督将使团一行带到一间会议室。会议室中央有一张大桌子，全体人员围坐在桌子周围。总督只说中文，他的翻译是其身边官员中最年轻的马建忠[①]。马建忠毕业于巴黎法学院，说一口流利的法语。总督说，他此前已经收到了曾侯的正式来函，告知巴西使团来访中国之事，并称曾侯在来函中还明确地高度赞扬了在巴黎接触到的巴西使节们的个人修养。

在一个多小时的谈话中，李鸿章总督提出了许多关于巴西的问题。“当有人在回答他的问题时提到我们只有57年独立历史的时候，他微微一笑，不屑一顾地大声说：‘哦！四千年前中国已经是一个伟大国家了！57年！我的年龄而已。’”[②] 巴西公使们还注意到，这位总督对巴西的地理位置竟一无所知，他甚至问巴西周围是否有海。

“他还问我们为什么以前没有尝试与中国建立关系。我们回答说，巴西是一个新国家，直到现在贸易、工业和公共财富得到了发展，才有机会建立两国的直接关系。显然，总督想让我们明确说出此行主要目的是向巴西输出中国移民，他提出了一系列十分棘手的问题，例如问我们希望从与中国议约中获得

---

① 马建忠是刚刚被提拔到这个级别的年轻官员。他来自皈依基督教的一个中国家庭，曾就读于法国传教士在上海郊区开设的徐汇公学（colégio católico de Zikawei），表现出过人的聪明。在他的老师要求下，他被派往欧洲攻读法学与社会科学。曾入巴黎法学院攻读学士学位。年轻而有个性使这位留着小辫子的学生在拉丁区放荡不羁的年轻人圈子里很受欢迎。他对此深深怀念，曾坦率地说，到欧洲居住数年之后，自己已不习惯中国的生活，这主要是中国风俗中男女有别的社交传统所致。因此，他在担任李鸿章秘书期间，利用所有可用的时间接触在天津的外国人（阿图尔·雅塞圭，《从海军准尉到将军——我的职业信仰（1870—1900）》，第396页）。马建忠学会了跳舞，“看到他从一个严肃的中规中矩的官员变成了开朗风趣的翩翩公子，这让人高兴。他与我们越来越熟悉之后，经常和一些欧洲女士跳上几首华尔兹。看到他宽松的衣服飘了起来，长辫子像鞭子似的在空中甩来甩去，吓得身边的人们连忙躲闪，那场景很是有趣。回味西方经历之后，他请我们不要做为难他的事情，假如中国人知道一位‘珊瑚顶戴’沉迷跳舞这种不道德行为时会怎么说？”（李诗圃：《中国和中国人》，Tipografia da Empresa Democrática Editora 出版，里约热内卢，1894年，第258页）。

② 阿图尔·雅塞圭：《从海军准尉到将军——我的职业信仰（1870—1900）》，第2版，海军总文献部，里约热内卢，1985年，第390页。

哪些即时利益。我方直言，巴西广阔领土的殖民问题是我国政府最主要的关切之一，因此，自然而然地将目光投向中国这样人口极其众多的国家。我们一再表示，建立两国之间直接的通商关系会为双方带来好处，而移民所产生的结果正是这种关系的建立。”① 总督对巴西有许多华人甚感惊讶，询问他们是如何、从哪里前往巴西的。他被告知大多数华人来自旧金山、秘鲁、德梅拉拉（Demerara）和古巴的华人居住地，他们是自愿前往巴西的。

总督坦言，华工在秘鲁和古巴遭受不公待遇，这令其政府和全体国民十分不满：“他直言不讳地表示担心中国人在巴西会遭遇奴隶制，因为他知道这种制度还在我国存在。对于他的质疑，英国和外国反奴隶制协会（BFASS）的慈善家们也持这种意见，我们回应道，已经有相反的经验可以说服他。1856 年，当时奴隶人口比自由人口多得多，巴西已经输入了数百名来自新加坡和广州的华工。尽管这些人是在那些口岸受到无良之徒的诱惑，但是在巴西，他们依然享有我国宪政赋予外国人的所有权利和豁免，无论其国籍。一旦两个帝国缔约，中国政府便可以通过外交和领事代表来维护其臣民的权益。最后，我们指出，在巴西，奴隶制已经是无源之水，注定会在短短几年内消失。”② 总督表示自己公务繁忙，不可能经常与巴方会面，因此，他身边的两名一等官员将会协助进行谈判，不过，他会亲自与巴西公使们讨论条约的主要内容。

随后，大家一同前往书房，那里准备了午餐，有各种中式甜品、干果、茶、米酒和特别为尊贵的来宾准备的汽酒，以为祝酒之用。

几天以后，巴西使团接待了总督，陪同前来的还有天津道台、一等官员郑藻如先生和马建忠先生，以及多名随从。总督在使团驻地停留了约 2 小时，只谈论了与巴西有关的话题。“听到我们介绍我国咖啡出口的重要性，以及亚马孙河流域橡胶、可可和其他产品开发带来的成果时，总督感到非常

① 阿图尔·雅塞圭：《从海军准尉到将军——我的职业信仰（1870—1900）》，第 2 版，海军总文献部，里约热内卢，1985 年，第 391 页。

② 阿图尔·雅塞圭：《从海军准尉到将军——我的职业信仰（1870—1900）》，第 2 版，海军总文献部，里约热内卢，1985 年，第 391 页。

惊讶。”[1]

困难重重

海军少将穆达对其在天朝帝国的经历做了十分生动的描述，很好概括了当时谈话的气氛：

“我们与总督及其助手的会谈恰似我们在古玩市场所经历的，在这里，只有经过连续多日的讨价还价，我们才能以合理的价格购买到一些物品。当中国人看上一块鹅卵石的时候，总是先要月亮。”[2]

穆达写道：“即使他们接受我们的修改意见，他们也会要求对措辞进行修改，使其变得晦涩，或要求改变其实质内容。这不仅因为汉语的特质，也反映出中国人善辩和多疑，总能在外国外交官最无恶意的措辞中察觉出欺骗他们的意图。”[3] 中国人一定是因为近年来与欧洲国家交往，特别是鸦片战争以后受到欧洲人的压迫和侮辱而疑窦丛生。

在这次会见中，总督明确表示，中国政府坚信有必要审查以往签订的所有条约，“以便使中国在各国之间处于更好的地位；与西方文明的接触深刻地改变了这个国家；中国的政治家们获得了从未有过的处理国际事务的经验。旧条约包含给中国政府造成极大麻烦的条款，但是，如我们所了解的那样，由于形势所迫，中国政府一直不得不屈从于这些条款”[4]。

鉴于中国人对巴西一无所知，两位巴西公使决定在中国的报纸上发表一些文章，并因此向外交部发函汇报这项措施：

---

① 1880年7月19日公文。AHI 271/01/20，中央组，nº.6，历史和外交文献中心辑录，第55页。

② 阿图尔·雅塞圭：《从海军准尉到将军——我的职业信仰（1870—1900）》，第2版，海军总文献部，里约热内卢，1985年，第294页。

③ 《巴西杂志》，第2年，第12卷，1897年10月至12月刊，阿图尔·雅塞圭，第200页。

④ 1880年7月19日公文。AHI 271/01/20，中央组，nº.6，历史和外交文献中心辑录，第57页。

[公文 · 1880 年 8 月 30 日 · AHI 271/01/20
索引：转《申报》(Shen–Pao) 有关巴西的文章。
中央组 / 第 10 号]

巴西赴中国特派使团

天津，1880 年 8 月 30 日

尊敬的先生，

鉴于中国人对涉及巴西的一切均一无所知，拟着（上海的白话文报纸并在帝国有很大发行量的）《申报》之编辑负责对《费城博览会上的巴西》（O Brasil na Exposição de Filadélfia）一书进行摘编并发表于报端，以便人们对我国有所了解。

这位编辑接受了这项工作，并于 7 月 2 日的第 2575 号《申报》发表了下面所附文章。使团翻译微席叶先生将其翻译为法文，再由秘书翻译为葡萄牙文。我将适时安排发表其他文章，以便这里的人们了解巴西。

[附件 1]

（译本）

1880 年 7 月 2 日中午，上海记者,《申报》摘录的巴西概要：

南阿墨利加洲有巴西一国，今新简使臣来华商立通商条约。本馆前据官场所译书作“巴西”，今阅其国史籍，知其音应作“勃齐儿”。今译其略，以告欲知其国之事者，而仍书作“巴西”字样以归划一。

查该国本属于葡萄牙，今巴西皇之父为葡萄牙王爵。葡国以为该国隔绝太远，不便辖制，遂辞而往主其国。今其子已在位四十余年，甚得民心，于理财读书格致诸事甚为留意，凡有利于国者，无不一一振兴。前年游于欧洲，历考各国之事，后至美国，适美之斐拉特而斐阿地方设立赛会院，皇于本国送会之物悉心措理且命驾亲往该院接见各客，容貌言语皆甚敦厚。

国中刑律则甚公平，人民不遭虐政，无几微怨言。又查该国境地略小于中国，东西距七千里，南北亦距七千里，占地球上十五分之一。天气略热于中国，盖地处赤道之北五度，赤道之南三十三度也。至其南境则与中国天气相似，其地甚肥，林木亦茂，惟人口较少。

今其国皇专心于招徕客民，待客民之例甚为优渥。向时欧洲人出境为佣者大率前往美国之纽约。今巴西国已允，各国民如愿往其国者，所有舟中水脚比纽约贵若干两，悉由巴西赔补。

新来之民须先入其来窝戛泥罗京都，都中设有客寓，限十日内往告国中经理客民官员。如欲佣工者，即特发人荐引。如无盘费，亦可略为佽助。若欲出京往内地，或种田或佣工，皆代送之并予路费，到彼后亦即有人保护。

至垦荒一事则有定规，不能擅自耕种，其例先禀于官，愿种若干亩，定以极廉之价或付现银或俟二年内摊付则加二成，由官先给洋二十元以及种籽屋料等物，其田每人不过三百亩，即按地址注其名下。若在京内国家佣工，则工部必于九十日定其差使，工价亦丰。如欲在京为民间佣工，经理招徕官员亦可代为谋荐。

如各国或嫌人口太多者前往，必获优待，即无钱亦可设法。

该国已立领事官在欧洲各海口招人而去并为代雇船只，饮食器用亦无不周备。如先议定前往其国内地耕种，船费等悉由官付。此其大略也。

今该国皇使初次来华，本馆虽不知其究为何事，然默揣其情，大约通商之意尚不甚急，而招工之举实不能忘也。①

在会晤结束时，总督补充道，他希望巴西同意对现有条约总体上做一些修改，“因此，几天之内，会提交一份条约草案，作为谈判的基础”。巴方表示同

① 1880年8月30日公文。AHI 271/01/20，中央组，nº.10，历史和外交文献中心辑录，第64页。

意，称相信草案不会包含任何无视“巴西合法权益和尊严的条款”。[①]

议约谈判

数日后，7月22日，马建忠拿来了李鸿章总督的条约草案。巴西使团的成员们有一些紧张。“一方面，曾侯曾断然声明禁止我们提出任何与移民相关的条款，可是另一方面，如果我们没有在我方草案中加入任何与此相关的内容，那么，这将等同于我们立即放弃了我们此行的主要目的。然而，同意讨论对方的草案意味着我们仍然有权利提出建议并对某些条款做或多或少明确修改，以确保中国臣民前往巴西的自由。”[②] 这份草案仅仅是一份纯粹的贸易协议，“谨慎地避免提及中国人移民巴西的自由；但是，却考虑到了犯罪分子的引渡问题；明确禁止巴西人从事鸦片贸易；巴西军舰只可进入对贸易开放的口岸。同时，这份草案要求领事必须是真正的官员，也就是说，不得任命商人行使领事权。草案对最惠国条款只字未提。最后，关于司法管辖权，确立了原告就被告原则（*actor sequitur forum rei*），即被告在其所在地被起诉，其特殊之处在于外国法律应由当地当局执行，这意味着，在华巴西人将根据巴西法律由中国当局审判，这一原则同样适用于在巴西的中国人”[③]。

在最初的几次会谈中，喀拉多和穆达仅对条约草案进行了一般性讨论，表示条约应采用更为宽泛的形式，以便涵盖两国之间的各种关系，尤其强调司法管辖权和鸦片贸易问题，并在所有涉及在华巴西臣民的权利和特权事务上，要求最惠国原则。“总而言之，我们表示，在就这两个问题达成协议之前，我们

---

① 1880年7月19日公文。AHI 271/01/20，中央组，nº.6，历史和外交文献中心辑录，第57页。

② 阿图尔·雅塞圭：《从海军准尉到将军——我的职业信仰（1870—1900）》，第2版，海军总文献部，里约热内卢，1985年，第193页。

③ 1880年9月15日公文。AHI 271/11/20，中央组，nº.1，留存，历史和外交文献中心辑录，第67页。

磅七十一年債有六十八兆三十九萬八千八百六十六磅此借自外國也七十年內民債廿二兆十四萬六千二百五十磅此外鈔票八兆三十萬有奇通用之銀錢曰密勒稱量之具悉照法國制稽夫國例官制一千八百二十四年三月巴西始頒國例都城設國會議政務各屬有小會議地方事宜國會分上下院議員皆民舉上院各員終身供職不限年數必其人年及四十而土著歲能得薪水一百六十磅已上者身家清白方入選例於是每省即其入選之衆員內選三員候王簡派每員歲得俸三百六十磅下院議員必歲得薪水二十磅已上者復以三十人所選各員有能得八十磅者始選入院以四年爲期凡民間有歲得薪水二十磅已上者皆書名於冊選有選舉俱齊集不得他諉其未成丁若天主教修道院人及奔走給事者不得預聞選政更有客民入藉不從天主教者不得應舉下院衆議時有祿俸每得二百四十磅其路費視遠近各有差歲以五月初三日開院衆議衆必四閱月上下院各推一人主議至開議若散院與夫國有大事必兩院會議凡屬捐輸水陸軍務及擇立國王均先由下院起議倘有王之宗戚或上下院各員有犯不遵者歸上議院審辦又大會期到而王隔兩月還延不令聚者上院可主令舉行再行政之部員脫有輸國情得賄賂有過分之舉勢壓威迫不便於民者雖奉有王勅之部

1879年《万国公报》第551期卷10–13页刊载的有关巴西的文章。这一战略的目的是引起中国人的注意并说服他们去巴西工作。

图片来源：国家图书馆

外交使团通过“维塔尔·德·奥利维拉”号护卫舰从中国带回来的花瓶
图片来源：玛丽·克里斯蒂娜·斯克玛佐恩

光绪皇帝朝服像
图片来源：维基百科

不会对条约草案提出任何修改意见。”①

中方谈判代表答复称，巴方阅过并引述的总理衙门通告仅涉及中国和已与之签署条约的大国之间的关系；该文件并非中国政府对必须缔结之新条约所作规划；相反，他们政府的观点是，在未完成对现有条约的审查工作之前，不缔结新的国际条约；关于这一点，曾侯已经晓谕巴西驻伦敦公使，帝国政府亦应已知晓；最后，鉴于当前形势今非昔比，那些现在方来与中国议约之国家，将不可获得与中国在其他时期所给予的相同优惠。巴方反驳称，中国与秘鲁缔结条约的时间并不遥远，李鸿章曾亲自主持谈判，并给予秘鲁最惠国已经享有或后来享有的全部优惠。当时中国就对秘鲁多有抱怨，幸运的是，这种情况并未

---

① 1880年9月15日公文。AHI 271/11/20，中央组，nº.1，留存，历史和外交文献中心辑录，第67页。

发生在自本世纪初就已有中国臣民生活于此的巴西。

中方谈判代表反驳说，中国不得不向秘鲁做出某些让步，因为中国是两国之间缔结条约的主要利益方，而且因为在秘鲁有大量华人几乎沦为奴隶；如果说中国在一般条约中已经给予秘鲁优惠，从另一方面说，秘鲁也已经在关于移民的专门公约中对中国做出了相当程度的保证。“我们表示愿意接受关于相同保证的条款，以换取秘鲁所获得的优惠。中方坦率表示，他们已经充分认识到过去在国际政策上所犯的错误，不会在新条约中重蹈覆辙。”①

喀拉多和穆达主张，鉴于两国的宗教、法律和风俗习惯差异巨大，对于中国来说，应将外国人士置于各自领事管辖之下。总督的代表表示同意，但同时指出，西方国家的治外法权行为造成了严重后果，为了维护主权，中国准备在缔结的新条约中保留其独立国家之权利，尽管这会带来一些不便。

鸦片问题

“在禁止巴西人从事鸦片贸易的问题上，我们表示认同鸦片交易令人憎恶，但是，我们确信，巴西人永远不会从事这种不光彩的贸易，因此，不希望剥夺他们自愿戒绝的善行。我们进一步表示，我们无权缔结一项令在华巴西人无法尽享其他国家臣民所享有的全部权利的条约。但是，鉴于中方谈判代表为加入此条款所做的努力，我们理解对他们做出这一让步将可以使我们得到我们希望的所有好处。”②

巴西使团与外交部之间对这一点存在分歧。他们致电巴西指出，批准写入禁止巴西人从事鸦片贸易对巴方是有利的。但是，这封电报从未得到过回复。“此时，锡宁布先生已经被剥夺了权力，而继任的萨赖瓦先生（Saraiva）的内

① 1880年9月15日公文。AHI 271/11/20，中央组，nº.1，留存，历史和外交文献中心辑录，第68页。

② 1880年9月15日公文。AHI 271/11/20，中央组，nº.1，留存，历史和外交文献中心辑录，第68页。

阁对赴华使团的成败完全不感兴趣，甚至不屑于回复我们的电报。”①

后续会晤中，中方谈判代表称，总督为表明其和解诚意，愿就司法管辖问题作出让步，同时也指出，在所有其他方面，他将不会偏离其草案规定的路线。“为了使总督放弃草案规定的荒谬管辖权原则，我们曾请德国驻华公使巴兰德先生帮忙去做总督的工作，因为我们知道总督对他十分敬重。为此，他功不可没。尽管总督对其他草案条款寸步不让，我们在谈判过程中继续以提出替代性修改方案的方式逐步详细阐明我们的观点。”② 这些替代性修正方案正是公使们在欧洲期间巴西外交部发给他们的。

就这样，谈判在充满一个又一个小波折的氛围中继续进行。然而，巴西方面在他们发给政府的报告中，特别强调了在第一款加入关于巴西人和中国人前往对方国家之自由的重要性。“我们首先指出，既然两国缔约是为其臣民通好，则必然需要明确规定中国人前往巴西的权利，因为中国法律将离开国家领土前往外邦国家视为犯罪，与此相反，巴西宪法则规定，任何人均可按照自己的意愿留在或离开帝国。”③

中方反驳称，条约草案在不止一项条款中提到在巴西的中国人，这暗示了从一国移居另一国的权利，而巴方援引的中国法律应被认为已经过时。“我方指出，按照现在的措辞，条约草案限定性的规定仅仅涉及从其他国家前往巴西的中国人，而众所周知的事实是，在中国，有地方当局援引中国法律，阻止苦力出国。中方谈判代表再次反驳称，地方当局的干预只是为了纠正违背受骗华工意愿强行将其从家乡带出中国的行为。我方表示，愿意接受在条约中加入旨在阻止此类行为发生在愿意移民巴西的人身上的任何规定。中方谈判代表质疑称，这样的规定属于对苦力移民巴西的规定，与中国政府不允许以任何方式

① 《巴西杂志》，第 2 年，第 12 卷，1897 年 10 月至 12 月刊，阿图尔 · 雅塞圭，第 196 页。

② 《巴西杂志》，第 2 年，第 12 卷，1897 年 10 月至 12 月刊，阿图尔 · 雅塞圭，第 196 页。

③ 阿图尔 · 雅塞圭:《从海军准尉到将军——我的职业信仰（1870—1900）》，第 2 版，海军总文献部，里约热内卢，1985 年，第 400 页。

移民巴西的坚定决心背道而驰。”[①] 他们警告说，对于这一点，巴方不应感到吃惊，“因为我们在当时就曾被告知这是北京内阁的规定”[②]。

形象代言人

巴方对这个关键点相当坚持。在公使们看来，这是其使命的核心。巴方甚至表示，条约草案中没有任何与中国人移民巴西的相关条款，这表明“中方采取的对我方不利的防备措施在谈判中占据了上风”，其目的在于像“一个英国私人协会（英国和外国反奴隶制协会——BFAS）在英国报刊发表的致曾侯的揭发信中说的那样，巴西人是想通过苦力延续已经穷途末路的黑奴制度”。[③]

巴方补充道，他们遗憾地看到，在给李总督的指示中，“北京内阁令人认为他们受到了恶毒中伤的揭发信的影响。我们介绍了巴西为所有外国人提供的保障并阐释了我们的观点，旨在说明我国实行的自由制度、巴西政府在欧洲和美洲享有的声誉，以及巴西君主获得公认的智慧，都是对针对我们的野蛮诽谤的回击。为了让我们的对话者更容易理解，我们举例说明我们的主张，特别强调了 1871 年 9 月 28 日法律的善意，以及政府为了确保来到我国的移民的福利而做出的牺牲。在《商报》（一位中方谈判代表懂拉丁语和法语可以阅读文章），我们发表文章表示，来到里约热内卢的移民将会立即由政府安排居住，以保护他们免受去年夏天在巴西发生的流行病的侵害。一则关于移民集中居住的消息提到了 40 名华人，其来源地我们不得而知，但是，这一事实给中方谈判代表留下了良好的印象”[④]。

---

① 1880 年 9 月 15 日公文。AHI 271/11/20，中央组，nº.1，留存，历史和外交文献中心辑录，第 69 页。

② 1880 年 9 月 15 日公文。AHI 271/11/20，中央组，nº.1，留存，历史和外交文献中心辑录，第 70 页。

③ 阿图尔·雅塞圭:《从海军准尉到将军——我的职业信仰（1870—1900）》，第 2 版，海军总文献部，里约热内卢，1985 年，第 400 页。

④ 1880 年 9 月 15 日公文。AHI 271/11/20，中央组，nº.1，留存，历史和外交文献中心辑录，第 70–71 页。

巴西使团以佩德罗二世皇帝为使团形象代言人。他们生动地介绍了巴西君主在美国和在欧洲受到的接待。据海军少将穆达的说法，中国人对巴西皇帝应邀参加了两项重大国际仲裁印象深刻。巴西代表还表示，“巴西与中国一旦缔结条约，巴西君主将可以担任中国与俄国当时悬而未决的重要问题的仲裁者”①。

至于允许中国公民自由移民巴西的问题，巴方主张，如果中国在巴西有自己的代表和领事机构，就不必担心其臣民受到与所有其他外国人不同的待遇。为此，需要试验，如果试验的结果不好，中国政府可以像在秘鲁和古巴的移民问题上所做的那样，虽有专门契约规定，但仍然予以禁止。

最终，中方谈判代表承认，尽管包括总督在内，他们并不反对中国南方过剩人口自由移民，但是，北京政府已经在全国范围内公开宣称“中国人在秘鲁和古巴成为受害者，因此，他们不能置中国人民的命运于不顾而进行关于移民的新的议约活动。尽管这些顾虑事出有因，但是，我方指出，对古巴和秘鲁的移民已经暂停了6年，而美国和澳大利亚又拒绝接纳中国移民，因此，中国政府当然要努力为中国南方人打开移民的新大门。长期以来，这些人已经习惯了去异国他乡寻找他们在故乡找不到的生存手段。中方谈判代表坦率承认我们的观点是正确的，但同时重申，他们收到了明确禁止接受任何有关移民条款的指示”②。

于是，巴方建议在条约的某一款以笼统的方式规定允许中国人自由离开中国前往巴西。巴方的建议是：

> 巴西皇帝陛下和中国皇帝陛下、其王储和继承人及其各自臣民将永结和睦之谊，并自即日起，可从缔约之一国自由前往另一缔约国，无论从事贸易、工作，抑或作为永久居民或旅行者；在各缔约国，其人身、家庭和财产将受到充分且全面的保护，并将享有已经或将要给予最惠国臣民的所有权利、优惠和豁免权。

---

① 《巴西杂志》，第2年，第12卷，1897年10月至12月刊，阿图尔·雅塞圭，第198页。

② 阿图尔·雅塞圭：《从海军准尉到将军——我的职业信仰（1870—1900）》，第2版，海军总文献部，里约热内卢，1985年，第402页。

僵持

在巴方一再坚持和几番谈判之后，中方官员将此替代方案呈交给了李鸿章。李鸿章决定做出重大让步，提出将草案第一款中“允许大巴西国”云云修改为“留在缔约国其中一国的缔约国臣民，其人身、家庭和财产将受到保护”。总督拟纳入第一款的内容还经过双方多次讨论和修改，但是，双方始终未能达成一致。穆达回忆说：“与此同时，为了争取时间，我们一边等待对有关鸦片贸易条款的回电，一边讨论草案的其他条款。”① 我们的谈判代表相信，“授权做出某些让步、表示巴方视鸦片贸易为非法，这将意味着我们对第一款关于自由移民表述所作的修订被接受”。

在讨论总督的条约草案中其他条款的时候，谈判再次遇到了困难，原因是中方不接受最惠国条款，总督拒绝让步，他甚至在外交及领事人员在各地享有特权的问题上也拒绝让步。

总督对删除他塞进其草案的一些荒谬细节同样强烈反对。“我们坚持要求采用国际文书普遍使用的基本适用模式，但是却徒劳无功。实际上，即使他们接受我们的修改，也常常要求对措辞进行修改，使其变得十分晦涩，或者改变了其实质内容。”②

当巴方根据讨论结果对草案最初的条款提出修改意见时，总督认为这些修改是全新的内容并“表示坚决反对，以至于似乎有一段时间想中止谈判，哪怕是在没有发生任何事件足以用来解释其决定具有合理性的情况下”。

总督不仅拒绝批准已经达成的协议，还命令中方谈判代表起草一份照会，质疑业已经过修改、经谈判代表们讨论并接受的文本。“对于这份突然打断了我们谈判的照会，我们给予了迅速而斩钉截铁的答复。最后，我们表示，除了口头讨论外，不可能以任何其他方式继续谈判。谈判走到这一步，原先每天来

① 阿图尔·雅塞圭：《从海军准尉到将军——我的职业信仰（1870—1900）》，第2版，海军总文献部，里约热内卢，1985年，第402页。

② 《巴西杂志》，第2年，第12卷，1897年10月至12月刊，阿图尔·雅塞圭，第200页。

见我们的谈判代表马建忠竟连续多日没有出现。”① 巴方也不再去见总督和中方谈判代表。

和解

8 天之后，中方谈判代表要求开会，并在会上重新提出总督的方案，其中包括巴方建议的一些修改，然而，措辞却几乎与巴方的版本截然不同。②

更糟糕的是，巴方关于删除内容和新增条款的建议均未被采纳。总督认为，如果巴方接受禁止鸦片贸易的条款，就有可能缔结一项条约。“我们表示，如果总督采纳我们的所有建议，那么，我们最多能做到的是，将北京朝廷认为的这项禁止条款所具有的重要性告知帝国政府。如果帝国政府可通过议定书或外交照会的形式，而不是在条约中，对此项禁止内容作出让步，对北京朝廷来说，那将是多么令人高兴的事情。”

“但是，我们补充说，中方签署和批准该条约与否绝不取决于巴西帝国政府对相关问题做出的任何决定。我们认为，总督只是想向北京朝廷证明他已尽其所能争取将与鸦片贸易相关的条款加入条约，因此，他对我们的表态感到满意。从那一刻起，我们注意到，他的谈判助手们更加公正地对待我们的修改了。”③ 甚至天津道台也对巴方承认：“加入这一条款，阁下想从中国带走多少苦力就可以带走多少苦力，特别是现在就有一家中国航运公司将建立通往秘鲁和古巴的大型轮船航线，其中前往古巴的航线会途经里约热内卢。”④

最终，总督经过反复斟酌，接受了条约草案中的第一款。据巴西外交官

---

① 《巴西杂志》，第 2 年，第 12 卷，1897 年 10 月至 12 月刊，阿图尔 · 雅塞圭，第 200 页。

② 阿图尔 · 雅塞圭：《从海军准尉到将军——我的职业信仰（1870—1900）》，第 2 版，海军总文献部，里约热内卢，1985 年，第 404 页。

③ 1880 年 9 月 15 日公文。AHI 271/11/20，中央组，nº.1，留存，历史和外交文献中心辑录，第 74 页。

④ 阿图尔 · 雅塞圭：《从海军准尉到将军——我的职业信仰（1870—1900）》，第 2 版，海军总文献部，里约热内卢，1985 年，第 404 页。

员们所说，使团的主要目标得以实现："中国政府赋予其臣民自由前往巴西之权利。"①

意料之外

但是，条约仍与巴方预期相去甚远。8月底，他们甚至认为自己已经逐步推翻了总督原来设计的草案。"然而，仍然有一些需要我们以极大耐心争取删除的条款，尤其是我们希望修改的在格式上存在的许多瑕疵。"②

不过，李鸿章总督认为，巴方应该对他已经作出的让步完全满意，并施加压力要求于9月初正式签署条约。"我们却与之相反，希望继续进行谈判，因为我们确信在与中国进行的所有交易中，时间是一个重要因素。"李鸿章同时还表示，他不可能对新的修改继续作出让步。

然而不幸的是，中国突然发生的政治事件使得巴方无法继续考验中方的耐心，"以确保我们最终完成使命"。实际上，恭亲王，即皇帝的叔叔、总理衙门大臣，以及军机处（Kun-Ki-Chu）所有成员，刚刚被革职并被处分。因此，朝廷中对外国人比较有利或者说不那么敌视外国人的派系垮台了；作为该派系的核心人物，总督李鸿章在北京失去了支持。

权力之争

朝廷，即摄政太后③，担心李鸿章总督凭借外国人道义上的支持和他在陆军及海军的势力而抗命不遵，立即从伊犁边境召回了传统的闭关锁国政策最有声

① 阿图尔·雅塞圭:《从海军准尉到将军——我的职业信仰（1870—1900）》，第2版，海军总文献部，里约热内卢，1985年，第404页。

② 1880年9月15日公文。AHI 271/11/20，中央组，nº.1，留存，历史和外交文献中心辑录，第74页。

③ 皇帝是一名年仅9岁的孩子。太后掌握摄政权并得到皇帝的叔叔主持的辅政团队的辅佐。

望的领袖左宗棠将军。另一方面，据悉，曾纪泽侯爵甫一抵达圣彼得堡（São Petersburgo），圣彼得堡内阁便立即要求释放被关押并被判处死刑的《里瓦几亚条约》（Tratado de Livadia）的谈判代表崇厚。与此同时，部署在中国和日本水域的俄国舰队得到了大量舰艇和登陆部队的增援。俄国驻天津外交人员毫不掩饰地宣称，除非北京朝廷立即批准《里瓦几亚条约》并且支付3000万两白银作为对俄国因中国的敌对态度不得不做战争准备所花费用的赔偿，俄国政府不接受为解决北京朝廷因无知造成的困难而采取的其他方案。

"由于李鸿章总督是近年来中国海军和陆军军备建设的主要推动者，他以和平方式化解危机的主张并不被北京朝廷看好。天朝帝国主战的官员们无法接受李鸿章花巨资购置的炮艇和克虏伯大炮（canhões Krupp）竟不能使中国在与俄国的对抗中占据有利地位这样的局面。有传言说，左宗棠将军一旦抵达北京，李鸿章将遭到与恭亲王同样的命运"①，即入狱。

巴西使团的处境如雪上加霜。那几天，总理衙门建议李鸿章总督争取在与巴西的条约中增加某些到目前为止还未曾考虑过的条款。"早已习惯了作为国家第一重臣所享有的完全独行其是自由的李总督感到自尊心受到伤害，不想理会总理衙门的建议并回复说'谈判已经结束'。除此之外，他还说，鉴于就在几天以前（8月26日），巴方已经宣称'如果他同意我们当时提出的最终修改意见，我们则准备于9月初签署条约'②，他当时已经建议增加新的条款，并让我们继续修改之前一直坚持的意见"。③

总督既不能借口条约谈判已经结束，同时，拒绝以某种方式考虑总理衙门的意见又是违法的。但是，他并未完全接受总理衙门的意见；在给他建议的新

① 阿图尔·雅塞圭：《从海军准尉到将军——我的职业信仰（1870—1900）》，第2版，海军总文献部，里约热内卢，1985年，第206页。

② 阿图尔·雅塞圭：《从海军准尉到将军——我的职业信仰（1870—1900）》，第2版，海军总文献部，里约热内卢，1985年，第406页。

③ 1880年9月15日公文。AHI 271/11/20，中央组，nº.1，留存，历史和外交文献中心辑录，第76页。

条款中，他只坚持增加了位于条约第五款末尾处的内容。①

穆达相信，使团在这些突发事件中获得了一定程度的好处。“至于我方，我们充分利用了总督的尴尬处境，因为正是互相让步，我们才终于使得我国的领事、军舰和商船获得了最惠国待遇，并对格式和措辞进行了若干重要修改。”②

插手

总理衙门要求对条约进行的补充是采纳了著名的中国海关总税务司赫德（Hart）先生的建议。赫德不无理由地担心总督不会坚持非由他主动提出的条款，便派了一位特使试图影响巴西使团。“担任赫德先生这项任务的是天津海关税务司德璀琳（Detring）先生，他将赫德先生的信转交给了我们。在这封信中，赫德先生暗示我们不应反对那些条款，并让我们相信，如果我们继续反对，条约将难以获得批准”，穆达说。③

巴方对德璀琳特使表达了明确态度。“我们表示，我们目前还在努力，以便删除总督草案中我们不接受的若干规定，同意增加只对中国有利的新条款是不可能的；我们的首要关切是该条约值得（巴西）帝国政府批准；最终，北京朝廷将有足够的理由批准该条约，而我们自认得到了授权并根据指示作出了妥协。”④另一方面，郑官员和马官员毫不掩饰他们对赫德插手谈判的恼火。马官员甚至说赫德是想做中国的总督。

对于李总督而言，那是一段非常艰难的时期。当时，一位重要的监察御史

① 1880年9月15日公文。AHI 271/11/20，中央组，n°.1，留存，历史和外交文献中心辑录，第76页。

② 1880年9月15日公文。AHI 271/11/20，中央组，n°.1，留存，历史和外交文献中心辑录，第76页。

③ 阿图尔·雅塞圭：《从海军准尉到将军——我的职业信仰（1870—1900）》，第2版，海军总文献部，里约热内卢，1985年，第406页。

④ 1880年9月15日公文。AHI 271/11/20，中央组，n°.1，留存，历史和外交文献中心辑录，第77页。

上书皇上弹劾李鸿章，指责他依靠外国人来对抗天朝帝国权威。这加剧了北京朝廷势力对李总督和外国人的不满。

压力

在一触即发的战争或内部革命的环境中，或者说两者兼而有之的形势下，巴方忽然开始担心李总督随时会被北京朝廷传唤并被革职，这既意味着谈判的倒退，也意味着对抗那些反对洋人的人。穆达解释说："第一个困难是促请总理衙门任命一位新的全权代表，在这个问题解决之后，我们还不得不与某些传统派的官员重新谈判，在特许权问题上，这些官员肯定不敢走得像李总督那么远。"①

巴西使团表示，与中国关于条约的谈判进展缓慢。中国与秘鲁缔结条约历时 8 个月。中国所经历的严重危机使得巴西公使们对谈判失去了希望。鉴于"不顾形势而一味抱着优化条约的希望会导致我们失去已经取得的成果，我们认为最好于 9 月 5 日与总督签署条约"②。

中国与俄国开战的可能性扰乱了天津外国居民的宁静，他们感到自己受到了威胁。穆达说："在中国海域设有海军基地的各列强的代表集合了这里所有可以进入白河的军舰，甚至开始在被中国人称之为欧洲租界地的外国人居住区采取防御措施。"

"在这种紧急情况下，我们认识到，尽管我们一直希望完善条约草案，然而，这可能令我们功亏一篑。我们不得不同意做出总督愿意接受的修改，从而以谈判结束为借口，远离令总督震惊的赫德先生的干扰。"③

---

① 1880 年 9 月 15 日公文。AHI 271/11/20，中央组，nº.1，留存，历史和外交文献中心辑录，第 77 页。

② 1880 年 9 月 15 日公文。AHI 271/11/20，中央组，nº.1，留存，历史和外交文献中心辑录，第 77 页。

③ 阿图尔 · 雅塞圭：《从海军准尉到将军——我的职业信仰（1870—1900）》，第 2 版，海军总文献部，里约热内卢，1985 年，第 407 页。

除此之外，“由于帝国政府没有授权我们在禁止在华巴西臣民从事鸦片贸易活动这个问题上做出让步，我们只好另商议定书对这一禁止内容作出规定”①。对此，两位公使致函外交部长和国务秘书、参事佩德罗·路易斯·佩雷拉·德·索萨先生：“您了解英国以武力强加给中国的鸦片贸易合法化这一令人痛心的历史，并且我们知道，深陷贫困的中国人民多么饱受鸦片之苦，因此，我们希望您对我们的主张主持公道，同意李总督的要求，将禁止巴西臣民从事这种邪恶贸易一事呈帝国政府做出决定。”②

朋友?

巴西没有如愿得到法国和美国的帮助。当时，他们都不具备条件支持巴西的任何主张。刚刚抵达中国的美国公使安吉利先生（Angell）的任务是修订与中国的条约，以结束中国人移民美国。目标的对立也许可以用来解释为什么在我们的所有会面中，安吉利先生都对此缄口不言。即使我们已经提到华盛顿政府承诺帮助巴西政府进行谈判，他也没有主动表示，哪怕是出于礼节，对我们的谈判给予帮助。③

法国公使到达中国的时间不长。“他一直关注在中国发生的政治事件，以及欧洲列强的各位公使为了对那些政治事件施加影响而展开的竞争。我们确信，他将不会支持我们的主张，即使支持，也会多有保留。后来的事实证明，他曾暗示我们，若想缔结贸易和航海条约，办法就是绝对放弃提出任何与移民相关的条款。”④

---

① 《巴西杂志》，第2年，第12卷，1897年10月至12月刊，阿图尔·雅塞圭，第205页。
② 1880年9月15日公文。AHI 271/11/20，中央组，nº.1，留存，历史和外交文献中心辑录，第78页。
③ 1880年9月15日公文。AHI 271/11/20，中央组，nº.1，留存，历史和外交文献中心辑录，第78页。
④ 1880年9月15日公文。AHI 271/11/20，中央组，nº.1，留存，历史和外交文献中心辑录，第79页。

很明显，英国驻华公使亦未给予巴西使团任何帮助。唯一的帮助来自德国驻华公使巴兰德，他与李总督私交甚好，对北京朝廷很有影响力，并对巴西使团很友善。巴西使团从西班牙驻华公使那里了解到，英国人对条约竟包含允许中国人自由前往巴西的条款感到惊讶。

条约中的瑕疵

1880 年 9 月 5 日与中国签署的条约[①]有许多不完善之处。持此看法的是统率赴华使团的巴西公使们。

在他们看来，在不利形势下谈判缔结的条约存在一些“空白，尤其是在表述方式上有一些瑕疵。我们所有的努力都落空了，这份条约没有反映出巴西外交部拟定的条约草案简明扼要且普遍通用的表述方式”。“没有什么比我们的修改意见更令善辩的中国谈判代表们反感的了，因为我们的修改意见完全照搬了国务秘书处草案中的条款。”例如，李总督不希望条约中出现“交发领事证书（*exequatur*）[②]‘均无费用’这样的表述，要求在双方互换合约时，将其另行写入议定书中”。[③]

在与巴西外交部的函件中，两位公使列举了若干需要澄清的模糊问题。为了方便外交部做出决定，他们对该条约和巴西政府的草案，以及该条约和中国与西方国家之间的其他条约进行了对比。

引言部分符合政府草案和几乎所有同类条约采用的格式。在第一款中，“关于最惠国待遇的表述形式似乎对我们有利，但是，总督表示，总理衙门坚决不再接受关于在华外国人一般享有的权利和优惠的类似表述，因为这可能招致外

① 1880 年 9 月 5 日，两国草签《中国巴西和好通商条约》。——译者注

② 驻在国政府发给外国领事在该国行使其职能的证书。

③ 1880 年 9 月 15 日公文。AHI 271/11/20，中央组，nº.1，留存，历史和外交文献中心辑录，第 79 页。

交和领事人员为其国民利益提出最不合理的要求”[1]。

公使们表示，他们将在这个问题上坚持到底，并解释说，“坚信‘给予所有其他国家的臣民’这种表述方式与另外的表述没有本质上的区别。此外，在一些条约中，特别是1860年10月25日法国与中国签署的条约中，现在采用的这种表述方式与‘最惠国’交替出现。在与中国签订的所有条约中，没有比我们的条约第二款关于在华外交人员享有的权利和豁免权的规定更为有利的条款”。

第三款，与中国和西班牙、秘鲁、日本签订的条约一样，规定领事之职不得由商人担任。“但是，维持在中国口岸领事机构的工作人员对帝国政府来说意味着高昂费用，并且只是偶尔才会用到这些人员，因此，在我们看来，在条约中写入我们可以指定一友好国家之领事代理人行使巴西领事职能为宜。我方坚决反对第三款末尾两项规定，主要是因为我们认为这样的规定毫无用处。然而，中国全权代表却认为它们极其重要，以至于我们不得不作出让步方才得以删除了原始草案中若干冗余的内容”[2]。

条约第四款对护照问题作出了规定。“该款规定了所有在华外国人实际使用的护照，即护照由地方当局根据领事要求签发。尽管由领事签发的护照得到中国当局的认可，但是，在该国的内地无效。在所有其他方面，该款与中秘条约第五款相同。我们的条约中的第五款结合了第一、六和八款，完全符合政府草案中第七款的思想。第五款最后一项内容是首次出现在与中国签署的条约中；不过，该款内容或多或少出现在尚待批准的今年3月31日中德所签条约中，以及1869年10月24日中英条约的补充公约中。据英国议会多次指出，这份补充公约未得到英国政府的批准，原因是其赋予了中方增加鸦片进口税的权利。”[3]

公使们进一步指出，第六款与秘中条约第九款规定相同，而第七款关于

① 1880年9月15日公文。AHI 271/11/20，中央组，nº.1，留存，历史和外交文献中心辑录，第80页。

② 1880年9月15日公文。AHI 271/11/20，中央组，nº.1，留存，历史和外交文献中心辑录，第80页。

③ 1880年9月15日公文。AHI 271/11/20，中央组，nº.1，留存，历史和外交文献中心辑录，第81页。

巴西军舰享有的待遇，“我们认为它比所有其他条约中同类规定更为优越”。此外，第八款关于商船的规定涵盖了秘中条约第八款和第十一款中赋予的所有优惠条件。[①]

最后，第九、十、十一、十二、十三款对两国司法管辖权问题作出了规定，即巴西领事代表享有与其他国家领事代表相同的管辖权并对巴西臣民行使全部司法管辖权；但不同的是，“像在中秘条约第十二、十三、十四款规定的那样，中国当局不介入任何案件，即根据我们的条约，排除了会同审理（julgamento misto）的规定。对在华巴西人享有的治外法权所作的唯一规定包含在第十款末尾部分，规定了中国当局有权逮捕在中国领土上的巴西人寓所、行栈及商船内的中国罪犯。我们试图像在几乎所有条约中那样在同一款中对实施逮捕的方式作出规定，但是一切努力均告失败。”[②]

中方谈判代表告诉我们，鉴于前述条款的规定，这种表述方式必须对在此情况下的所有国家的臣民适用；只要有唯一一国臣民享有完全治外法权，则中国不宜下策多端。谈判代表同时指出，在这个问题上，中国政府坚持其主张，在即将修订所有条约时，将要求其领土管辖权，因此，不能明确给予我们那些他们正欲对所有其他国家取消的特权。

心存芥蒂

中方谈判代表进一步表示，长期以来，其政府了解西方国家如何滥用中国政治家在国际事务中经验不足的弱点，将侮辱中国的条款写入条约之中。举例来说，早在 1868 年，作为在当年 7 月 28 日关于移民问题的公约中给予美国若干优惠的结果，中国要求对所有割让给美国臣民或美国政府的中国领土上的人

---

① 1880年9月15日公文。AHI 271/11/20，中央组，nº.1，留存，历史和外交文献中心辑录，第 81 页。

② 1880年9月15日公文。AHI 271/11/20，中央组，nº.1，留存，历史和外交文献中心辑录，第 82 页。

员和财产具有管辖权，并得到了美国的承认。

在整个谈判过程中，这个问题争论最多。“我方深切认识到，中方有理由要求在早期的条约中被西方国家靠武力强行剥夺的最低限度的管辖权，我们只是奇怪，与我们进行谈判的中方代表何以在外交谈判中以如此严厉的态度对待他们的前辈，却不知道如何提出足以支撑他们正当权利的确凿论据。例如，他们可以告诉我们，在中国内地的大部分地区，特别是在满洲和蒙古，既没有外交人员，也没有领事人员，那里的地方当局对于与治外法权相关的固有权利毫无概念，外国人乃至未与中国缔结条约的国家的臣民均在毫无限制的情况下旅行并带着他们的货物往来各地，也许甚至获得比在文明欧洲的许多国家所能得到的更大的人身安全。由此可见，那些外国人享有的保障来自中国人民爱好和平、好客的性格，而非来自一纸空文的条约中的某些条款。”①

关于这一条款的争论持续了很久，中方一直没有取得进展。“我们见中方全权代表坚持这一条款有些语焉不详的措辞，便建议将其从条约中完全删除。我们可以并且事实上有充分理由支撑这项建议。中方并未极力反驳我们的主张，只是表示他们收到的指示不允许他们在这一点上作出妥协，因为一旦妥协，我们可以相信，该条约断不会得到北京朝廷的批准。最初，李总督希望，中国罪犯所在寓所的主人如果拒绝将其交出，则将受到处罚。我们坚持至少删除该款的最后一项规定，这竟导致整项条款采用了新文本，删除了原始草案中我们希望保留的关于罪犯出现在领事寓所的情况所做的规定。”

穆达和喀拉多认为这些条款无足轻重，称其“没有实际意义，在华外国人的寓所均在英国、美国、法国租界里，事实上，中国当局对其没有任何管辖权，甚至对租界内的中国人亦无管辖权；反观租界，却有完全独立于中国法律和中国当局的自己的警察和市政机构。因此，这是我们能够对中国做出的最小妥协，并且实际上，也是我们能做的唯一让步”。

---

① 1880年9月15日公文。AHI 271/11/20，中央组，n°.1，留存，历史和外交文献中心辑录，第82页。

来自佩德罗二世的反对

穆达毫不谦虚地声称，在华外国人对于条约的达成无不感到惊讶，“尤其令他们感到惊讶的是，谈判竟能在中国局势异常且李鸿章声望受损的情况下一反常态快速取得进展。实际上，就连在北京的最资深外交官和最了解中国政府动向的人也不相信巴西使团能够争取到（中方）在中国人移民自由问题上的让步、巴西领事不受限制的管辖权，以及条约总则中关于最惠国的规定。他们更为惊讶的是，在巴西驻中国领事的管辖权问题上，我们得到了比秘鲁在 1874 年 6 月 26 日签署的中秘条约中所得到的更为有利的规定。当时的条约规定了所谓会同审理模式，即中国当局有权干预中国人和秘鲁人之间的所有诉讼，然而，我们的条约没有采纳这种审理模式。国际法学研究人员可以通过查阅西方列强各国与中国的条约确认，在我们与中国的条约中，关于外交代表豁免权和给予巴西军舰在中国领海特权的条款中所使用的措辞使得我们处于比多数条约关于最惠国的简单条款更为有利的地位”①。

然而，堂・佩德罗二世对该条约并不满意，因此，喀拉多在中国用了一年多时间努力完善条约的内容，最终于 1881 年 10 月 3 日在天津签署条约。实际上，巴西政府并未正式拒绝批准该条约，而是要求做若干修改。

雅塞圭对此有很多话要说。“皇帝反对与中国建立任何切实的关系，对我们使团的成果丝毫也不满意，反而寻找借口，避免立即批准条约。这个借口就是第十款关于承认中国当局有权进入在华巴西人的寓所、行栈或在中国口岸的巴西商船逮捕中国籍罪犯的规定。在这个问题上，我们巴西特使天真地提供了这样的借口。在汇报谈判进程的公函中，我们曾指出，为了明确规定当中国当局进入巴西人的寓所或商船逮捕在此藏匿的中国罪犯时巴西领事有必要进行干预，我们努力试图从条约中删除这一款，或者对其进行修改，但是，一切努力

① 阿图尔・雅塞圭:《从海军准尉到将军——我的职业信仰（1870—1900）》，第 2 版，海军总文献部，里约热内卢，1985 年，第 408-409 页。

均已告失败。在同一封公函中，我们向外交部长强调，既然他没有授权我们至少在禁止巴西人从事鸦片贸易的问题上向中国作出让步，则无法指望我们签署一个整体上有利于巴方的条约，除非在中方谈判者表现强硬的若干问题上作出让步。我们还解释说，实际上，我们所强调的这一点并不重要，因为在华外国人的寓所位于英国、法国、美国租界内，事实上，中国当局对租界没有任何管辖权，甚至对租界内的中国人也没有管辖权。这些租界拥有完全独立于中国法律和中国当局的自己的警察和市政机构。”①

曲终

最终，1880年9月5日，条约在天津草签，其中包括葡萄牙文、法文和中文三个文本。在对葡萄牙文文本和中文文本的解释存在分歧的情况下，当以法文文本为准。

签约仪式在天津最漂亮的寺庙隆重举行，100多名中国文武官员盛装出席。签约仪式从身为中方谈判代表之一的郑道台高声以中文朗读开始，以李鸿章总督为巴西使团成员举行盛大宴会结束。

李诗圃对签约仪式做过非常有意思的描述。“9月5日，自早晨开始，位于天津外国租界地的狮子林地区（Su-tchu-liu）就失去了往常的宁静。这里来了许多礼宾队伍，接我们去签约仪式现场（templo de Tcheng）②。一排轿子停放在使团驻地对面。绿轿子是为使团团长们准备的，蓝轿子则是为普通官员们准备的。周围站满了身着绣满绚丽花纹的奇特官服的人和一大群轿夫，以及应当走在我们前后的卫兵。这些卫兵头戴硕大的官帽，手持闪亮的锣、长矛和难以言状的红色、金色丝制或木制的行旌，上面带有彰显我们尊严与美德的

① 《巴西杂志》，第2年，第12卷，1897年10月至12月刊，阿图尔·雅塞圭，第207页。

② 未查到。据巴西1880年12月22日《伯南布哥日报》刊登的文章称，签约仪式在天津大王庙（Taiouany-miao）举行。——译者注

汉字。”①

李诗圃继续写道：“我们穿着巴西制服，引得中国人好奇地打量我们。每个人根据其职位等级乘轿、入座。就这样，我们威风凛凛地进入了这个中国城市。遗憾的是，由于我们官员和‘番鬼’的双重身份令人生畏，观众寥寥无几。

“我们就这样快速穿过华人区，进入内城……几分钟后，到达了签约仪式现场。在门口等待我们的中国官员迎了上来，此时，锣鼓喧天、鞭炮齐鸣。为了我们将要举行的隆重仪式，寺院做了充分准备。之后，还会有一场盛宴。在院子的深处，有一个台子，台上摆着一张桌子，李鸿章在那里接待了我们。一番问候和祝贺之后，我们围坐在桌子周围……站在两边的身着盛装的官员们有说有笑，一定是在议论我们与众不同的服装。

“随着李总督的示意，锣声正式响起，这是中国官员发号施令的方式，让人们安静下来。马建忠起立郑重宣读中文版条约。朋友马慢吞吞的宣读给所有听众造成无谓的痛苦，从喉咙里发出的一个个重复的单音节和他拖着有节奏的长腔令我们西方人的耳膜难以忍受。轮到我的时候，作为回报，我用（在中国人看来）野蛮的声音，朗读了葡萄牙文版长文，陶醉在每一个停顿和抑扬顿挫的长长的副词中，甚至令大部分观众昏昏欲睡。遗憾的是，我的报复计划以部分失败告终。总督言之凿凿地对我说喜欢我的朗诵，认为我们的语言像一首悦耳的歌。随后，双方的全权代表在六份条约文本上签字，分别为葡萄牙文文本、法文文本和中文文本各两份。条约的葡文版由我负责保管，它被装在一只有黄色丝绸作内衬的精美盒子中，盒子用一把精致而奇特的金锁锁住。”②

接下来是传统的宴会。“在庄严的签约仪式之后，40位参加宴会的官员开始了有实质内容的事情。餐桌按照欧式风格摆放，结合了西方和中国饮食文化的菜单令人感到亲切。宴会为外国来宾，包括一些在天津的外交官、商人，配

① 李诗圃：《中国和中国人》，Tipografia da Empresa Democrática Editora出版，里约热内卢，1894年，第259页。

② 李诗圃：《中国和中国人》，Tipografia da Empresa Democrática Editora出版，里约热内卢，1894年，第160–161页。

备了漂亮的欧式餐具。如此明智的安排归功于负责宴会组织工作的聪明的朋友马，他希望食客们不要遭遇拉封丹（La Fontaine）在其寓言《狐狸与鹳》（A raposa e a cegonha）中描绘的那样的尴尬。然而，令那位可亲的官员未能预见到的是来宾座位的安排可能引起猜疑。接受过中国和法国教育的他在协调这个问题时遇到了困难。一方面，他担心触动西方人的感情，不敢完全采用中国以左为尊的安排，另一方面，也不可能在中国自己的土地上完全忽视天朝帝国的古老习俗。最终，座位分配上出现的混乱竟影响了坐在我旁边的来自欧洲大国的一位自命不凡的代表的理解能力。他不是品味用精美瓷器端上来的燕窝和烤鱼，反而忙着查看其他来宾座位的顺序，以确定宴会采用的到底是中国传统的礼宾顺序还是欧洲惯例。若是欧洲惯例，他便感到满意；然而，他却迷失在困难的判断中。他发现我的朋友刘（蓝宝石顶戴）坐在按照西方惯例安排的座位上，脸上刚刚露出满意的微笑，却在经过对等级的仔细考量之后，确信海关的欧洲主管坐在了按照中国礼宾顺序安排的座位上，脸上的微笑立刻被失落的抽搐取代了。可以想象每一桩被发现的矛盾情况给这位神经过敏的外交官心里造成的混乱，以及在长达 3 小时的宴会中对此束手无策的感觉带给他的坏心情。

“当我的邻座深陷痛苦忧虑中的时候，其他中外食客却在通过餐桌旁边的翻译愉快地交谈，总督也不时给我们讲些关于中国习俗的趣事。

“宴会结束时，愉快的谈话之后，两国的全权代表发表了礼节性讲话，互致祝贺，人们频频举杯，热情祝酒。中国人毫不掩饰喜悦之情，将传统米酒换成外国带泡沫的香槟，喷涌的气泡很快便让他们不得不取下平日里插在后脖领子里的扇子，用仆人递来的热毛巾不停擦拭脸上的汗水。最后，我们吃完煮蘑菇，从桌旁站起身，与可亲的总督及其随行人员道别，在来时的礼宾队伍的陪同下返回租界。”①

两天后的 9 月 7 日，巴西使团毫不逊色地在欧洲宾馆（Hotel Europeu）设

① 李诗圃：《中国和中国人》，Tipografia da Empresa Democrática Editora 出版，里约热内卢，1894 年，第 264–265 页。

40席位的宴会回请李鸿章总督，随后还举办了一场舞会。“欧洲宾馆外部装饰和灯光吸引了许多天津居民前往观看。我们听当地中外居民说，在那个城市还从来没有见过如此豪华的宴会。这也是从未离开过中国的总督和其他接到邀请的官员们第一次参加被他们称之为‘杂聚一处’的活动，即男女共同出席。按照中国习俗，即使家宴，男女也要分席而坐。那天晚上，总督和我深入探讨了中俄战争爆发的可能性，我认为他的国家在这场可怕的战争中将处于劣势。他完全同意我的观点。

“在我离开天津之前，我们有过多次互访，他总是回到这个话题上，显然是想听一听我关于两个帝国之间冲突前景的看法。我与这位中国权臣也结下了真正的友谊。”①

第一版条约签署之后，穆达要求经太平洋和美国返回巴西。在日本，他开启了与日本建立关系的谈判。他从纽约前往英国，从那里登上一艘邮轮，回到了阔别18个月的里约热内卢。与他一同回国的还有海军上校路易斯·费利佩·德·萨尔达尼亚·达·伽马。②

在离开中国之前，使团前往北京拜会政府，受到皇叔恭亲王的接见，在座的还有总理衙门的10位大臣。当时的恭亲王虽遭弹劾，但仍以总理衙门统领的身份出现在各种涉外的礼节性场合。③

第二轮谈判

喀拉多留在中国等待巴西政府的指示，并利用这段时间起草了《巴西引进华工计划》。该文件针对的是总理衙门的两个顾虑：第一，前往移民接收国途

① 阿图尔·雅塞圭:《从海军准尉到将军——我的职业信仰（1870—1900）》，第2版，海军总文献部，里约热内卢，1985年，第300–301页。

② 《圣保罗邮报》，圣保罗，1881年3月12日。

③ 1880年11月1日《中国邮报》报道称:“应当祝贺（穆达和喀拉多）迅速达到了目的，这得益于他们彬彬有礼和与人修好的态度。……昨天，两位公使在两三位中国官员的陪同下参观了船厂……受到马根济J.麦肯锡（J. Mackenzie）先生的接待。”

中船员虐待移民问题；第二，不履行工作合同规定的问题。

为了解决这两个问题，喀拉多建议邀请一些德高望重的长者和劳工团体成员正式访问巴西。他们也将负责挑选合适的移民候选人，监督双方履行合同义务。

喀拉多还建议选择中国船只承担运输任务。他进一步补充道，中国轮船招商局（China Merchant's Steam Navigation）[①] 的两位经理曾与他接洽，希望开辟一条定期轮船航线，建立中国口岸与巴西口岸之间的联系 [②]…… "这家公司的经理希望从两国直接贸易关系中获得巨大利益，一旦这个项目成功，他们还将计划向巴西运送茶叶、丝绸、餐具、席子、香料等，并将巴西的咖啡、烟草、木材、染色植物、糖，以及其他产品，运到中国。"[③] 该公司将与巴西私营代理商而不是佩德罗二世政府进行直接贸易，为此，公司预计需要 10 万美元补助金。巴西政府拒绝支付这笔款项，并将该项目转交给了咖啡种植园园主。[④] 喀拉多同时建议在广州设立领事馆，并为此特别注意挑选一位有能力的人，此举不仅能够促进移民，还能广泛促进对巴西贸易。他表示，广州是最优秀华工来源地。

在起草文件的时候，喀拉多搬到上海过冬。他在给巴西外交部长的信中解释说："冬季来临，白河结冰，天津和中国南方之间的航运停航，与这个城市的陆路交通变得非常困难且不稳定。因此，我回到了上海。在离开天津的时候，李总督正准备前往直隶省会保定。他通常在那里过冬。"[⑤]

几天后，即 12 月 3 日，喀拉多再次致函巴西，这一次他谈到禁止与中国

---

① 该公司拥有一个由 30 艘顶级船只组成的船队，负责中国军队的运输任务，并几乎垄断了中国沿海船舶运输贸易。中国许多位高权重的官员都是该公司股东。

② 《南十字星帝国与天津天庭：19 世纪的中巴关系》，露西娅·玛丽亚·巴斯托斯·佩雷拉·达斯·内维斯、露西娅·玛丽亚·帕绍阿尔·吉马良斯、塔尼亚·贝索内·达·克鲁斯·费雷拉。参见 http://livrozilla.com/doc/1027154。2018 年 9 月 15 日登录。

③ 《中巴关系的起源：1879 年的特别使命》，法比奥·拉法耶特·丹塔斯，Liber Gráfica 出版，累西腓，2006 年，第 167 页。

④ 《文汇》，第 1 期，白河外交学院，2015 年。参看：http://www.institutoriobranco.itamaraty.gov.br/images/pdf/publicacoes/Caderno-de-%20Ensaios/caderno-de-ensaios-I_FINAL.pdf。2018 年 9 月 16 日登录。

⑤ 1880 年 11 月 28 日 22 号公文。AHI 271/01/20，中央组，nº.18，上海，历史和外交文献中心辑录，第 102 页。

进行鸦片贸易相关的条款问题。他说,（与巴西使团就条约开展谈判的）官员郑藻如和马建忠来函称，他们已经与美国进行了新约谈判，美国承诺不在中国开展鸦片贸易。他们还表示，中国希望与巴西签订的新条约包含禁止此类贸易的条款。“我确信，中国政府急于根除其臣民滥用鸦片的问题，吸食鸦片的致命后果已到了令人惊讶的地步。通过在这个问题上的让步，我们将会获得中国政府的好感。”①

与此同时，喀拉多收到了参事、外交国务秘书佩德罗·德·索萨的来函。他指示喀拉多尽可能详细汇报在中国的外国领事如何行使协议赋予他们的刑事管辖权。

2 月 4 日，喀拉多在同其他外交官进行广泛研究之后，对巴西的要求作出回复，并就此写了一份详细回函。回函共有 9 个附件，其内容包括英国、法国、奥地利、意大利、西班牙、美国、荷兰、比利时和德国在行使其管辖职能时所遵循的各项规则。“在刑事问题上，已与中国签订的条约，经必要修改，一般规定如下：

“一、相同国籍外国人之间在中国出现的问题将由其领事根据领事代理之国家的法律进行审判，无须地方当局干预；

“二、中国臣民与外国臣民之间出现的问题将由被告所属之国家当局根据该当局所属国家的法律进行审理；

“三、中国当局无权处理不同国籍外国人之间出现的问题。

“关于第一种情况，如果根据条约的明确规定，驻华领事独立行使对其同胞的刑事管辖权，则此项权利的实际执行由相关代理人所属的各个国家的法律和法规予以规定，并须预先确定赋予他们的职权执行程序和范围。

“当领事知晓一同胞被指控犯罪时，领事须根据指示开展案件所要求的调查。至于审判相关方面，每个国家规定其赋予其代理人的管辖权范围，例如：

① 1880 年 12 月 3 日 23 号公文。AHI 271/01/20，中央组，nº.19，历史和外交文献中心辑录，第 103 页。

西班牙领事有权对可判以不超过6年监禁及相应罚款的罪行进行审理和判决；法国、意大利、德国、比利时和奥地利的领事，不超过5年；荷兰领事，不超过9个月。如果罪犯受到的处罚较重，则由领事审理案件，由各自国家主管法院作出判决。英国最高法院和美国领事的管辖权限包括作出死刑判决。

“至于第二种、第三种情况，采用古罗马法‘原告就被告原则’。中国臣民与外国臣民之间，或不同国籍外国人之间的犯罪案件由被告所属之国家当局根据其法律进行审判。”①

巴西的要求

4月6日，喀拉多收到佩德罗·路易斯·佩雷拉·德·索萨参事的电报。在电报中，参事明确表示应对条约进行修改，并列举了巴西希望修改的要点。喀拉多带着修改条约的决心，立即前往天津。抵达天津之后，他得知中国皇帝的嫡母、摄政太后之一慈安太后驾崩的消息。按照中国习俗，在她去世后的第一个27天内，中国当局不办理任何公务。尽管如此，喀拉多仍然坚持并成功与李总督会面，向他传达了来自巴西的指令，即对条约的若干条款进行修改。“总督立刻思考之后表示，鉴于该条约已获得中国政府批准，故不能同意我提出的要求。我回应道，我相信贵国政府的公正精神，不会不赞成我们提出的修改意见，因为这些意见是公正的。我补充说，从电文内容来看，我相信，只有我奉命作出修改，巴西政府才会批准该条约。”

喀拉多不等总督作出回应，便介绍起修改建议。这次会见持续了近4小时，在喀拉多一再坚持下，总督最终同意了一些修改意见，但同时表示，决不接受其他修改。他同意：

“一、将第一款中‘与别国民人’改为‘相待最优之国民人’。

“二、第十款第一段改为：‘华民有被巴国人在中国违例相欺，巴国官亦按

① 1881年2月4日3号公文。AHI 271/01/20，中央组，nº.2，历史和外交文献中心辑录，第114–115页。

例查拏究治。’

“三、第十款第四段，‘（中国官役）不得强人’改为巴西政府认为合适的措辞。

“四、第十款第六段，规定领事人员和外交人员寓所不受侵犯。

“五、第十一款第三段予以删除。”①

令中国接受领事官以商人兼充的问题未在讨论范围之内。“至于第四款，参事先生，经验表明道台签发的护照为持照人提供了更有效的保障，因此，内地当局对官员签发的证件更加信任。他断然拒绝接受用德国条约第三十二款替代第十款第五段的建议，言之凿凿地对我说，这一规定是其政府准备在以后新签条约中采用的一项创新之举，并依然坚持保留第十二款第一段的规定，即两国臣民‘如有上岸滋事，各照两国常例拏办’。最后，会见结束时，他坚持像与美国条约规定禁止鸦片贸易那样，在条约中增加一条禁止鸦片贸易的规定。”②

终于……

关于这些问题的谈判一直拖到 1881 年 9 月。总督重申，其政府决心在新签条约中争取更大权益，以逐步取消那些对中国带有屈辱性的条款。“我用来反驳总督的各种理由均未奏效。最后，他表示，为了证明他是多么愿意就争议问题与我达成共识，向我提出‘中国当局在逮捕罪犯之前，将知会巴西领事’。我马上表示，如此修改并未解决原来规定带来的不便，建议他做如下修改并提交我们各自政府考虑：‘中方将知会巴西领事，双方将任命代理人共同对罪犯实施逮捕’，并且删除此款的最后一段。

“总督向我保证立刻征求政府意见。26 日，他约我见面并告知我说，中国

---

① 1881 年 5 月 7 日 7 号公文。AHI 271/01/20，中央组，nº.6，历史和外交文献中心辑录，第 119 页。

② 1881 年 5 月 7 日 7 号公文。AHI 271/01/20，中央组，nº.6，历史和外交文献中心辑录，第 120 页。

政府希望结束关于条约的谈判，对我的修改意见作出最后让步。……我认为，这样的规定不仅默认了领事寓所不受侵犯，而且也保证了巴西臣民的船舶、寓所、行栈不受侵犯。”①

9月28日，喀拉多向巴西报告说，李鸿章总督将于10月上旬去北京参加慈安太后的葬礼。回来后，李鸿章在天津仅做短暂逗留，之后，便前往直隶省会保定府，准备在那里度过整个冬季。这意味着，如果不能尽快结束谈判，那么，便只能等到1882年春天重新开始。

最终，1881年10月3日，新版条约签署并于1882年3月4日得到巴西批准。1882年6月3日，在上海完成了换约。9月26日，喀拉多告知总理衙门他在中国的工作业已结束，并于1882年10月3日离开了中国。

与之前其他国家一样，巴西谈判代表未能在条约中加入任何允许其建立契约移民制度的条款，但是，却终于保障了两国臣民从一个帝国到另一帝国的自由流动。第一款规定：

> 第一款 嗣后大清国与大巴西国暨厥人民永存和好，永敦友谊，彼此皆可前往侨居，须由本人自愿；各获保护身家、财产、并一体与相待最优之国民人同获恩施利益。

这项条款使得那些有意愿自由移民的中国人可以这样做，并使得巴西避免了诸多不便和国际上的非议。②

---

① 1881年9月28日10号公文。AHI 271/01/20，中央组，nº.9，历史和外交文献中心辑录，第126页。

② “19世纪末英国废奴主义者反对华人移民巴西的努力”（Os esforços dos abolicionistas britânicos contra a imigração de chineses para o Brasil no final do século XIX），恩里克·安东尼奥·雷（Henrique Antônio Ré），圣保罗大学。参看 https://www.teses.usp.br/teses/disponiveis/8/8138/tde-23012015-103524/publico/2014_FernandoRibasDeMartini_VCorr.pdf。第835页。2018年12月登录。

唐景星
图片来源：维基共享资源

10万美元的问题

自1881年10月签署条约至次年3月该条约获得批准，喀拉多一直在就唐景星[①]领导的中国轮船招商局运送华工去巴西项目的有关协议进行谈判。1882年1月11日，喀拉多在上海给佩德罗·德·索萨参事的信中写道："我同中国轮船招商局经理们举行过多次会谈。前天，我收到了该公司的方案，他们准备在中国和巴西之间开辟3000至4000吨级定期轮船航线，可载客1000至1200人，每年往返六次，条件是每年补贴10万美元，为期3年，并享有巴西向法国邮船公司（Messageries Maritimes）和英国皇家邮船公司（Mala Real）的邮船提供的相同优惠。公司将按照每位移民的经济情况，为他们提供旅行方便，使得他们可以在自由签约工作的条件下登陆口岸，不必为旅行花费任何盘资，

① 即唐廷枢。"唐景星是怡和洋行（Jardine Matheson & Company）的总买办、中国沿海主要的鸦片贸易商，掌控着澳门的虾酱生产和贸易，并投资典当行、银行和报业等领域。1873年，他开始监管北京政府总理李鸿章（1823—1901）的中国轮船招商局，并担任开平矿务局总办。1880年，招商局拥有45艘船，决定扩大中国的茶叶出口和对南美洲的移民运输。杰弗瑞·莱瑟：《国家身份的谈判：巴西移民、少数族裔和种族渊源之争》，帕特里西亚·德·凯罗斯·卡瓦略·津布雷斯（Patrícia de Queiroz Carvalho Zimbres）译，圣保罗，圣保罗州立大学出版社，2001年，第56页。

等等。从广州到檀香山（Honolulu）需要 25 天，每位移民的船票费用为 60 美元；据估计，广州到里约热内卢的距离是前者的两倍，我相信，100 美元的费用并不为过。在我看来，每月 12 美元的工资同样适中。据我所知，这是华工在美国檀香山和古巴的薪酬；那么，对于中国人而言，巴西是一个崭新的国度，因此，在初期，需要对他们有一些激励措施。除船票之外，还需为每位移民支付约 16 美元的其他必要费用，比如，支付给船运代理人和租船公司的佣金、给当局的税金、给医生的酬金，相当于为每位去巴西的移民支付 116 美元，也就是说，该公司每年收到 10 万美元补贴，为 6000 名移民花费 69.6 万美元。我认为，中国轮船招商局提出的移民计划具有两个重要优势：一是巴西无须对旅途中移民的待遇问题负任何责任；二是方便那些希望回国的华人返回祖国。中国政府对最后一项给予高度重视。”①

重大项目

根据条约，巴西华人移民公司（Companhia Brasileira de Imigração Chinesa）在巴西成立，并将根据与中国轮船招商局达成的协议，启动中国移民计划。双方已经进行了深入的谈判。

然而，两家公司之间协议的最终签署取决于招商局总办唐景星的巴西之行。唐景星在他的秘书、美国黑人白竦（George Butler）的陪同下来到巴西。②他参观了里约热内卢和圣保罗的几家种植园，“对奴隶劳动制度感到不满”。参观结束，他在里约热内卢逗留数日，这使他有机会确认在议会、新闻媒体，特别是刚刚成立不久的以反对输入华工为宗旨的中央移民协会（Sociedade Central de Imigração）在中国移民问题上的残酷斗争。唐景星先生在与皇帝会见时意识

① 1882 年 1 月 11 日 2 号公文。AHI 271/01/20，中央组，nº.2，历史和外交文献中心辑录，第 140–141 页。

② 李诗圃：《“地打杜士”号上的华人》，Typographia da Empreza Democrática Editora 出版，里约热内卢，1894 年，第 11–12 页。

到他面对的这个人对中国移民所持的反对态度[①]据巴西赴华使团秘书李诗圃所说，唐景星拜见了堂·佩德罗二世皇帝，这次拜见令他确信巴西普遍存在着反华情绪。皇帝告诉唐景星，政府不会提供 10 万美元补贴，并且相信“华人从自己民族带来的影响会进一步加剧我国人民的混杂性”[②]。就这样，像他没有事先通知便抵达巴西一样，这位中国官员突然不辞而别。

唐景星访问巴西

唐景星在巴西的经历可谓跌宕起伏。1883 年 10 月，他到达巴西当天就应邀出席了在里约热内卢一位大富豪家中举行的舞会。他和他的随从住进了外国人宾馆（Hotel dos Estrangeiros），在那里开了 7 个房间。[③]他成了人们好奇、窃窃私语和嘲笑的对象，每个人都想见见他，甚至作家马查多·德·阿西斯（Machado de Assis）也在当时的《新闻报》上发表了一篇幽默的讽刺文章[④]，由此可见，当时的场面何等热闹。唐景星曾就读在中国开设的一家英国学校，说一口流利的英语和法语。他轻松地漫步里约热内卢街头，拜访公共机构，接受新闻媒体的采访，考察咖啡种植园，还参观了因达亚图巴子爵（visconde da Indaiatuba）的塞特凯达斯种植园（fazenda Sete Quedas），“那里对待移民的制度给他留下了不错印象”[⑤]。然后，他前往阿拉拉斯（Araras），在那里参观了若泽·拉塞尔达（José Lacerda）的种植园、韦尔盖罗绅士（comendador Vergueiro）的伊比卡巴（Ibicaba）种植园和特雷斯里奥斯伯爵（conde de Três

---

① 李诗圃:《“地打杜士”号上的华人》，第 12 页。

② 李诗圃:《“地打杜士”号上的华人》，第 12 页。

③ 《新闻报》，里约热内卢，1883 年 10 月 12 日。

④ “短命的华人移民计划”（O Efêmero Projeto de Migração Chinesa），露西娅·玛丽亚·帕绍阿尔·吉马良斯（Lucia Maria Paschoal Guimarães），《巴西帝国的精英、边界与文化》（Elites, Fronteiras e Cultura do Império do Brasil），里约热内卢，2013 年，Contra Capa Livraria Ltda. 出版，第 173 页。

⑤ 《新闻报》，里约热内卢，1883 年 10 月 25 日。

Rios）的拉兰雅阿泽达种植园（Laranja Azeda）。

1883 年 10 月 13 日，唐景星拜见了皇帝。当时在场的卡尔·冯·科塞里茨（Carl von Koserity）对唐景星有一番相当粗鲁的描述："这个中国人来此试图进行蒙古肉贸易，关于他，我随后还会谈到。他的秘书是一个佩戴着很多亮晶晶钻石的加利福尼亚黑人。中国官员身穿深色丝绸服装，戴着他的国家官员们戴的奇特的蓝色顶戴。长短适度、编得整齐的辫子自然地垂在身后……今天，当我在皇宫看到中国人的长辫子，我就在想，所有支持黄种人移民的人也都应该梳一条类似的赘物，这样，他们就更容易把自己与其他人区分开了，这也许将非常有实用性。事实上，那些咖啡大亨们正是'梳辫子'的巴西人，他们凭借权势和野心像挤柠檬一样压榨黑人，使他们到了晚年还要忍饥挨饿、沿街乞讨。"①

阿图尔·阿泽维多（Arthur Azevedo）和莫雷拉·德·桑帕约（Moreira de Sampaio）还以这位中国官员在我国的旅行创作了巴西第一部讽刺戏《中国官员》（*O Mandarim*）。该剧在 1883 年公演并获得了巨大成功。

唐景星就像他出现时一样，突然销声匿迹，没有做任何解释。"有人说，他在争取财政补贴时，被巴西政府设置的困难压垮了。也有人说，他的突然离开是因为英国的严厉警告，即英国绝不会容忍，在黑人贸易消失之后，人口贸易像其替代品一样在大西洋重演。雅塞圭男爵则认为，这位中国官员失望地离开是因为他亲耳听到皇帝本人表示不看好中国移民。"②

终成泡影

由于中国的正式禁令，华人移民潮未能出现。巴西赴华使团的短暂经历表明这样的事实：一场外交胜利，就其本身而言，不能保证对外关系的成功。

---

① 卡尔·冯·科塞里茨:《巴西影像》（Imagens do Brasil），贝洛奥里藏特，Itatiaia/Edusp 出版，1980 年，第 119 页。

② "短命的华人移民计划"，露西娅·玛丽亚·帕绍阿尔·吉马良斯,《巴西帝国的精英、边界与文化》，里约热内卢，2013 年，Contra Capa Livraria Ltda. 出版，第 175 页。

1881 年 10 月 3 日，新版条约在天津签署，并于 1882 年 3 月 4 日在巴西获得批准。1882 年 6 月 3 日，两国在上海交换了条约的批准书。1882 年 9 月 26 日，喀拉多通知总理衙门他在中国的工作已经结束。返回巴西时，他在日本和美国停留，将使团的档案文件留给了巴西驻香港领事阿戈什蒂纽·吉列尔梅·罗马诺①。喀拉多获得中国政府授予的龙骑士称号，成为第一位获得双龙勋章②的外国人。1882 年 10 月 3 日，喀拉多离开中国，途中在日本逗留，试图与该国建立关系。1883 年，巴西在上海设立驻中国总领事馆。③

喀拉多被授予龙骑士称号，是第一位获得中华帝国双龙勋章的外国人。图为中华帝国双龙勋章。

图片来源：国家历史博物馆

① 1882 年 10 月 2 日公文。AHI 271/01/20，中央组，nº.17，历史和外交文献中心辑录，第 153 页。

② 这枚勋章现存里约热内卢国家历史博物馆（Museu de História Nacional）。与后来的勋章不同，这是一枚稀有的手工制作的勋章。

③ 《巴西国际关系年表》（Cronologia das Relações Internacionais do Brasil），欧热尼奥·瓦尔加斯·加西亚（Eugênio Vargas Garcia），里约热内卢，Contraponto Editora 出版，2005 年。

“维塔尔·德·奥利维拉”号护卫舰上的部分舰员，摄于美国加利福尼亚州旧金山。照片的编号对应下页名单中的编号和姓名。中间位置是巴西护卫舰及其舰长儒利奥·塞萨尔·德·诺罗尼亚的照片。

图片来源：海军档案馆

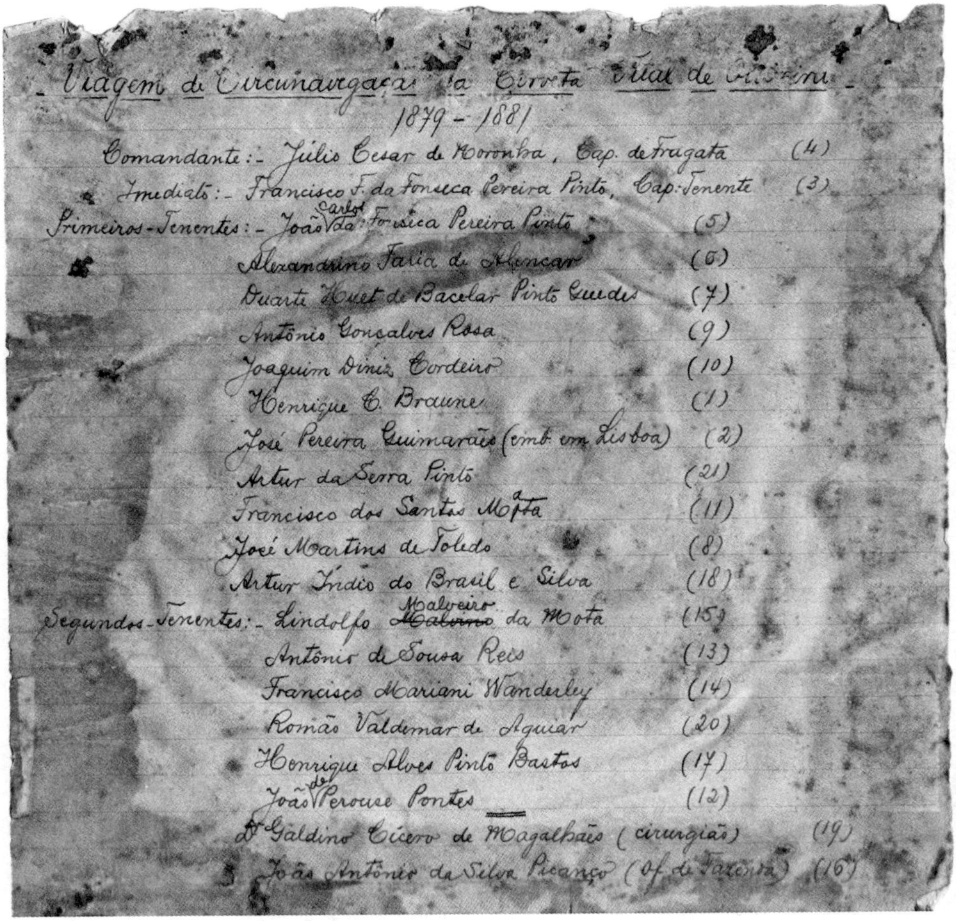

Viagem de Circunavegação da Corveta Vital de [illegible]
1879 - 1881

Comandante: - Júlio Cesar de Noronha, Cap. de Fragata (4)
Imediato: - Francisco F. da Fonseca Pereira Pinto, Cap.-Tenente (3)
Primeiros-Tenentes: - João Carlos da Fonseca Pereira Pinto (5)
Alexandrino Faria de Alencar (6)
Duarte Huet de Bacelar Pinto Guedes (7)
Antônio Gonçalves Rosa (9)
Joaquim Diniz Cordeiro (10)
Henrique C. Braune (1)
José Pereira Guimarães (emb. em Lisboa) (2)
Artur da Serra Pinto (21)
Francisco dos Santos Mota (11)
José Martins de Toledo (8)
Artur Índio do Brasil e Silva (18)
Segundos-Tenentes: - Lindolfo ~~Malvino~~ Malveiro da Mota (15)
Antônio de Sousa Reis (13)
Francisco Mariani Wanderley (14)
Romão Valdemar de Aguiar (20)
Henrique Alves Pinto Bastos (17)
João de Perouse Pontes (12)
Dr. Galdino Cícero de Magalhães (cirurgião) (19)
João Antônio da Silva Picanço (Of. de Fazenda) (16)

与上页照片上的编号对应的巴西护卫舰舰员名单
图片来源：海军档案馆

巴西举国庆祝首次环球航行成功，甚至国内市场一些产品的包装上也出现了相关内容。图为伯南布哥省的一款香烟，其包装带有向巴西护卫舰的壮举致敬的内容。
图片来源：若阿金·纳布科基金会，累西腓，伯南布哥州

登舰人员名单

（黑体为在旅途中去世者）

1. 喀拉多（土伦—香港）——公使
2. 恩里克塔·泽巴洛斯·喀拉多（土伦—香港）——喀拉多公使之妻
3. 莱昂诺尔·阿梅莉亚·喀拉多（沃尔科普夫），1878 年 /1 岁（土伦—香港），1902 年 2 月 13 日——喀拉多公使之女
4. 卡罗琳娜·喀拉多（福特斯），1876 年 /3 岁（土伦—香港）——喀拉多公使之女
5. 法国厨师（土伦—香港）——喀拉多公使的随员
6. 穆达，雅塞圭男爵（土伦—香港）——公使，海军将军
7. 李诗圃（里斯本—香港）——秘书
8. 路易斯·费利佩·德·萨尔达尼亚·达·伽马（里约—香港）——海军上校，武官
9. 微席叶，巴黎东方语言学院法国青年（土伦—香港）——中文翻译
10. 伊巴里（土伦—亚丁）——西班牙驻北京公使
11. 儒利奥·塞萨尔·德·诺罗尼亚（里约—里约）——舰长
12. 弗朗西斯科·费利克斯·达·丰塞卡·佩雷拉·平托（里约—里约）——大副，海军少校
13. 若昂·卡洛斯·达·丰塞卡·佩雷拉·平托（里约—里约）——海军上尉
14. 亚历山德里诺·法里亚·德·阿伦卡尔（里约—里约）——海军上尉
15. 杜阿尔特·于埃·德·巴塞拉尔·平托·格德斯（里约—里约）——海军上尉
16. 安东尼奥·贡萨尔维斯·罗萨（里约—里约）——海军上尉
17. 若阿金·迪尼斯·科尔代罗（里约—里约）——海军上尉

18. 恩里克·克里斯蒂亚诺·布劳内（里约—里约）——海军上尉
19. 若泽·佩雷拉·吉马良斯（里斯本—里约）——海军上尉
20. 阿图尔·达·塞拉·平托（里约—里约）——海军上尉
21. 弗朗西斯科·多斯桑托斯·马塔（里约—里约）——海军上尉
22. 若泽·马丁斯·德·托莱多（里约—里约）——海军上尉
23. 阿图尔·因迪奥·多·布拉西尔－索萨（里约—里约）——海军上尉
24. 林多福·马尔韦罗·达·莫塔（里约—里约）——海军中尉
25. 安东尼奥·德·索萨·雷斯（里约—里约）——海军中尉
26. 弗朗西斯科·马里亚诺·万德莱（里约—里约）——海军中尉
27. 罗芒·瓦尔德米罗·德·阿吉亚尔（里约—里约）——海军中尉
28. 恩里克·阿尔维斯·平托·巴斯托（里约—里约）——海军中尉
29. 若昂·德·佩罗塞·庞特斯（里斯本—里约）—— 海军中尉
30. **奥古斯托·阿韦利诺·塞尔帕**（瓦尔帕莱索—里约）/“巴塔哥尼亚－4”号英国邮轮——文书
31. 加尔迪诺·西塞罗·德·马加良斯（里约—里约）——一级外科医师
32. 若泽·阿马多·科蒂尼奥·巴拉塔（里约—里约）——二级外科医师
33. 若泽·埃斯特韦斯·德·弗兰萨·平托（里约—里约）——二级药剂师
34. 米格尔·蒙泰罗（里约—里约）——一级护士
35. 若昂·安东尼奥·达·席尔瓦·皮坎索（里约—里约）——二级财务官
36. 若昂·卡洛斯·马克斯（里约—里约）——财务助理
37. 若泽·科埃略·德·布里托（里约—里约）——一级技师
38. 安德烈·路易斯·达·弗兰萨（里约—里约）——水手长
39. 保利诺·若泽·德·圣安娜（里约—里约）——水手长
40. 埃斯特旺·若泽·多斯桑托斯（里约—里约）——编外水手长
41. 安东尼奥·若泽·多·纳西门托（里约—里约）——一级木工技师
42. 弗朗西斯科·里贝罗·达·席尔瓦（里约—里约）——二级木工技师
43. 马诺埃尔·费尔南德斯·科埃略（里约—里约）——一级捻缝技师

44. 德梅特里奥·普达斯（里约—里约）——二级机械师
45. 保利诺·阿尔维斯·多斯雷斯（里约—里约）——三级机械师
46. 若泽·巴尔博扎·平托（里约—里约）——三级机械师
47. 保罗·帕克特（里约—里约）——四级机械师
48. 若昂·巴普蒂丝塔·德·莫拉（里约—里约）——四级机械师
49. 若泽·安东尼奥·平托（里约—里约）——四级机械师
50. 若泽·戈梅斯·达·席尔瓦（里约—里约）——四级机械师
51. 若阿金·奥古斯托·阿丰索·达·科斯塔（里约—里约）——实习技工
52. 戴维·若昂·阿伦（里约—里约）——实习技工
53. 阿尔弗雷多·戈梅斯·德·派瓦（里约—里约）——实习技工
54. 曼努埃尔·福尔图纳蒂·达·席尔瓦（里约—里约）——司炉
55. 安东尼奥·佩雷斯·达·席尔瓦（里约—里约）
56. 埃米利亚诺·马萨尔（里约—里约）
57. 马诺埃尔·埃利亚斯·多·纳西门托（里约—里约）
58. 若阿金·莱亚尔·德·莫拉（里约—里约）
59. 若昂·卡瓦略·德·梅代罗斯（里约—里约）
60. 马诺埃尔·伊波利托·罗德里格斯（里约—里约）
61. 若热·约瑟夫（里约—里约）
62. 马诺埃尔·德·塞纳·科尔代罗（里约—里约）
63. 安东尼奥·帕索斯·菲格雷多（里约—土伦）
64. 卢维·蒙托索洛（马耳他—里约）
65. 托马斯·德·阿基诺·拉莫斯（里约—里约）——煤工
66. 维克托·巴扬（里约—里约）
67. 佩德罗·若泽·多斯桑托斯（里约—里约）
68. 塞萨里奥·卡斯蒂略（里约—里约）
69. 维森特·戈梅斯（里约—瓦尔帕莱索）
70. 萨庞（瓦尔帕莱索—里约）

71. 若昂·达·克鲁斯（里约—里约）——厨师

72. 若昂·安东尼奥·达·席尔瓦（里约—香港）——军官厨房厨师

73. 马诺埃尔·苏亚雷斯（里约— 尔帕莱索）——厨师助理

74. **格雷戈**（香港—长崎）——军官餐厅厨师

75. **让·雅斯**（香港 / 横滨—旧金山）——二等兵，勤务兵

76. 戴维斯·博蒂（马耳他—塞得港）

77. 维特里·雷斯托（土伦—香港）

78. 弗朗西斯科·埃切贝格（里约—旧金山）

79. 若泽·马诺埃尔·德·桑帕约（香港—里约）

80. 路易斯·埃斯特芬·梅辛（里约—里约）

81. 亚当·费利佩·德·莫赖斯（里约—里约）

82. 若阿金·阿尔维斯·德·卡瓦略（里斯本—香港）

83. 达尼斯·D. 若热（加勒角—香港）

84. 克劳迪奥·德·塞萨尔·弗莱雷（里约—里约）

85. 阿尔弗雷多·莱曼德（里约—里约）——见习生，勤务兵

86. 维尔吉利奥·博诺里诺（阿卡普尔科—瓦尔帕莱索）

87. 库因蒂利亚诺·若泽·库尔西诺（里约—土伦）

88. 阿·阿汉（香港—里约）

89. 埃德加·路易斯·约瑟夫（里约—里约）

90. 李阿贵（香港—横滨）

91. 若泽·阿平（香港—里约）

92. 卡洛斯·莱蒙（香港—旧金山）

93. 阿吉亚尔（瓦尔帕莱索—里约）

94. 若泽·艾伊姆（瓦尔帕莱索—里约）

95. 安东尼奥·卡西米罗·德·索萨（里约—里约）

96. 若昂·达·席尔瓦·布莱凯利（瓦尔帕莱索—里约）

97. 罗曾多·维拉·莫拉（里约—土伦）

98. 弗朗西斯科·若阿金·德·索萨（香港—横滨）
99. 路易斯·卡维罗·洛博（加勒角—香港）
100. 佩德罗·罗德里格斯（瓦尔帕莱索—里约）
101. 马诺埃尔·贡萨尔维斯·帕索斯（瓦尔帕莱索—里约）
102. 伊格纳西奥·卡萨穆利亚（阿卡普尔科—瓦尔帕莱索）
103. 阿尔比诺·达·库尼亚（阿卡普尔科—瓦尔帕莱索）
104. 卡米洛·达·席尔瓦·莫雷拉（旧金山—瓦尔帕莱索）
105. 丹尼尔·埃切维里亚（旧金山—瓦尔帕莱索）
106. 安东尼奥·罗德里格斯（旧金山—瓦尔帕莱索）
107. 尼古劳·加雷萨伊里（里约—旧金山）
108. 弗朗西斯科·贡萨尔维斯（瓦尔帕莱索—里约）
109. 卡洛斯·兰德里（里约—瓦尔帕莱索）
110. 罗萨利诺·马里诺（里约—瓦尔帕莱索）
111. 安东尼奥·艾雷斯·德·菲格雷多（里约—里约）
112. 欧泽比奥·达伦（直布罗陀—旧金山）（巴西人）
113. 卡洛斯·博格利亚科（里约—里斯本）
114. 若泽·弗洛雷斯（蒙得维的亚—里约）
115. 伊西多罗·佩尔米·德·索尔内（蒙得维的亚—里约）
116. 劳林多·沙维斯（蒙得维的亚—里约）
117. 拉特·路易斯（里约—里斯本）
118. 若阿金·德·阿尔布开克·梅洛（里约—瓦尔帕莱索）
119. 若泽·安东尼奥·达·席尔瓦（里约—横滨）
120. 若昂·平托（里约—横滨）
121. 若泽·德·索萨·贝伦（里约—里斯本）
122. 玛丽亚·若阿金·费雷拉·马克斯（里约—旧金山）
123. 阿尔弗雷多·本雅明·德·奥利维拉（里斯本—土伦）
124. 安东尼奥·文森特·佩雷拉（里斯本—里约）

125. 马诺埃尔·贝拉尔多（里约—里约）
126. 迪奥尼西奥·佩雷斯·达·罗沙（里约—旧金山—里约）
127. 马诺埃尔·若阿金·佩雷拉·博尔热斯（里约—里约）
128. 若阿金·坎迪多·德·阿西斯（里约—里约）
129. 利诺·若泽·巴尔博扎（里约—里约）
130. 阿图尔·罗德里格斯·帕利亚雷斯（里约—里约）
131. 费内隆·特莱斯·德·阿伦卡尔·阿拉里佩（里约—里约）
132. 马克西米亚诺·戈梅斯·埃斯皮里托·桑托（里约—里约）
133. 埃皮法尼奥·弗朗西斯科·马诺埃尔（里约—旧金山—里约）
134. 若泽·费朗·达·席尔瓦（里约—里约）
135. 茹韦纳尔（里约—里约）
136. 特图利亚诺·德·巴罗斯－阿尔布开克（里约—里约）
137. 马诺埃尔·德·奥利韦拉·达马西奥（里约—里约）
138. 贝尔纳多·德·莱莫斯·莱特（里约—里约）
139. 若昂·科雷亚·德·奥利韦拉（里约—里约）
140. 若泽·弗朗西斯科·佩雷拉（里约—旧金山—里约）
141. 费尔南多·若泽·德·弗雷塔斯（里约—旧金山—里约）
142. 路易斯·苏亚雷斯·博尔巴（里约—里约）
143. 马诺埃尔·罗德里格斯·达·席尔瓦（里约—横滨）
144. **佩德罗·皮雷斯**（里约—旧金山）
145. **拉斐尔·塞韦里诺·戈麦斯**（横滨—旧金山）
146. **路易斯·弗兰萨·佩雷拉**（直布罗陀—土伦）
147. 维尔吉利奥·达·席尔瓦（里约—旧金山—里约）
148. 若泽·弗朗西斯科·埃利亚斯（里约—旧金山—里约）
149. 罗曾多·马科利诺·达·科斯塔（里约—里约）
150. 若泽·卡斯特罗·维多利诺（里约—里约）
151. 若阿金·达·西尔韦拉·沙尔莱斯（里约—里约）

152. 若泽·达·席尔瓦（里约—里约）

153. 安东尼奥·佩德罗·达·席尔瓦（里约—里约）

154. 普罗托·比斯波（里约—里约）

155. 戴维·达·伽马·巴罗斯（里约—里约）

156. 普罗菲西奥·卡内罗·德·丰托拉（里约—里约）

157. 贝尔纳迪诺·德·森纳·洛佩斯（里约—里约）

158. 若昂·鲁菲诺·多·邦芬（里约—里约）

159. 安东尼奥·西尔维诺·达·席尔瓦（里约—里约）

160. 若昂·弗朗西斯科·科尔代罗（里约—瓦尔帕莱索）

161. 马诺埃尔·伊格纳西奥·德·阿西斯（里约—里约）

162. 佩尔南布科（里约—里约）

163. 克雷斯平（里约—里约）——二等兵

164. **费利佩·费雷拉·马丁斯**（旧金山）

165. **马诺埃尔·多卡尔莫－阿松桑**（横滨—旧金山）

166. **若昂·科尔代罗**（横滨—旧金山）

167. 雷蒙多·德·保拉（里约—里约）

168. 若泽·安东尼奥·比斯波（里约—里约）

169. 普拉谢德斯·费雷拉·德·保拉（里约—里约）

170. 若昂·若泽·德·卡斯蒂略（里约—旧金山—里约）

171. 佩德罗·多斯桑托斯·科雷亚（里约—里约）

172. 多米西亚诺·马克斯·多·卡尔莫（里约—土伦）

173. 雷蒙多·巴普蒂丝塔·德·索萨（里约—里约）

174. 安东尼奥·若泽·多·阿拉（里约—横滨）

175. 雷蒙多 1（里约—里约）

176. 弗朗西斯科·若泽·达·西尔韦拉（里约—里约）

177. 塞拉芬·若泽·马诺埃尔（里约—里约）

178. 若昂·平托·德·雷森德（里约—里约）

179. 托马斯·戈麦斯·达·席尔瓦（里约—里约）
180. 若泽·西尔韦拉·沙尔斯（里约—里约）
181. 塞吉斯南多·米格尔·多·卡尔莫（里约—里约）
182. 阿尔比诺·若泽·多斯桑托斯（里约—里约）
183. 安东尼奥·佩雷拉·达·席尔瓦（里约—里约）
184. 若泽·布拉加·达·席尔瓦（里约—里约）
185. 佩德罗·洛伦索·卡斯特洛·布兰科（里约—里约）
186. 马诺埃尔·雷蒙多·佩雷拉（里约—土伦）
187. 艾莱多罗·卡洛斯（里约—里约）
188. 毛里西奥·弗朗西斯科（里约—里约）
189. 安东尼奥·多斯桑托斯·瓜拉罗巴（里约—里约）
190. 马诺埃尔·努内斯·蒙泰罗（里约—里约）
191. 若昂·罗德里格斯·达·丰塞卡（里约—里约）
192. 若泽·苏亚雷斯·多·纳西门托（里约—里约）
193. 埃内迪诺·达·席尔瓦（里约—里约）
194. 曼努埃尔·维拉·诺瓦（里约—里约）
195. 费利斯贝托·阿里斯蒂德斯（里约—里约）
196. 雷蒙多·马诺埃尔·达·席尔瓦（里约—里约）
197. 若昂·罗伊斯·丰塞卡·德·利马（里约—里约）
198. 吉列尔梅·多斯桑托斯－索萨（里约—里约）
199. 若阿金·若泽·德·卡斯特罗（里约—里约）
200. 若泽·达·西尔韦拉·阿尔米尔（里约—里约）
201. 若泽·阿维利诺·佩德罗·达·席尔瓦（里约—横滨）——三等兵
202. 吉列尔梅·雅各布·哈特（里约—里约）
203. 埃莱斯邦·安东尼奥·诺盖拉（里约—香港—里约）
204. 马诺埃尔·欧弗拉西奥·阿尔维斯（里约—里约）
205. 若泽·罗德里格斯·德·利马（里约—土伦）

206. 安东尼奥·费尔南德斯·平托（里约—里约）
207. 亚历山大·安东尼奥（里约—里约）
208. 菲德利斯·安东尼奥·达·库尼亚（里约—里约）
209. 埃梅内吉尔多·达·克鲁斯·门东萨（里约—里约）
210. 佩德罗·恩里克·罗德里格斯（里约—里约）
211. 若泽·安东尼奥·多斯桑托斯（里约—里约）
212. 塞布里诺·安东尼奥·达·席尔瓦（里约—里约）
213. 若昂·达·罗沙·奥利韦拉－席尔瓦（里约—里约）
214. 弗朗西斯科·埃斯塔西奥·达·科斯塔（里约—里约）
215. 弗朗西斯科 1[①]（里约—里约）
216. 若昂·马诺埃尔（里约—里约）
217. 若泽·阿尔尚若（里约—里约）
218. 塞巴斯蒂昂·若泽·路易斯（里约—旧金山）
219. 弗朗西斯科·阿尔维斯·费托萨（里约—里约）
220. 萨尔瓦多·若泽·德·利马（里约—里约）
221. 路易斯·佩雷拉·达·席尔瓦（里约—里约）
222. 恩里克·德·阿西斯（里约—里约）
223. 佩德罗·德·贡萨尔维斯·达·派尚（里约—旧金山—里约）
224. 马诺埃尔·若泽·马塞利诺（里约—里约）
225. 米格尔·多明格斯·塔瓦雷斯（里约—里约）
226. 马诺埃尔·路易斯（里约—里约）
227. 马诺埃尔·若泽·德·阿西斯·利马（里约—里约）
228. 戴维·卡纳巴罗（里约—里约）
229. 路易斯·多·阿马拉尔（里约—里约）
230. 弗朗西斯科·若泽·达·席尔瓦（里约—里约）

① 原文如此。——译者注

231. 洛伦索・安东尼奥・佩德罗索（里约—旧金山）
232. 若泽・德・索萨（里约—里约）
233. 福斯蒂诺・安东尼奥・若泽・佩德罗（里约—旧金山—里约）
234. 佩德罗・佩雷拉（里约—里约）
235. 马诺埃尔・科拉索（里约—里约）
236. 利诺・若泽・卡内罗（里约—里约）
237. 若泽・马丁斯・多斯桑托斯（里约—里约）
238. 塞拉尼奥・安东尼奥・达・席尔瓦（里约—里约）
239. 伊萨亚斯・多・阿马拉尔（里约—里约）
240. 西尔维诺・安东尼奥・达・席尔瓦（里约—里约）
241. 安东尼奥・若昂・多・纳西门托（里约—里约）——上等兵
242. 佩德罗・马诺埃尔・达斯・内维斯（里约—里约）
243. 马科斯・马加良斯（里约—里约）
244. 马科斯・马沙多・德・奥利韦拉（里约—里约）——乐队成员
245. 马诺埃尔・维埃拉・卡多佐（里约—里约）
246. 马诺埃尔・埃斯特旺・佩雷拉（里约—里约）
247. 若阿金・罗德里格斯・德・马加良斯（里约—里约）
248. 保罗・雷纳尔多・达・孔塞桑（里约—里约）
249. 若泽・德・热苏斯・伊塔巴亚纳（里约—里约）
250. 雷蒙多・安东尼奥・德・索萨（里约—里约）
251. 维尔吉利奥・坎迪多・弗朗西斯科・达・席尔瓦（里约—里约）
252. 若昂・莱昂纳德・达・席尔瓦・莱亚尔（里约—里约）
253. 奥诺弗雷・若昂・达・科斯塔（里约—里约）——未成年人
254. 若阿金・弗朗西斯科・德・马托斯（里约—里约）——未成年人
255. **恩里克・科埃略・德・马托斯**（里约—瓦尔帕莱索）
256. **若昂・卢纳尔多・达・席尔瓦**（里约—里约）
257. **曼努埃尔・贝内迪克托**（里约—巴塔哥尼亚，智利）——海军陆战队士兵

258. 弗朗西斯科・德・热苏斯－席尔瓦（里约—苏伊士港）
259. 若泽・马塞利诺・德・索萨（里约—横滨—旧金山）
260. 热罗尼莫・若昂・达・席尔瓦（里约—里约）
261. 本雅明・弗朗西斯科・拉莫斯（里约—里约）
262. 路德热罗・若泽・达・席尔瓦（里约—里约）
263. 曼努埃尔・弗朗西斯科・保拉（里约—旧金山—里约）
264. 若泽・佩雷拉・吉马良斯（里约—里约）——童子军
265. 马诺埃尔・佩雷拉・达・席尔瓦（里约—里约）
266. 马诺埃尔・安东尼奥・马亚（里约—里约）
267. 安东尼奥・格雷戈里奥・德・马塞多（里约—旧金山—里约）
268. 马诺埃尔・佩雷拉・塞贡多（里约—里约）
269. 马努埃尔・达・席尔瓦・莱亚尔（里约—里约）
270. 弗朗西斯科・戈麦斯（里约—里约）
271. 路易米诺（里约—里约）
272. 埃尔库拉诺・马诺埃尔・吉里诺（里约—里约）
273. 若阿金・若泽・多・纳西门托（里约—里约）
274. 若泽・佩雷拉・阿尔维斯（里约—旧金山—里约）
275. 安东尼奥・佩雷拉・拉莫斯（里约—里约）

士官

1. 若泽・戈拉特・罗林（里约—里约）——海军陆战队中士

帝国水兵（单列）

1. 安东尼奥・达・维拉（里约—里约）——帝国水兵
2. 安东尼奥・德・平托（里约—里约）——帝国水兵

3. 安东尼奥·若泽·德·梅洛（里约—旧金山—里约）——帝国水兵
4. 安东尼奥·马诺埃尔·平托（蒙得维的亚—里约）——帝国水兵
5. 贝内迪克托（里约—里约）——学徒，未成年人
6. 卡米洛·若泽·弗朗西斯科（里约—亚丁—里约）——帝国水兵
7. 多米西亚诺·若阿金·维尔吉利奥（里约—里约）——帝国水兵
8. 埃皮法尼奥·鲁菲诺·多斯桑托斯（里约—里约）——帝国水兵
9. 费利西亚诺·若阿金·维尔吉利奥（里约—里约）——帝国水兵
10. 恩里克·若泽·弗雷德里科·齐默尔曼（里约—里约）——未成年人
11. 若昂·达·莫塔（里约—瓦尔帕莱索）——帝国水兵
12. 若昂·德·马丁斯（里约—里约）——帝国水兵
13. 若昂·多明格斯（里约—瓦尔帕莱索）——帝国水兵
14. 若阿金·多·安若斯·玛丽亚（里约—旧金山—里约）——帝国水兵
15. 若泽·达·科斯塔·拉南（里约—里约）——帝国水兵
16. 若泽·达·席尔瓦·莱亚尔（里约—里约）——帝国水兵
17. 若泽·多斯桑托斯·科雷亚（里约—里约）——帝国水兵
18. 若泽·弗朗西斯科·达·特林达德（里约—旧金山—里约）——帝国水兵
19. **若泽·戈维亚·德·比斯波**（里约—旧金山）——帝国水兵
20. 若泽·若昂·达·罗沙（里约—里约）——帝国水兵
21. 若泽·路易斯（里约—里约）——帝国水兵
22. 若泽·佩德罗·达·席尔瓦（里约—里约）——帝国水兵
23. 若泽·佩雷拉·德·索萨（里约—里约）——未成年人
24. 路易梅尔（里约—里约）——未成年人
25. 马诺埃尔·安东尼奥·佩德罗（里约—里约）——帝国水兵
26. 马诺埃尔·欧热尼奥·达·克鲁斯（里约—里约）——帝国水兵
27. 马诺埃尔·马克斯·达·席尔瓦（里约—里约）——帝国水兵
28. 马诺埃尔·特奥托尼奥·科多维尔（里约—里约）——帝国水兵
29. 马科斯·马沙多·德·奥利韦拉（里约—亚丁—里约）——帝国水兵

30. 奥克塔维奥・卡多佐・塔瓦雷斯（里约—里约）——帝国水兵

31. 佩德罗・阿丰索・恩里克斯（里约—里约）——帝国水兵

32. 佩德罗・特谢拉（里约—里约）

33. 庞西亚诺・若泽（里约—里约）

34. 萨比诺（里约—里约）——帝国水兵

35. 萨尔瓦多・德・阿尔梅达・维洛佐（里约—里约）——未成年人

36. 塞巴斯蒂昂・若泽・达・克鲁斯（里约—里约）——帝国水兵

37. 托马斯・科尔代罗（里约—里约）——帝国水兵

38. 维森特・费雷拉・丹塔斯（里约—里约）——帝国水兵

逝者名单（15）

1. **奥古斯托・阿韦利诺・塞尔帕**——文书（瓦尔帕莱索—里约 / “巴塔哥尼亚 –4”号英国邮轮）

2. **费利佩・安东尼奥・德・阿劳若**——帝国水兵（旧金山）

3. **费利佩・费雷拉・马丁斯**——二等兵（旧金山）

4. **弗朗西斯科・德・热苏斯－席尔瓦**——海军陆战队士兵（苏伊士港）

5. **格雷戈**——军官餐厅厨师（香港—长崎）

6. **让・雅斯**——二等兵，勤务兵（横滨—旧金山）

7. **若昂・科尔代罗**——一等兵（横滨—旧金山）

8. **若泽・戈维亚・德・比斯波**——帝国水兵（旧金山）

9. **若泽・马塞利诺・德・索萨**——海军陆战队士兵（横滨—旧金山）

10. **路易斯・弗兰萨・佩雷拉**——一等兵（直布罗陀—土伦）

11. **马诺埃尔・多・卡尔莫－阿松桑**——一等兵（横滨—旧金山）

12. **曼努埃尔・贝内迪克托**——海军陆战队士兵（巴塔哥尼亚，智利）

13. **佩德罗・皮雷斯**——一等兵（旧金山）

14. **拉斐尔・塞韦里诺・戈麦斯**——一等兵（横滨—旧金山）

15. **维尔吉利奥·博诺里诺**——见习生，勤务兵（阿卡普尔科—瓦尔帕莱索）

住院者名单（28）

1. **安东尼奥·若泽·德·梅洛**——帝国水兵（旧金山）
2. **奥古斯托·阿韦利诺·塞尔帕**——文书（旧金山和瓦尔帕莱索）
3. **本雅明·弗朗西斯科·拉莫斯**——海军陆战队士兵（瓦尔帕莱索）
4. **卡米洛·若泽·弗朗西斯科**——帝国水兵（亚丁）
5. **卡洛斯·博格利亚科**——见习生，勤务兵（里斯本）
6. **迪奥尼西奥·佩雷斯·达·罗沙**——见习生，勤务兵（旧金山）
7. **埃莱斯邦·安东尼奥·诺盖拉**——三等兵（香港）
8. **埃皮法尼奥·弗朗西斯科·马诺埃尔**——见习生，勤务兵（旧金山）
9. **福斯蒂诺·安东尼奥·佩德罗**——三等兵（旧金山）
10. **费利佩·安东尼奥·德·阿劳皮**——帝国水兵（旧金山）
11. **费利佩·费雷拉·马丁斯**——二等兵（旧金山）
12. **费尔南多·若泽·德·弗雷塔斯**——一等兵（旧金山）
13. **安东尼奥·格雷戈里奥·德·马塞多**——帝国水兵（旧金山）
14. **吉列尔梅·雅各布·哈特**——三等兵（旧金山）
15. **若昂·若泽·德·卡斯蒂略**——二等兵（旧金山）
16. **若阿金·多斯安若斯·玛丽亚**——帝国水兵（旧金山）
17. **若泽·弗朗西斯科·埃利亚斯**——一等兵（旧金山）
18. **若泽·弗朗西斯科·佩雷拉**——一等兵（旧金山）
19. **若泽·加尔辛多·德·比斯波**——帝国水兵（旧金山）
20. **若泽·佩雷拉·阿尔维斯**——海军陆战队士兵（旧金山）
21. **路德热罗·若泽·达·席尔瓦**——海军陆战队士兵（旧金山）

22. **马诺埃尔·德·奥利韦拉·达马西奥**—[1]（里约热内卢）
23. **曼努埃尔·弗朗西斯科·保拉**——海军陆战队士兵（旧金山）
24. **马科斯·马沙多·德·奥利韦拉**——帝国水兵（亚丁）
25. **佩德罗·德·贡萨尔维斯·达·派尚**——三等兵（旧金山）
26. **佩德罗·皮雷斯**——三等兵（旧金山）
27. **庞西亚诺·若泽**——帝国水兵（旧金山）
28. **维尔吉利奥·达·席尔瓦**——一等兵（旧金山）

开小差者名单（28）

1. **阿尔弗雷多·本雅明·德·奥利维拉**——见习生，勤务兵（土伦）
2. **安东尼奥·若泽·多·阿拉**——二等兵（横滨）
3. **安东尼奥·帕索斯·菲格雷多**——司炉（土伦）
4. **卡洛斯·莱蒙**——二等兵，勤务兵（旧金山）
5. **卡洛斯·博格利亚科**——见习生，勤务兵（里斯本）
6. **库因蒂利亚诺·若泽·库尔西诺**——见习生，勤务兵（土伦）
7. **达尼斯·D. 若热**——二等兵，勤务兵（香港）
8. **多米西亚诺·马克斯·多·卡尔莫**——二等兵（土伦）
9. **欧泽比奥·达伦**——见习生，勤务兵（旧金山）
10. **弗朗西斯科·埃切贝格**——二等兵，勤务兵（旧金山）
11. **恩里克·科埃略·德·马托斯**——上等兵（瓦尔帕莱索）
12. **若昂·达·莫塔**——帝国水兵（瓦尔帕莱索）
13. **若昂·多明格斯**——帝国水兵（瓦尔帕莱索）
14. **若昂·弗朗西斯科·科尔代罗**——一等兵（瓦尔帕莱索）
15. **若阿金·阿尔维斯·德·卡瓦略**——二等兵，勤务兵（香港）

---

① 原文如此。——译者注

16. **若泽·安东尼奥·达·席尔瓦**——军官餐厅厨师（香港）
17. **若泽·阿维利诺·佩德罗·达·席尔瓦**——三等兵（横滨）
18. **若泽·德·索萨·贝伦**——见习生，勤务兵（里斯本）
19. **若泽·罗德里格斯·德·利马**——三等兵（土伦）
20. **洛伦索·安东尼奥·佩德罗索**——三等兵（旧金山）
21. **路易斯·卡维罗·洛博**——见习生，勤务兵（香港）
22. **马诺埃尔·雷蒙多·佩雷拉**——二等兵（土伦）
23. **马诺埃尔·罗德里格斯·达·席尔瓦**——一等兵（横滨）
24. **尼古劳·加雷萨伊里**——二等兵，勤务兵（旧金山）
25. **拉特·路易斯**——见习生，勤务兵（里斯本）
26. **罗曾多·维拉·莫拉**——见习生，勤务兵（土伦）
27. **塞巴斯蒂昂·若泽·路易斯**——三等兵（旧金山）
28. **维特里·雷斯托**——二等兵，勤务兵（香港）

鸣 谢

阿根廷传播艺术与科学学院

乌拉圭海洋与内河航运历史学院

海军档案馆（DPHDM）

伊塔马拉蒂历史档案馆

里约热内卢国家档案馆

海军图书馆（DPHDM）

西班牙国家图书馆

葡萄牙国家图书馆

里约热内卢国家图书馆

圣卡塔琳娜公共图书馆

肖罗之家

香港西洋会馆

累西腓若阿金·纳布科基金会

巴西历史地理学会

圣卡塔琳娜历史地理学会

巴西海军

国家历史博物馆

里约热内卢国家博物馆

里约热内卢国家美术博物馆

海军博物馆（DPHDM）

弗洛里亚诺波利斯及地区电工工会联盟（Sinergia）

阿德里安娜·班代拉·科尔代罗

阿德里安娜·德·马托斯·佩肖托·罗热里奥

阿弗拉尼奥·博普雷

亚历杭德罗·西门尼斯·罗德里格斯

亚历山大·洛佩斯·维亚纳·德·索萨

阿莉塞·克里斯蒂娜·斯克玛佐恩

安娜·阿鲁达·喀拉多

安娜·特莱斯·达·席尔瓦

阿纳伊尔多·贝尔纳多·巴拉萨尔

安德烈·希米特

阿曼多·德·森纳·比滕库尔特

阿尔诺·韦林

奥古斯托·塞萨尔·泽费里诺

芭芭拉·M. 利马·德·S. 马丁纳

比阿特丽斯·斯克玛佐恩

贝伊·达·阿里戈

布鲁诺·马里奥托

卡洛·鲍尔

卡洛斯·达米昂

克劳迪娅·雷吉纳·阿尔维斯·达·罗沙

克罗萨·S. 西苗纳托

丹尼尔·安图内斯

丹尼埃拉·戈麦斯·多斯桑托斯

达尼埃莱·萨尔维奥利·马查多

戴斯·孔塞桑
德维森·卡多佐·马沙多
爱德华多·卡瓦尔坎特
埃利亚内·席尔瓦
费尔南达·马加良斯·平托
费尔南多·卢克斯·希林塔诺
弗雷德里科·安东尼奥·费雷拉
弗雷德·费雷拉
热西卡·努内斯
吉尔贝托·格拉赫
吉尔达·奥哈尼安·努内斯
格劳迪亚·苏亚雷斯·德·莫拉
埃克托尔·帕蒂尼奥·加尔多内
埃利奥·波拉斯蒂尼·皮斯特利
赫罗伊萨·利拉·布尔康
伊佐拉·斯克玛佐恩·安东尼亚兹
雅尼斯·席尔瓦
杰夫特·布兰当
珍妮弗·麦肯
若热·阿丰索·杜特拉·索托
若热·里卡多·卡多佐·德·C. 拉波索·卡马拉
若泽·卡洛斯·马蒂亚斯
茹阿雷斯·格拉
儒利奥·卡拉多
拉里萨·朗
莱维·埃尔梅斯·劳
利诺·马杜雷拉
路易斯·尼尔顿·科雷亚
马西娅·普雷斯特斯·塔夫特
马孔德斯·马尔谢蒂
马加里达·米拉尼
玛丽亚·塞西莉亚·皮拉蒂·德·卡瓦略·弗里奇
玛丽亚·塞莱斯特·坎波斯
玛丽亚·克里斯蒂娜·佩雷斯·罗西
玛丽亚·杜尔塞·德·法里亚
玛丽亚·伊莎贝尔·里贝罗·伦齐
玛丽亚·特雷莎·皮科利
玛丽亚·亚涅斯
马里奥·埃利奥·戈梅斯
莫妮卡·谢绍
台北故宫博物院
尼尔松·拉热
罗伯托·埃利萨尔德
罗伯托·莱蒂耶里
罗伯托·托内拉
罗纳尔多·沙拉
罗萨里奥·乌贝特
塞尔吉奥·劳克斯
塞尔吉奥·路易斯·索萨·德·阿尔坎塔拉
塞尔吉奥·夸德罗斯
瓦尔莫·弗里奇
瓦格纳·路易斯·布埃诺·多斯桑托斯
威廉·加亚·法里亚斯
威廉·多斯桑托斯·马德拉

本书插图系原文插附地图
审图号：GS（2024）3316 号